上海市社会科学创新研究基地/工作室、上海市高校高原学科项目资助
“中国新闻史学会—中国传媒经济与管理学会”协办

世界传媒产业评论

（第12辑）

International Media Industry Review [Vol.12]

“世界传播论坛—上海2015：全球比较视野下的媒体融合”

国际学术会议论文选集

吴信训 主编

Editor in Chief: Xinxun Wu

中国国际广播出版社

目　　录

◆ 媒体融合中的传媒产业

◆ 媒体融合管理

Catalogue

◆ Media Industry for Convergence

◆ Regulations and Management in Media Convergence

大视野、多维度：中外学者纵论媒体融合

——“世界传播论坛—上海2015：全球比较视野下的媒体融合”会议综述

今天再提“媒体融合”并不是一个全新的话题，却是一个社会各界近年来热度探讨、积极探索、但仍未很好解答和解决的课题。达成共识的是：以互联网为代表的新媒介，已经构成持续影响人类信息交流、行为方式、社会治理、经济业态等深刻变革的传播生态环境。存在争议的是：媒介融合将以何种方式进行下去对社会更有利？谁将成为融合的主导力量？其具体层面存在的政策问题、版权问题、地方媒体生存与竞争问题如何解决？等等。实践显示，各国各领域的更多专家学者，都站在跨学科的高度，从传播的视角，努力发挥自己的智慧，探索创新制胜的路径与策略。

2015年10月25日至26日，“世界传播论坛—上海2015：全球比较视野下的媒体融合”国际研讨会在上海大学召开，有来自美国、英国、加拿大、瑞士、丹麦、芬兰、意大利、匈牙利、韩国的近20名国际学者以及国内高校、科研院所、政府主管机构的专家学者约百人参会。会议共分八场，演讲嘉宾近40人，就媒体融合的内容生产模式创新、新兴媒体产业运营模式创新、新媒体科技与多元产业经济增长、新媒介环境下媒体与政府互动关系、新媒介环境下社会治理创新、网络社会国际传播新秩序等方面展开了广泛的探讨。我们在此就本次会议学者观点进行汇编[①]，在媒体融合发展至今天的阶段，再看国内外学者对该问题的新思考。

① 感谢上海大学新闻传播系研究生杨露、王露露的会议记录。

一、媒介融合能为传媒发展的困境提供出路吗

香港浸会大学的 Colin Sparks 教授从中国和西方的比较视角，将纸媒的普遍危机再次提及。通过数据比较展示了美国和中国的纸媒发行量和广告数据后，他指出，纸媒销量下滑，网络广告上升已是发达国家的标准模式，而中国也会较早地经历这种模式。但不同的经济、社会和政治因素预示着中国将面临不同的情况。

即将赴美国南加大安尼斯伯格学院从事博士后研究的张展博士通过具体对比《赫芬顿邮报》和《澎湃新闻》，分析了现有的媒体工作在新闻生产和新闻消费上将发生何种程度的改变。她的比较分析发现，在数字广告、内容生产等方面，前者在新媒体式的营销策略实施方面做得更好，但后者在这些方面依然沿袭传统媒体的方式。作为上海传媒在媒介融合实践中具有典型性的《澎湃新闻》所面临的课题，在较大程度上也代表了中国传媒转型的具体问题。

上海大学的张咏华教授则认为，上海传媒的实践已从最初借助网站发布内容发展到借助社交媒体和移动互联网设立官方微博、微信公众号，推出 APP 等。现阶段的发展不仅体现出高度重视使用移动互联网平台的特点，而且具有高度重视新媒体团队建设的特征。

尽管学者们对传统媒体在具体实践层面的判断有所不一，但都对媒体融合的大趋势有所共识。尤其是比较中外传媒业的异同后，不少学者也将相关政策的推动认为是实现媒体融合、帮助传统媒体走出困境的关键。华东师范大学的武志勇教授梳理了 1994 年以来的中国互联网新闻政策，认为互联网技术变革是互联网新闻政策变化的主要因素；同时，不同阶段的传媒政策也对媒体的发展路径起到关键性影响。“中国社会科学院—上海市人民政府：上海研究院”的季为民研究员也指出，传统媒体只有主动转型实现媒体融合，并适应互联网和信息技术主导下与新媒体的竞合媒介生态，才能找到构建新型媒介生态助推媒体融合的方向与出路。

瑞士卢加诺大学的 Giuseppe Richeri 教授指出，欧洲电影制作曾视文化价值为至高价值，但是欧盟成立以来，其经济价值受到越来越多的重视。在对欧洲电影市场问题的阐释中强调了政治文化层面的限制，认为欧洲电影产业面临的主要困难在于，欧洲的很多电影受到美国操控，欧洲电影发行的困难

使其政治文化层面受到限制。

此外，参会学者如西北师范大学的陈积银副教授、上海师范大学的易旭明副教授、上海大学的刘兆明博士、中国社会科学院的殷乐教授等分别以《今日头条》、《第一财经》、《新民晚报》和日韩电视模式等为案例，从更为细致的层面探讨了媒体的融合模式探索与实践。

二、媒介融合的未来增长点究竟在哪里

"互联网＋"是近来传媒领域的一个关键词，也是本次会议中的一个高频词，在媒介融合发展到今天，不少人将其作为下一步媒介发展的新增长点。这其中有许多未知数和值得探讨的地方。中国社会科学院新闻与传播研究所的黄楚新研究员将媒体与电商的融合看作是媒体平台化的产物，认为互联网与传统产业的结合创造了"互联网＋制造""互联网＋媒体""互联网＋商务""互联网＋旅游"等新兴领域。"互联网＋"的核心在于产业升级，传统媒体电商化的本质是其商业模式的升级。

复旦大学出版社的章永宏博士以浙报集团的媒体融合实践为案例来分析"互联网＋"战略，他指出，媒介融合最核心的是人的融合，最关键的是人的转变。而"互联网＋"的意义在于对竞争环境进行了重构，从"＋互联网"到"互联网＋"体现出一种连接与进化。

对传统媒体的融合进路来说，"互联网＋"提供了成就大视频产业的环境条件。深圳大学的王建磊副研究员通过关注视频网站、广电机构和影视公司的 IP 开发与管理实践，认为随着一些热门电视节目、手游和大电影开发的成功，IP 战略已成为媒体融合发展过程中的一个核心环节，也变为大视频行业的基础性战略。

"互联网＋"概念的提出很大程度上是基于大数据的无限可能性，该战略的提出能够为传统媒体的发展提供新的增长点。新华社新闻研究所的唐润华研究员却认为，传统媒体引入大数据的理由有三个局限：脱困焦虑、从众心理、业绩焦虑。因此，一方面，不宜过分高估大数据对于传统媒体的价值；另一方面，不应将大数据仅仅作为一种资源、技术和方法，或是一个新的商业模式。对于传统媒体来说，它的本质意义在于以一种思维方式和生产方式不太可能带来直接的经济效益，但可以在一定程度上使媒体的运作更有效率，更能适应新的传播环境。

三、媒介融合大势该由谁主导

瑞士卢加诺大学的 Gabriele Balbi 教授对“媒介融合”在欧洲语境中的演变进行了技术、政治、经济和文化四个层面的解读，认为对“媒介融合”这一概念的阐释在欧洲存在一个渐进的过程，是上述四个方面在不同时期共同作用的产物。

在中国，这一过程表现为当下“互联网＋”理念的提出。传媒产业与其他产业进一步集聚，尽管“媒介融合”最初是基于传统媒体的转型问题提出的，但内容、渠道、服务等各领域对主导地位的竞争也为媒介融合的过程带来了一些尴尬。对于这个问题，各行各业均有自己的说法，在产业发展渐趋深入的今天，整体性的战略考虑也逐渐清晰。

占据传统媒体最大优势的广电行业始终想把握这一主导权。国家新闻出版广电总局发展战略研究所的吕岩梅研究员在《中国广电媒体融合发展——需要完成“四个转变”》中指出，我国的广电媒体生存现状目前面临四个流失：受众流失、广告流失、人才流失、话语权流失。要实现融合发展路径、实现四个转变：从节目向产品的转变、从渠道到平台的转变、从业态到生态的转变、从观众到用户的转变。她从广电建设的思路提出，广电媒体未来的发展要大力发展“广电＋”行动，即广电＋互联网，积极拥抱互联网，占领主战场。

不管是一种积极响应还是被动“拥抱”，在电视产业中的竞争主体及其交互部分也渐趋明朗，电视产业的新模式正在酝酿。河南大学的高红波副教授借鉴了凯文-曼尼的“大媒体”概念，提出媒体融合将形成未来的“大电视产业”，其与传统电视产业最大的不同是围绕“视频”为中心的产业链条发生了变化。电视机构、电信企业、设备厂商、视频网站等四类原属不同行业的市场竞争主体，因为“视频内容”发生了产业的融合与交叉。他认为，“大电视产业”的形塑过程本身就是传统电视媒体“互联网＋”的鲜活样本。

对融合媒体的新的理解促使传统媒体重新认识自身和所处的大媒介环境，也促使占据优势的媒体开始采取更加积极的行动。新华社音视频部陆小华教授通过分析具有典范性的 BBC、“今日俄罗斯”的媒体融合经验，提出“多平台一体化运作社交媒体”的策略。2015 年 3 月 1 日起，新华社开始使用多平台统一账号，涵盖 Twitter、Facebook、YouTube 等国际社交媒体平台。他指出，推出该策略后，经过对不同平台节目需求的研究和针对性调整推送内容的特征后，新华社的账号关注度在上述平台上都得到了大幅度上升。社交媒体一体化融合思路似乎让新华社走在了国际传播影响力的前端。

中国社会科学院的姜飞教授从“群众思想交通”的积弊切入，从文化的视角探讨了该问题，他强调社会化媒体对于大众传播模式的冲击，指出，社交媒体的出现为传统媒体做了掘墓人，也让传统媒体意识到自己真正的角色——并不是高高在上，也只是信息的搬运工罢了。同样，北京大学的陆地教授从管理市场的视角对中国现况进行了批评，他指出：“现在的个人化媒介属于小公民自娱自乐，无赢利，实际上并不是市场主体。目前我国的媒介管理仍旧呈现条块式的、类似井田制的管理方法，并且传统媒体的管理模式和理念，领导的‘封建’观念仍在延续。”

四、媒介融合需要什么样的人才培养

自媒体转型以来，对新型传媒人才的需求似乎成为每次会议必然涉及的话题，也是媒介融合在适应产业前端、市场中端的同时，所必须要解决的人才后端问题。本次研讨会上，来自美国密苏里新闻学院的 Amy Simons 副教授和章于炎博士，就密苏里新闻人才培养的经验做了介绍。对融合新闻专业的学生来说，学会如何在日常工作中进行新闻生产是其核心，有 30 多个不同专业课可供选择，包括编写代码、采访技巧、音频编辑和可视化数据。媒介融合方向的课程要求学生学习多媒体平台知识和技能的同时，强调要以某一媒体平台作为学生自己的主学习方向，方向包括全媒体、广电新闻、信息图表设计、国际新闻报道、调查新闻、数字新闻、网络新闻等。章于炎博士还指出，从行业新的发展来看，未来的传感器新闻和网络数据统计是媒体融合方向教学研究的新热点。

威斯敏斯特大学的 Geoffrey Davies 也介绍了该校的一系列新课程，如多媒体开发、媒介运动与变革、国际媒体经济、全球媒体、数字媒体传播等。并通过举说明新的课程是如何满足学生数量、学生对媒介的理解和接触的变化。可以看到，对新媒体的适应需求已成为高校新闻教育的重点课程。

当下的“数据新闻”热也是在融合媒体时代的新闻业界向新闻教育提出的新需求。中国传媒大学的王锡苓教授对 2012—2015 年有关数据新闻的研究进行了整理，认为新闻业自身意欲求变、寻求改革，移动互联网、大数据等技术的发展等因素促成了数据新闻的火热。数据新闻冲击了传统的新闻理念，记者角色发生了转换，数据新闻专业人才的教育和培养被提上议程，新闻编辑能力需要重构。

前美国报业协会主席、来自清华大学的 Rick Dunham 教授根据长期的实践经验，讲解了如何利用多媒体有效地报道财经新闻。他总结了将多媒体用于财经新闻的叙述的五个有效方法：时间序列化、简化、阐释化、分析化和元素补充化。他对比了美国媒体与中国媒体，其阐释不仅限于理念方面，而是从实践角度解释如何做到，为融合新闻的教学提供了现场范例。

事实上，我国新闻院校的课程改革与建设也深受媒体融合转型所提出的人才需求影响，各个高校都在探索融合媒体精英人才培养的路径。《新闻记者》的主编刘鹏指出，重新发展精英传播的价值在于，让人的作用重新回到新闻的把关和呈现之中。传媒融合大趋势下，越来越关注用户，关注技术，却忘记了新闻业的核心能力——高质量新闻的生产。在技术发展进入平台期后，新媒体时代传播精英仍是一种稀缺资源。传媒融合也有必要回归精英传播，找到自己的突破路径。

五、媒介世界，生活世界

哥本哈根大学媒介与认知学院院长 Stig Hjarvard 教授借鉴媒介化理论阐释了虚拟互动和物理上的互动是如何重叠并逐渐改变社会情境的定义和社会互动的可用资源。他指出，无论是正式的还是非正式的社会交往都越来越依赖媒介，这种依赖反映了社交网络媒介的各种内在逻辑：技术的、审美的、体制的。在经历了媒介扩张对社会机制和体制的构建阶段后，如今我们进入了媒体化的第二个阶段，即媒体成为社会生活的一部分。在研究媒体融合的时候，要考虑到在媒介世界和生活世界之间，是如何构建的。社交媒体所指向的既是媒介世界也是生活世界。

芬兰 Jyvaskyla 大学的 Stephen Croucher 教授通过对美国穆斯林的 Facebook 使用情况进行实证研究，探讨了 Facebook 在穆斯林移民的文化适应中所扮演的角色。他试图通过量化研究，建构美国移民群体与 Facebook 使用之间的文化认知关联。他的研究发现，穆斯林移民更多的是使用 Facebook 增加内部交流，这表明他们对自我内部文化活力的保护，使用 Facebook 时间越长，他们更可能对美国主流文化产生消极认知。

媒介融合所依托的互联网信息技术被认为正在打破原有的社会框架，解构既有的社会解构，并建构一种新型的网络秩序。学者们对这一过程的解读主要集中于两个方面：其一，是关于网络治理的研究；其二，是关于国际网络新秩序的前瞻思考。

网络的治理中关于内容管理的一项要点即版权管理。中国社会科学院新闻与传播研究所的朱鸿军副研究员指出：目前我国媒介融合过程中侵权事件频发，从百度文库侵权，到百度影视、今日头条、人人影视侵权等，都显示出我国媒介融合过程中版权保护的紧迫性与难点。版权保护制度的平衡需要权利人的利益与媒介产品的传播之间达到平衡，使得版权既得到保护，又得到利用；而信息传播技术是影响版权保护的重要变量。上海大学的尤杰博士通过对北美版权立法和司法实践的研究指出，“以用户创造内容”为代表的参与式文化形态与现代版权体系之间产生了冲突，但存在于多个要素之间的“版权作品使用共识”在其中发挥着潜在的作用。

此外，中国的网络管理制度也成国际学者的关注点。瑞士卢加诺大学的Gianluigi Negro博士从实名制、游戏化和网络噪音三个方面来分析目前中国对网络流言的管理趋势。他认为，目前全世界与中国共同的问题还包括流言来源的碎片化、缺乏深度的分析、从社会媒体到自媒体的发展和游戏化的过程等。哥本哈根大学的Miklos Sukosd教授则通过比较中欧和东欧、俄罗斯和中国的媒介政策，认为东欧在原则上实现双重的媒介模式，实际状况是国家媒体下的政党殖民主义；俄罗斯的媒体体现为一种多元化的寡头政治特征，具有党派宣传性；而中国的媒体政策主要体现出对政治媒体的强势控制、多元化的媒体进行有针对性的政府宣传、媒体商品化、传媒集团化、选择的自由化和私人投资化等特征。在21世纪的后共产主义时代，三个后共产主义的图景是相互依存的。

融合的媒介正在形塑国际网络新秩序。清华大学崔保国教授指出，网络空间的利益相关者首先是网民，网络权利是世界的公民权，因此网络空间秩序要以人为本，从人出发。呼吁在合情、合理、合法的原则下规范网络空间中的国度竞争与商业竞争，在联合国体系下形成网络空间治理的国际组织，达到世界共治。

上海大学的吴信训教授则进一步从建构网络国际安全保障机制的问题出发，对全球网络资源分布不均衡的状况及其所带来的国际网络战潜在力量进行了危机思考，指出随着网络技术的日新月异，网络冷战的战略战术也不断升级，这已使各个国家不得不处处设防、如履薄冰。在分析了网络国际安全风险后，他提出，应尽快推动建立多边、透明和民主的互联网国际惯例机制；充分运用互联网信息科技手段，提高全球公民网络国际安全素养。上海大学的吴小坤副教授的研究认为，新媒体政治不再只是意味着传统政治的补充或者一种新的政治传播方式，从一定意义上讲，ICT 作为一种嵌入性结构因素对社会网络、社会资本等概念产生越来越重要的关联，甚至带来社会运动形态的改变。它不仅促使当代社会运动有更多的机会突破民族国家的地缘界限，改变了传统的社会运动样式，同样带来了对民主政治的巨大冲击。

此次会议由“中国社会科学院—上海市人民政府：上海研究院”、“国家新闻出版广电总局发展研究中心—上海大学：新媒体发展协同研究基地”、“上海大学影视学院—美国密苏里大学新闻学院：媒体融合合作研究中心”、中国社会科学院新媒体研究中心、丹麦哥本哈根大学媒介、认知与传播学院联合主办；上海市高校高原学科—上海大学新闻传播学科、上海大学上海市社会科学创新研究基地承办。

（本会议综述发表于《新闻记者》2015 年第 12 期）

◆ 数字文化的媒介逻辑

媒介逻辑和社会互动的媒介化[①]

Stig Hjarvard

李　喆/译

摘要： 回顾了近期关于媒介化理论的研究之后，本文论述了媒介如何影响社会制度和改变传播及互动的条件。在这里，有必要区分两个词。一个是“媒介化”（mediatization），指由媒介引起的一个长期的社会变化过程；另一个词是“中介化”（mediation），指经由特定媒体的传播行为。但同时也仍旧要承认，这两个过程是相互依赖的。媒介受到各种形式的技术逻辑、审美逻辑、制度逻辑以及区别于大众媒介逻辑的网络媒介逻辑支配。媒介逻辑和其他制度逻辑（比如政治逻辑或学校逻辑）之间的相互作用有助于重塑特定领域内的社会互动，从而产生新的社会互动的条件和动力[②]（dynamics）。

关键词： 媒介化　中介化　媒介逻辑　社会互动

一、前言

尽管大众媒介主导了 20 世纪，但是在 21 世纪的开始，众多移动媒体和交互式媒体已经对文化和社会产生了显著的影响。在短时间内，手机、社交媒体和互联网不仅仅是一般意义上的普及，而且还与包括政治、商业、学校和家庭生活等在内的诸多文化和社会领域相整合。海量媒体的存在使我们认为，其他人也都使用互联网和手机，并且我们可以随时随地在网上找到他们是一件理所当然的事情（Ling，2012）。然而，这种媒介现象的存在还对大型

---

① 本文是对即将在丹麦出版的新书“Medialisering：Mediernes rolle i social og kulturel forandring”（《媒介化：媒介在社会和文化变迁中的角色》，edited by Stig Hjarvard，Copenhagen：Hans Reitzels Forlag，2016）中前两章的修订和缩写。

② 译者注：本文中的动力或动力机制是指“作为传播技术或工具的媒介可能对人们的互动方式造成影响”。

社会制度（比如政治制度）和公民社会中较小方面的运作方式有着深远的意义。多样化的媒介不仅增加了互动，而且还改变了人与组织之间的关系，包括人在不同的环境下与其他人进行日常沟通和互动的方式。这一观点已被越来越多地认可。鉴于此，媒介化理论的要点就是建构一个概念框架来理解媒介、文化和社会是如何互动的以及基于这种互动之上媒介如何有助于共建人们在社会和日常生活中沟通、行动和搭建社会关系的方式。

二、从中介化（mediation）到媒介化（mediatization）

为了理解采用媒介化理论研究媒介对文化和社会的影响这一独特视角（Hjarvard，2013；Krotz，2009），区分“中介化”（mediation）和“媒介化”（mediatization）这两个概念是非常重要的。“中介化”是指使用媒介进行传播和互动。比如一个政治家选择通过新闻发布会或推特来进行传播活动。对于传播媒介形态的选择会直接影响信息的形态和内容，同时也会影响传播活动的参与者。但是，个人政治信息的传播方式通常不会对政治制度的运作或政治与媒介、文化和社会之间的关系产生任何影响。另一方面，政治媒介化是一个长期的过程，政治和媒介之间的关系通过相关制度的改变和传播、互动新条件的出现发生结构变化。中介化是一种沟通行为，而媒介化则涉及不同文化和社会领域之间的结构变化。

关于媒介和传播的大量研究都不出意外地关注传播行为中媒介的使用和传播过程的三个基本要素，分别是传者、内容和受者以及他们之间的关系。拉斯韦尔（1948：37）的传播学经典模型在传统上为媒介研究建立了一个基准，即：“谁说了什么，通过什么渠道，向谁说，产生什么效果?”诚然，对于传播过程的分析已日益变得复杂，并且开始向不同的方向发展。比如，为了理解接受者如何阐释信息，还要考虑其接收信息的情境。然而，大多数媒介研究继续聚焦真实的传播行为，并局限于媒介影响力这一层面。对于传播信息是如何影响传播形式、内容和接受的研究仍然很重要。然而，如果为了了解现代社会中媒介的影响力，只关注传播行为本身是不够的，媒介化也需要被一同考量。

正如先前提到的，“中介化”和“媒介化”是两个完全不同的概念。前者涉及传播行为中媒介的使用，而后者则指在文化和社会变迁中媒介所扮演的角色。因此，这两个词应该被区分开来。然而，值得强调的是，这些概念涉及的过程又是相互关联的。首先，一段时间内，传播实践的累积变化本身会导致一个既有制度领域的媒介化。例如，政治家更容易转向使用推特来传播政见；体育俱乐部使用社交媒体与其成员进行更广泛的交流。这些都可能导致他们的社会实践逐渐媒介化。其次，媒介化是传播行为的一个结果。传播和互动条件的改变使得媒介与文化和社会中越来越多的领域相整合。因此，媒介成为了一种重要的资源。媒介本身以及该领域涉及的制度逻辑（政治的或体育的）都会引导媒介逻辑转向。反过来，这又改变了在特定环境中信息传播的条件（参见图 1）。

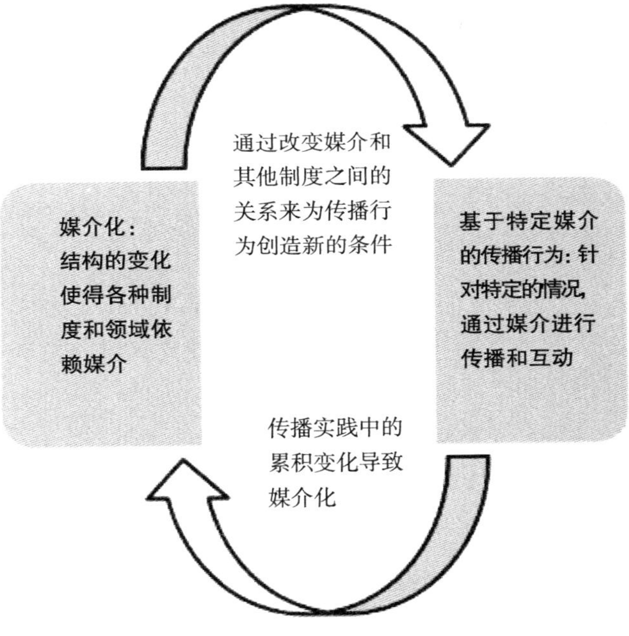

图 1　媒介化和基于特定媒介的传播行为之间的相互关系

在介绍媒介化理论中最重要的概念和观点之前，准确地阐明“媒介”这个词在本文中的含义是非常重要的。鉴于媒介化理论来源于媒介研究的传统领域，“媒介”的定义经由各种对媒介研究的理解而得以巩固。简而言之，媒介定义为技术，将使得在时间、空间和形式上延伸人类的传播活动成为可能。媒介使得文本、声音、图像（不同形式）的远距离（空间）传播成为可能，并且还可以存储传播信息以备将来使用（时间）。然而，一种媒介并不具备上述全部三种功能。从历史上看，很多媒介最初都只在一个维度上延伸了人类传播活动。例如，电话使得人们远距离交谈成为可能，但是其他传播形式不能对其进行存储或补充，比如文本和图像形式。而随着时间的推移，媒介变得越来越多功能，这为使用者在控制时间、空间和形式上提供了更好的灵活性。

本文中呈现的媒介化理论涉及广义上的媒介定义，包括大众媒介（如书籍、广播和电视）、人际媒介（如电话、电子邮件和短信）和社交媒介（如博客、脸书和推特）。据此，“技术”在“媒介”定义中是必不可少的一个组成部分，但仅用“技术”是不足以描述媒介的。媒介运作的方式不只由技术决定，还涉及象征意义和审美习惯（如类型和风格的惯例）以及嵌入制度的法规（如立法、市场机制和组织结构）。为了揭示媒介与其他文化和社会现象相互作用的方式，必须结合“材料—技术”、“审美—符号”和“制度”这三个维度进行思考。

三、定义

回顾这一领域的既有理论（Hjarvard，2013；Esser and Strömbäck，2014；Lundby，2014），我们将媒介化定义为通过媒介在文化和社会中的重要性，改变和强化不同社会制度以及文化领域变得依赖媒介及其逻辑的过程。正如媒介化在斯堪的纳维亚半岛上那些高度现代化的社会中所体现出来的影响特征那样，它还包括两个相关的进程：一是媒介变得更加独立。从某些方面来说，媒介已经成为一个独立的社会机构。二是媒介日益与更多的文化和社会环境相整合。因为这种二元性，媒介既成为广泛社会中的一个独立机构影响公众议程（“out there”），又成为社会中一个重要的构成部分（“in here”），在多样化的社会生活中，作为家庭和工作等领域中传播和互动的一系列制度化的工具。在这两种情况下，媒介构成了社会行动的资源（材料和符号）和使与其他人的互动变得有意义的一系列规则（正式的和非正式的）。在媒介化的这两种角色中，媒介与社会相整合，既相对独立又成为更小范围社区（community）的内在组成部分。正因如此，媒介逻辑参与建构了文化和社会的发展。

媒介化必须被理解为高度现代化过程中的一个一般过程，与城市化、全球化和个人化相类似。媒介化究竟如何发挥出超越这一层次的影响还必须结合特定的历史环境和与媒介相整合的制度领域以统合考量。媒介化重塑文化和社会的方式因国家而异，并不是一个有标准可循的过程。因此，针对媒介化形式的深入分析必须考虑在特定环境中媒介和其他制度是如何运作的。针对中国、美国和丹麦政治媒介化的分析研究必须考虑三国在媒介体制（国有主导、公有主导、私人所有主导）和政治制度上的差异。

但是，在北欧，大多数国家在媒介和社会方面存在普遍相似性，界定媒介化的某些总体特征是有可能的。媒介化有两个重要的维度：一是表明了媒介与其他文化和社会领域之间关系的变化；二是从更广泛的层面上说，为高度现代化的社会创造出了传播和互动的新条件。在分析这两个维度的过程中，本文从理论上揭示了媒介如何（一定程度上为什么）在文化和社会的其他领域中发挥影响力，同时又被文化社会所影响。进而说明媒介化是如何使某些媒介逻辑和主导动力在传播和互动行为中发生作用的。

四、媒介逻辑

如上所述，媒介化是一系列的过程，不仅导致文化和社会中出现更强大的媒体，同时也使得其他制度和领域依赖媒介及其逻辑。因此，“逻辑”这一概念就成为了一个需要被定义的关键概念。以制度理论（Hjarvard，2014a；Thornton et al.，2012）为背景，“逻辑”这一概念应被视为表征媒体运作所因袭的传统方式。例如，在新闻媒体中使用某些新闻标准；在音像小说中使用特定类型的叙事形式。这两个例子充分说明，不同媒介是不同逻辑的缩影，他们之间差异悬殊。互联网逻辑表征类似脸书等社交媒体，与表征手机短信的逻辑有所不同；像丹麦广播公司这样的全国性公共服务机构的运作逻辑又与谷歌等国际商业媒体集团不同。

Altheide 和 Snow（1979）开创性地将“媒介逻辑”界定为“传播的形式”。具体而言，就是指媒介会对“组织材料、呈现形式、特定行为特征的关注和强调以及传播语法”产生影响（Altheide and Snow，1979：10）。基于此，他们又指向了社会学家齐美尔（1971 [1920]）提出的“社会形态”概念，但并不将其扩大化（Lundby，2009）。相反，“形式”（format）这一概念（包括动词形式，使形式化）是 Altheide 等人所理解的媒介逻辑的核心，即媒介以某种方式使世界形式化。但是，媒介逻辑还受到组织和制度因素的影响。Altheide 和 Snow 研究美国媒体时发现，商业因素是驱动媒介逻辑的一个关键因素。媒介逻辑是他们“分析媒介变迁社会制度”的关键（Altheide and Snow，1979：7）。

近年来，学界关于“媒介逻辑”又有了新的认识，尤其是关于对新闻媒体的逻辑的理解上。Esser（2013）考虑了各种媒体间的差异，明确了媒介逻辑多维度概念的必要性。他区分了新媒体逻辑的三个方面，分别是专业性、商业性和技术性，这三个方面合起来构成了新媒体逻辑的具体样式。鉴于此，Esser 指出，公共服务性质的媒体和大型严肃报刊通常承担专业新闻的特点多于商业广播电台和小报。后者的媒介逻辑往往首先受到商业考量的影响。在 Altheide 和 Snow（1979）以及 Strömbäck's（2008）的政治媒介化理论中，媒介逻辑被描述为对立于其他逻辑。例如，在适应媒介逻辑的过程中，政治制度必须放弃一些自己的逻辑从而获得自治。从这一角度看，媒介化似乎是一种零和博弈：如果媒介逻辑增强，那么政治逻辑就减弱。

针对这种观点，Aelst 等人（2014）和 Donges 等人（2014）指出，媒介逻辑与其他制度逻辑并不必然不相符，事实上，其中可能存在某种程度的相似性。并且这种影响是相互的，不仅仅是外部世界需要适应媒介，媒介也需要适应外部世界（Strömbäck and Esser，2014）。例如，在过去的半个世纪里，对电视和足球之间相互关系的了解都揭示了电视公司和足协在一定范围内存在明显的共同利益。尤其是双方都受到观众最大化所带来的利益驱动，因此电视公司和足协只能相互适应以实现这一目标（Frandsen，2014）。

从本文所涉及的一般社会学和制度视角来看，所有制度环境都由一系列逻辑组成，这些逻辑共同创造出促使体育、政治和家庭等运作的典型机制。当使用社会学观点来理解时，媒介逻辑是适用于媒体领域的一个相对简单的支配原则，就像其他逻辑适用于其他领域一样。具体而言，媒介逻辑是表征不同媒体中制度规则和资源的另一个说法。“媒介逻辑”的概念在原则上不是必要的，社会学中关于“规则”和“资源”的概念可以取而代之。但是，“媒介逻辑”已经在媒介研究中占有一席之地。从传播的意义上来讲，相比于其他精确的概念，“媒介逻辑”是一个更为直觉性的术语，是“制度规则（正式的和非正式的）和资源（可感知的和权威的）”之间的复杂配比。例如，社交媒体中正式的规则包括规范使用该媒体的法律法规；非正式的规则包括发布信息和“喜欢”信息的社会规范。用户的个人主页展示了过去一段时间内用户个人通过符号资源建立起来的声誉。“信息—技术”作为社交网络媒体的基础性支撑，构成了用户的材料资源，既促进互动又限制了一些可能性。

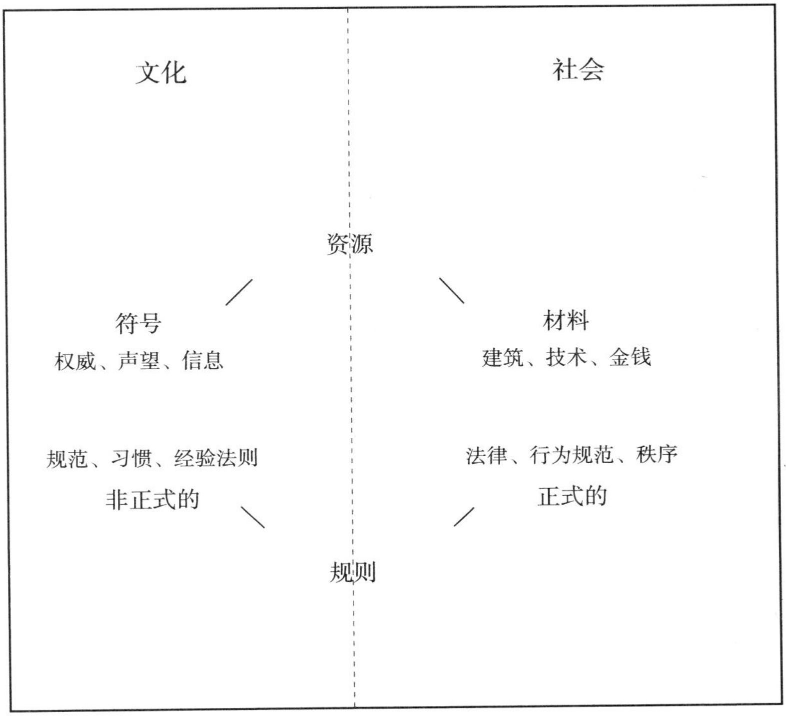

图 2　媒介逻辑被理解为包括文化和社会方面的资源和规则的总和

媒介逻辑涉及三个维度的内容，即技术的、审美的和制度的，任何对于媒介运作的理解必须包含这三个维度。如上所述，媒介逻辑可能只涉及制度规则和资源（撇开“技术”和“审美”），因为原则上，“制度”包括了技术资源和传播规则。但是，如果将媒介精确限定为传播技术，那么就尤其要界定好两个方面的内容，即与调控中介化活动相关的技术手法和审美形式。因此，在一般层面上描述如下不同方面的媒介逻辑是可能的：

- 技术：特定媒介技术的典型运作方式。如大众媒介、网络媒体、移动或固定、在线或离线，等等。
- 审美：传播实践活动的典型运作方式。如戏剧、表演、形态（文本、声音、图像）、框架、风格，等等。
- 制度：立法、组织形式、金融、历史经验、声誉等产生的典型运作方式。

就媒介的功能而言，强调媒介还受到其他制度的影响同样重要。媒介的运作不仅仅由“纯粹的”媒介逻辑所决定。正如媒介通过与政治和家庭生活相整合以在这些制度上留下印记一下，其他制度也在媒介上留下印记。例如，广播媒介（广播和电视）经常需要考虑其他文化和社会制度，包括家庭、政治、国家和市场。因此儿童节目受到目标群体特定需求的影响；广播、电视对选举活动的报道受到政治民主规则影响；广告也受到包括保护消费者利益和确保市场公平竞争等因素的调控；此外，广播、电视还必须与国家的基本框架相适应，比如语言。图 3 阐明了在一个围绕广播和电视的跨制度体系（Thornton et al.，2012）中，媒介与其他制度之间存在相互依存的关系。本文后面还将就此进行更为详细的讨论。近几十年的发展使得媒介更倾向于依赖市场，但是相对于其他制度，媒介还获得了更多的自治权。所以，支配广播和电视运作方式的不仅包括媒介自身的专业考量和用户的利益，还包括其他制度对媒介提出的要求。这适用于其他所有媒介，不单单指广播和电视。

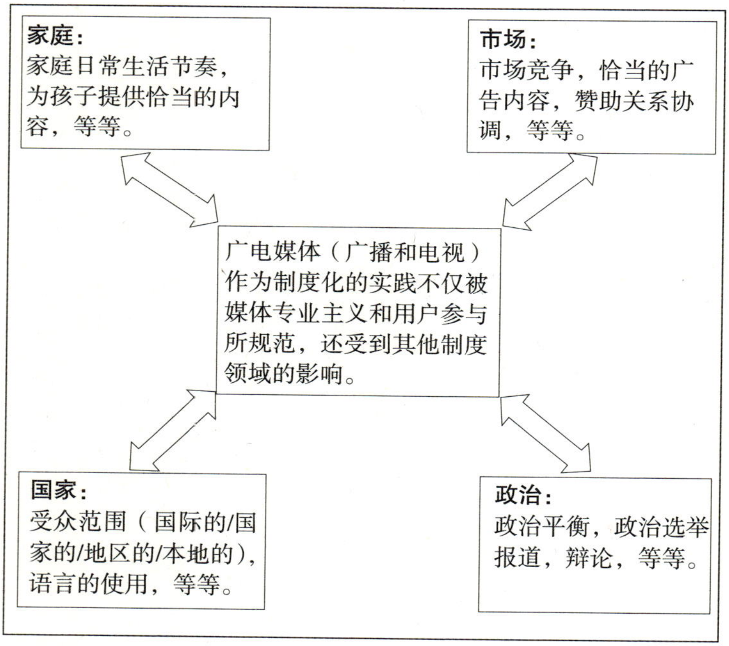

图 3　媒介成为跨制度体系的一部分：广播媒介作为制度化的实践受到家庭、市场、国家和政治等其他制度逻辑的影响

如图 4 所阐释的那样，媒介化可谓是媒介逻辑和其他制度逻辑相互交叉和适应的过程。在这一过程中，两者冲突的结果不只是相关制度的媒介化，其他方面也会发生变化。例如，当媒介融入政治生活时，在一定程度上，媒介受到政治逻辑的影响，但也将使得媒介政治化获得合法性。由政党和利益

集团运营新闻服务可能会受到新闻性的驱动，但在很大程度上依然受制于政治考量。类似的，媒介与教育体系相整合也包括两个方面——教育媒介化和媒介教育化，后者即指媒介服务于教育目的。这两个过程可以同时发生。利用电脑游戏（如丹麦的一款名为“全球冲突：巴勒斯坦”的游戏）达到教育目的的过程涉及两个层面，一是电脑游戏作为激励因素使教学“游戏化”；二是电脑游戏基于教育和知识的“工具化”。

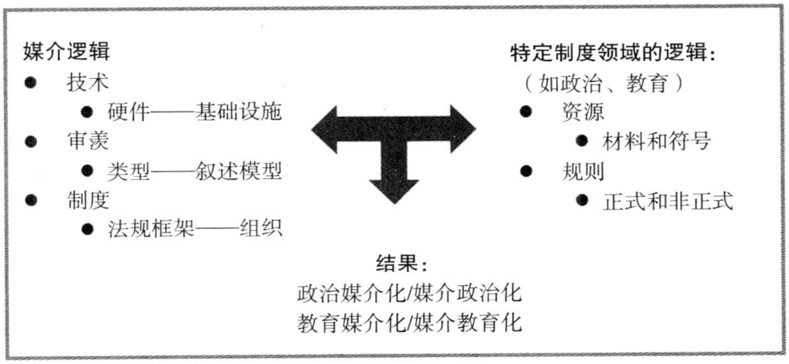

图 4　媒介化是媒介逻辑与其他社会和文化逻辑之间的相互作用

五、大众媒介和互联网：不同的逻辑

在一个更为一般的层面上，或在一个具体媒介（如电视）的层面上，更或者从个别类型（如新闻媒体）上区分不同媒介的媒介逻辑是可能的。Klinger 和 Svensson（2014）指出了大众媒介和网络媒介两者在媒介逻辑上的差异。前者集中体现为高度的专业化和造价昂贵的内容生产。其中部分来自大众媒介（a central source）[①] 的内容被生产、选择并传播到一个大范围的，通常是匿名的受众群体。一直以来，大众媒介的逻辑都是创造公共领域的关键。在公共领域中，参与集体传播的经验是必不可少的。网络媒介的逻辑通常是指由业余人员生产并传播廉价的内容。在这里，并不存在集中的守门功能，信息的传播依赖于个人推荐，有时连锁信（chain letters）的传播也以这种方式进行。网络媒介能够建立起公共的和私人的论坛，但是不能为整个社会构建集体传播。相反，网络媒介能够联结那些有着相同兴趣和态度的人。

① 译者注：这里强调大众媒介是信息的集中地。

值得强调的是，大众媒介和网络媒介背后蕴含的媒介逻辑都是对各自典型特征的描述。在实践中，像YouTube这样的媒体同时遵循大众媒介和网络媒介的逻辑，另一些像谷歌这样的媒介集团则兼具了大众传播（如Google Books）、社交网络传播（如Google＋）和个人传播（如Gmail）的特征（Hjarvard，2014b）。

部分社会学家认为，网络媒介的兴起使社会组织发生了一些深远的变化。无论从不同的结构层次还是从个人的实践层次来看，这些变化都不仅存在于媒介本身，而且涉及整个社会领域。媒介逻辑的影响可以被视为更为一般的媒介化，除了对社会和文化中的个人领域产生影响，至少在原则上还会对整个社会产生影响。Castells（2001，2011）和Dijck（2012）指出，网络社会是一种有别于以国家为基础的国民群体和工业社会的独特的社会形态。在网络社会中，社会网络和数字网络在价值创造和全球竞争中扮演着关键的角色。网络社会不仅由网络媒介及其逻辑所创造，更是社会组织形态和新媒体技术之间复杂互动的结果。Castells（2001）and Dijck（2012）都认为数字媒介（互联网，社交媒体等）作为网络社会基础设施的一部分发挥着重要的作用。因此，对互联的接入和管理已经成为理解现代社会中权力运行的关键（Castells，2011）。

从个人层面上来看，Rainie和Wellman（2014）认为数字媒介为改变社会关系和互动方式提供了便利。Rainie和Wellman（2014）甚至声称一个新的“社会运行系统”为“网络个人主义”提供了基础，单个个体不再依赖群体或集体（家庭，公司，组织）中紧密的社会联系，而是更加灵活地进行传播和行动，并能从数字媒介提供的松散的社会联结中获得巨大的优势。这为学习、政治活动、生产发展等活动提供了新的机会。但是Rainie和Wellman（2014）只关注了数字媒介为个人提供的众多机会，而忽略了表征网络媒介的规则也是集体规范的产物。事实上，这些规则限制和控制了思想和经济。

Dijck（2013）提出了一个更具批判性的陈述，网络媒介中民主和集体的可能性已经被“商业驱动和多平台的强制形式中充满连接性的逻辑所笼络”，比如Facebook（Dijck，2013：155）。网络媒介中的许多内置偏好和算法（代码）逻辑为数字互动创建了基础。例如，Dijck（2013：157）指出：“你联系一个自高中以后再也没有见过的朋友可能是一个彻头彻尾的人性化行为，但如果是在网上，一个‘你可能认识的人’的算法就会促使这件事发生。一个青少年，从来没有考虑过要关注自己喜欢的歌手，但通过YouTube，Twitter

和 Facebook 上基于交叉关联系统推荐的视频就可能会去关注这个歌手。”Dijck's（2013）的用意是展示在与人类行为的社会规范进行互动的过程中，社交网络媒体的技术、政治和经济（抑或指本文中所说的“媒介逻辑”术语）是如何在数年内为人际传播使用诸如人气、快速转发、分级排名、个性化推荐等手段建立起一系列规范的管理原则。

为了理解媒介对文化和社会的影响，区分清楚大众媒介和网络媒介的逻辑是至关重要的。同样重要的是强调网络媒介并不是取代大众媒介，而是对其的补充，两者有着明显的交汇点和互动。被分享到社交媒介上的内容往往来源于大众媒介（如新闻），同时，新闻媒体也越来越多地使用社交媒体来与用户进行联系和互动（Kammer，2013）。因此，一个更为复杂的媒介生态正在形成。其中，无论是大众媒介逻辑还是网络媒介逻辑都应用于不同的文化和社会环境中，并与其进行互动。

在这种情况下，Webster's（2014）观察到大众媒介和网络媒介在运作方式上存在相似性。既不是指网络媒介仅仅鼓励用户消费差异化和个性化的媒介产品（简称为互联网的“长尾效应”），而大众媒介只关注少数几个热门产品。也不是指网络媒介只能使人们与志同道合的人建立联系（简称“过滤气泡”现象），而大众媒介却能创造公众。网络媒介也受到热度参数的影响，也鼓励用户点击相同的内容，讨论相同的话题。同样的，大众媒介（如电视）也日益选择更多的内容，并进行消费者市场细分。总体而言，Webster（2014：160）认为吸引公众注意力的能力被低估了：“如果我的想法正确，那么媒介还将继续提供一致的信息服务，但这并不是由少数媒体的垄断造成的，更多的是由人们当下自由运用和支配资源的方式造成的。结果就是出现大范围交叉重叠的文化。”从这一角度来看，大众媒介逻辑和网络媒介逻辑有区别，但依然存在一定的相关性。任何对于媒介逻辑作用的分析都要考虑到，答案可能就蕴藏其中。

六、传播和互动条件的改变

如上所述，媒介化已经改变了传播活动的条件。这里的传播活动是指基于特定媒介的传播和互动。变化的形式理所当然取决于传播和互动的类型。银行客户可以通过网上银行与银行进行沟通并实施交易，同时银行也可以通过数字界面的模板和选项来管理客户。一系列社交网络媒体的出现为人们与泛化的“朋友”进行持续接触和来往提供了新的契机。但是，在延伸的网络中所进行的互动受制于一系列逻辑，比如上文提到的人气、快速转发和个性化推荐。政治家使用新的工具与公民和大众进行沟通，但是这些工具都有自己内在的动力机制，政治家必须考虑何时使用能够优化与潜在支持者的接触。基于这些差异，对于传播和互动的条件变化的研究必须主要以实证研究为主，这包括要考虑具体媒介及其逻辑以及现实世界中的文化和社会环境。

然而，普泛的动力机制在不同的环境中反复出现，从而在媒介社会中塑造了媒介传播的特征。在使用媒介时，相关利益者既希望从媒介本身的动力机制中获益，又或多或少不得不对此多加考虑。当媒介用于影响冲突局势中的公众舆论时，其动力机制表现的尤为明显。但在正常情况下，尽管不那么明显，媒介的动力机制也依然存在。通常在涉及权利斗争的冲突局势下，可以清楚地看到不同利益方如何使用媒介为自己争取优势，但同时又在一定程度上使自己的行为受制于媒介。对此，Meyrowitz's（1993）提出了“媒介的三种隐喻”，分别是——渠道、语言和环境，每一种隐喻都为“什么是媒介”和“媒介做了什么”这两个问题提供了一种理解。在此基础之上，Hjarvard，Mortensen和Eskjær（2015）确立了媒介动力机制的类型学，以表示在一般意义上的媒介社会中进行传播和互动的条件：放大、框架、表演机构和共同建构（见下表）。

相互作用的传播条件表

媒介隐喻	动力机制	影响
渠道	放大	体量，速度，到达，卷入度
语言	框架和表演机构	展示、表演、戏剧
环境	共同建构	媒介实践既嵌入又构成了权力结构关系

媒介动力机制分为以下三个维度或三个媒介隐喻：放大、框架和表演机构、共同建构
资料来源：Hjarvard，Mortensen and Eskjær（2015：10）

媒介作为“渠道”角色时，最首要的职能就是在传者和受者之间传递信息。其重点在于媒介技术能够通过时间和空间传递信息。基于这一理解，就可以说媒介拥有一种类似放大器一样的内在动力机制，使得媒介可以翻转冲突的“量”，比如冲突能够多快传播到社会上的其他群体以及到达跨越国界的多远处。结果就是媒介可以提高卷入程度，并通过引入新的角色来激化冲突或延缓冲突。全球性电视频道（如CNN和半岛电视台）和社交媒介的出现意味着发生于某一地区的冲突很快会传播到世界上的其他地方。当专业记者和

普通公众的信息在全球范围内流通时，控制和限制冲突就变得愈加困难。丹麦的政府当局，尤其是外交部在 2005 至 2006 年的丹麦卡通危机（Danish Cartoon Crisis）中发现，除了国家间的日常外交以外，还需要“民间外交”，旨在通过积极地使用各种媒介来对不同的国家和社会团体施以影响（Hjarvard，2010）。

关于第二个隐喻，媒介即语言，是指媒介能够以某些方式来塑造信息和重大事件。其中一个重要的动力机制就是相互竞争的不同的利益相关方（政治家、记者、利益集团）以某种特定的方式来“架构”事件，即将各方都放置于一个特定参考系下的框架，其中记者占据一“角”。Entman（1993）认为，从本质上来说，架构包括从共有经验中选择和强调某些元素。框架会触发与建构意义相关的四个功能：定义问题、解释原因、道德评价和提出解决方案（Entman，1993：52）。框架取决于陈述事件的语言。例如，汽车销量的下降既可被表达为汽车工业的危机，也可被表达为在一定程度上向环境保护迈出了一步。从某种角度来看，在有冲突的情境中，为了赢得公众舆论，文本和图像在以特定方式定义现实的过程中通常存在竞争。正如一句格言所说的那样，“命名就是架构”（“naming is framing”），换句话说，也就是命名一个现象的方式会影响对该现象的解释和道德评价。

媒介不仅有解释性的动力机制，还有表演性的动力机制。这种表演动力能在特定的戏剧中嵌入事件。经由媒介的传播不仅由关于世界的陈述组成，还包括意在影响他人的言语行为。丹麦首相在电视上发表的新年演讲不仅是对这个国家的检阅，更是一个仪式化的事件。这意味着演讲有其特殊的形式，相比于演讲内容，能够产生更大的影响力和到达更广泛的受众可能更为重要。通常政治领域中发生的公共丑闻就是媒介上演戏剧事件的最佳例证。Thompson（2000）认为，正是由于媒介的参与，使得政治丑闻通常遵循事件的固定顺序展开，从前丑闻阶段到丑闻正式爆发阶段，再到高潮阶段，最后到结果余波阶段。这一过程中包括一些重要的言语行为：从一个丑闻变成公共丑闻，必须经由新闻媒体选定并被社会中重要的利益相关方所承认。

第三个隐喻，媒介即环境，指从一个关系性的视角考察媒介。在这一视角中，媒介自身建构起了一个媒介环境，即由不同媒介属性配置的结构。与此同时，这些媒介属性被嵌入文化和社会中，成了人们生活和行动的社会环境中的一部分。从这一角度看，媒介作为一种环境或一个系统，参与架构了人们互动的方式。部分原因在于人们接触媒介的机会是不平等的，媒介不仅嵌入现有的社会权力关系，同时也在建构这些权力关系的过程中发挥重要作用。例如，政治界、产业界和学术界的精英人士相对更容易接触到记者，因为他们代表了政治、经济或知识领域的重要利益。新闻媒体视这些精英人士为权威，传播并支持他们的观点，进而有助于精英话语力量的扩散和再生产。社交媒体的兴起在某些方面挑战了传统政治和新闻领域里中央集权式的力量，并可能产生低准入门槛的多元化传播体系。因此，新媒体环境影响了社会环境中权力的平衡。

七、结论

本文提出了一系列有助于理解文化和社会媒介化的概念。本文的陈述一直保持在一个一般化的理论水平。考虑到现实生活中媒介、文化和社会三者的互动，关于媒介化过程的实证研究还需要更具体和集中。正如在其他论文中所提到过的那样（Hjarvard，2014a），在一个中观层面上分析媒介化是有优势的（Merton，1968；Boudon，1991）。即指介于宏观和微观中间的一般化水平。它的特征在于，一方面希望以一般化来超越纯粹地域和特定环境的限制，进而发展出超越不同地域环境层次的关于媒介化特征的模型和概念。另一面，这意味着经验证据可以建立基础的理论概念和模型，但同时也要对社会过度一般化存有疑虑。中观层面上，理论研究有可能集中于两个方面：一是，在一个特定区域内建立趋势模型；二是，在一个具体区域内针对实际情况开展实证分析。

因此，针对文化和社会的媒介化分析必须具备历史敏感性，同时还要考虑给定区域内的文化和社会环境，如政治、家庭、教育。现有的研究大多数由欧洲和斯堪的纳维亚半岛的观点所主导。所以，确实需要评估在其他环境下，媒介在影响社会和文化变迁的过程中所扮演的角色，例如中国。现如今，很多媒介都是全球化的，但是存在于媒介和文化、社会中的作用与反作用方式却迥然不同。比较研究不同国家和社会体系下的媒介化过程有助于界定媒介影响文化和社会变迁的异同之处。

参考文献

[1] Aelst, P. v., Thesen, G., Walgrave, S. and Vliegenthart, R. (2014). Mediatization and Political Agenda-Setting: Changing Issue Priorities? I: Esser, F. and Strömbäck, J. (eds.) *Mediatization of Politics. Understanding the Transformation of Western Democracies*, pp. 200—220. New York: Palgrave Macmillan.

[2] Altheide, D. L. and Snow, R. P. (1979). *Media Logic*. Beverly Hills: Sage.

[3] Boudon, R. (1991). Review: What Middle Range Theories are. *Contemporary Sociology* 20 (4): 519—522.

[4] Castells, M. (2001). *The internet galaxy, reflections on the internet, business, and society*. Oxford: Oxford University Press.

[5] Castells, M. (2011). A Network Theory of Power. *International Journal of Communication*, vol. 5: 773—787.

[6] Dijck, J. v. (2013). *The Culture of Connectivity. A Critical History of Social Media*. Oxford: Oxford University Press.

[7] Dijk, J. (2012). *The Network Society*, 3rd edition. London: Sage.

[8] Donges, P. and Jarren, O. (2014). Mediatization of Political Organizations: Changing Parties and Interest Groups? I: Esser, F. and Strömbäck, J. (eds.) *Mediatization of Politics. Understanding the Transformation of Western Democracies*. Basingstoke: Palgrave Macmillan, 181—199.

[9] Entman, R. (1993). Framing: Toward Clarification of a Fractured Paradigm. *Journal of Communication* 43 (4): 51—58.

[10] Esser, F. (2013). Mediatization as a Challenge: Media Logic versus Political Logic. I: Kriesi, H., Lavenex, S., Esser, F. Matthes, J., Bühlmann, M. and Bochsler, D. (eds.) *Democracy in the Age of Globalization and Mediatization*, s. 155—176. Basingstoke: Palgrave Macmillan.

[11] Esser, F. and Strömbäck, J. (eds.) (2014). *Mediatization of Politics. Understanding the Transformation of Western Democracies*. New York: Palgrave Macmillan.

[12] Frandsen, K. (2014). Mediatization of Sports. I: Lundby, K. (eds.) *Mediatization of Communication*. Handbooks of Communication Sci-

ence, vol. 21, pp. 525—543. Boston and Berlin: De Gruyter Mouton.

[13] Hjarvard, S. (2010). Die Mediendynamik der Mohammed-Karikaturen Krise. I: Hepp, A., Höhn, M. and Wimmer, J. (eds.) *Medienkultur im Wandel*, pp. 169—180. UVK Verlagsgesellschaft mbH. (Schriftenreihe der Deutschen Gesellschaft für Publizistik-und Kommunikationswissenschaft, Vol. 37).

[14] Hjarvard, S. (2013). *The Mediatization of Culture and Society*. London: Routledge. [To be published in Chinese by Fudan University Press in 2016.]

[15] Hjarvard, S. (2014a). Mediatization and Cultural and Social Change: An Institutional Perspective. I: Lundby, K. (ed.) *Mediatization of Communication*. Handbooks of Communication Science, vol. 21, pp. 199—226. Boston and Berlin: De Gruyter Mouton.

[16] Hjarvard, S. (2014b). From Mediation to Mediatization: The Institutionalization of New Media. I: Hepp, A. and Krotz, F. (eds.) *Mediatized Worlds: Culture and Society in a Media Age*, pp. 123—142. Basingstoke: Palgrave Macmillan.

[17] Hjarvard, S., Mortensen, M. and Eskjær, M. (2015) Three Dynamics of Mediatized Conflicts. I: Eskjær, M., Hjarvard, S. and Mortensen, M. (eds.) *The Dynamics of Mediatized Conflicts*, pp. 1—27. New York: Peter Lang.

[18] Kammer, A. (2013). Audience Participation in the Production of Online News. Towards a Typology. *Nordicom Review* 34 (Special Issue): 113—126.

[19] Klinger, U. and Svensson, J. (2014) The Emergence of Network Media Logic in Political Communication: A Theoretical Approach. *New Media Society*, offentliggjort online 19. februar 2014: 1—17.

[20] Krotz, F. (2009) "Mediatization: A Concept with Which to Grasp Media and Societal Change", in Lundby, K. (ed.) *Mediatization: Concept, Changes, Consequences*, New York: Peter Lang, pp. 21—40.

[21] Lasswell, H. D. (1948) . The Structure and Function of Communication in Society. In Bryson, L. , ed. The Communication of Ideas. New York: Institute for Religious and Social Studies.

[22] Ling, R. (2012) . *Taken for grantedness: The embedding of mobile communication into society*. Cambridge, MA. : MIT Press.

[23] Lundby, K. (2009) . Media Logic: Looking for Social Interaction. I: Lundby, K. (ed.) *Mediatization: Concept, Changes, Consequences*, pp. 101—119. New York: Peter Lang.

[24] Lundby, K. (eds.) (2014) . *Mediatization of Communication*. Handbook of Communication Science, vol. 21. Boston and Berlin: De Gruyter Mouton.

[25] Merton, R. K. (1968) . Social Theory and Social Structure. New York: The Free Press.

[26] Meyrowitz, J. (1993) . Images of the media: Hidden ferment-and harmony - in the field. *Journal of Communication*, 43 (3): 55—66.

[27] Rainie, L. and Wellmann, B. (2014) . *Networked. The New Social Operating System*. Cambridge, Mass. : MIT Press.

[28] Simmel, G. (1971 [1920]) . Sociability. I: Levine, D. N. (ed.) *On Individuality and Social Forms*, pp. 127—140. Chicago: The University of Chicago Press.

[29] Strömbäck, J. (2008) . Four phases of mediatization: An analysis of the mediatization of politics. *International Journal of Press/Politics* 13 (3): 228—46.

[30] Strömbäck, J. and Esser, F. (2014) . A paradigm in the Making: Lessons for the Future of Mediatization Research. I: *Mediatization of Politics. Understanding the Transformation of Western Democracies*, pp. 223—242. New York: Palgrave Macmillan.

[31] Thompson, J. B. (2000) . *Political scandal, power and visibility in the media age*. Cambridge: Polity Press.

[32] Thornton, P. H. , Ocasio, W. and Lounsbury, M. (2012) . *The*

Institutional Logics Perspective. A New Approach to Culture, Structure and Process. Oxford：Oxford University Press.

［33］Webster，J. G.（2014）. *The Marketplace of Attention. How Audiences Take Shape in a Digital Age*，Cambridge，Mass.：MIT Press.

【通讯作者】Stig Hjarvard：丹麦哥本哈根大学教授、媒介与认知传播学院院长。

稿件收录时间：2015年10月。

对数字文化非自然历史的呼吁[①]

Gabriele Balbi，Peppino Ortoleva

储靖伦/译　李　喆/校

摘要：本文从历史视角探讨了数字媒体的起源、变化和主要趋势，认为数字文化的发展历史是非自然性的。本文将着重关注“数字的”定义，数字媒体使用过程中呈现出来的地域和文化差异以及商业模式在数字化过程中的作用。这只是对行进中的数字文化的历史所展开的一个初步的和局部的探讨，但我们希望它能帮助我们更好地理解数字化。

关键词：数字文化　历史　数字媒体

学界迫切需要一种历史研究方法来研究数字文化，在此至少有两个原因。首先，在过去的至少60年间，数字信息一直是推动工业国家向前发展的积极力量，尽管它的影响在个人电脑、互联网特别是手机的大量普及后才被清楚地认识到。因此，在20世纪下半叶和21世纪上半叶，任何对“技术—社会”和文化变迁的阐释都必须考虑数字化（digitization）。其次，因为如果我们不把这些变化置于时间视角中加以考虑的话，我们就不能理解其本身的变化速度。另外，当“未来主义”（futuristic）的方法出现时，由于这种方法主要关注新奇事物而趋于忽略对严肃演绎而言必不可少的长期和中期阶段进程的考虑，因此，我们只有把现在放置于历史阶段中，才能够理解最新的变化。

尽管如此，在通往数字联结（digital interconnectivity）文化历史的道路上还有很多坎坷。定义数字文化本身以及数字文化历史的含义不是一件容易的事。当我们谈及“数字的”（digital）（经常被过于简单化地定义为互联网）之时，浮现在脑海中的概念是模糊的。数字文化的地理领域是不清晰的，最

① 本文英文版曾发表于：Balbi，G.，& Ortoleva，P.，（2014）．Plea for an un-natural history of digital culture，*Contemporanea*，3：p482—489.

终，其主要趋势也是模糊的。此外，当现代数字化景观被历史确定时，其许多方面被人们认为是理所当然的，就像“自然”（natural）形成的一样。这就是为什么说历史对于重构数字媒体的起源、变化和主要趋势是十分有帮助的另一个原因，即历史显示了数字媒体（digital media）的起源、变化和趋势如何产生又如何被文化取代。

本文致力于阐释清楚或者至少能批判地探讨以下要素，其中，“批判性”（critically）意味着两方面，首先是基于词源学的角度对其进行区分，其次是不接受通常意义上显而易见的表面证据。本文旨在分析数字文化历史，这只是一个初步的探讨，远未穷尽。

我们将特别关注以下几点：

☆“数字的”（digital）之释义是多样的，由于对互联网和信息交换的普遍强调，许多关于“数字的”（digital）一词的定义经常被人们忽略；

☆对数字媒体的不同使用方式通常被表现为一致的全球化过程，但以多平台的视角，理解其中包含的国家、区域、文化差异更为重要；

☆商业模式在塑造数字世界不同“领域”（regions）的过程中所发挥的作用；

☆最后，不同的环境与口头、书面和其他传播形式及行为的数字化发展之间的依赖关系。

一、数字世界及其“大洲”（Continents）

“数字文化”（digital culture）是由一些“大洲”（Continents）和我们通常看到的颜色均匀、深不可测的“蓝色大海”（large seas）所组成的世界。目前的许多著作对“数字文化”的理解呈现出简化的态度：为了坚持其地理象征意义，把数字文化简化为互联网，把互联网简化为万维网，把万维网简化为一些在数字世界中被广泛运用和为人熟知的“领域”（regions）（比如：维基百科、YouTube或者优酷，类似于YouTube和微信的社交网站和包括谷歌、百度在内的搜索引擎）。

其中，每个“领域”都处于自身庞大的体系中，此体系包括人际关系、上传和下载内容、触发公共讨论和私人讨论，每一个“领域”都非常值得我们认真分析。如有可能，是严肃和深入地分析。通常，我们对这些领域的了解来源于对个人经历、用户和用户使用行为的有限统计数据或（还有糟糕的）

是与 Web 2.0 和“史前”（prehistorical）先例阶段相对立的“理论”（theories）的模糊概括：即，数字化传播的历史被简化为“之前”（before）和“之后”（after）两个阶段。数字文化历史是一段连续的历史，由许多缓慢渐进的阶段组成——正如“摩尔定律”（ the Moore's law）一样，此定律指出计算机的运算能力每年都会显著地（事实上是每 21 个月）翻一番。

透过文化历史的视角来看，模拟技术和数字化系统割裂论应受到质疑（questionable）。Bruno Latour（2004）指出，网络作品是模拟技术和数字技术（通信网络一直是，并且在一些情况下仍然是模拟技术）的联合体，并且计算机本身不能被看作一个纯粹的数字化机器，相反地，应视其为基于模拟技术生产模拟产品的媒介。最近，许多其他的出版物已经确认了数字世界中“物质化转向”（material turn）趋势的上升，并断言诸如电缆、服务器和设备等硬技术增强了其势力，数字化和模拟技术越来越密不可分（Berti，2015；Parks & Starosielski，2015）。

甚至在网络经济中，西方国家最重要的商业参与者自身拥有很多优势来获得物质资源。苹果公司理所当然地成为了首家工业产品生产商，并且革新了现代城市的物理景观，这种贡献不亚于几十年前的汽车制造商所做的那样。谷歌（Google）和脸书（Facebook）逐渐占据日益增长的数字市场领地来支持它们庞大的数据库，并且谷歌越来越转向设备的生产。亚马逊除了生产自己的设备之外，还一直在研发一系列新型的运输和仓储技术。长远来看，网络经济的增长已经不是传统工业“虚拟”主体的替代品，而是新型的“数字＋物质材料”（digital＋material）工业的发展。只有考虑到经济数字化的整个历史过程，我们才能理解这一进程，20 世纪 60 年代，经济数字化几乎以完全隐匿的方式在 IBM、摩托罗拉、Olivetti 等公司中萌发出来，20 世纪 80 年代初期，随着早期提供娱乐、书写功能，后来提供成熟的运算功能的个人平台的推出，经济数字化更加明显。

“数字化革命”同时承认间断性（breaks）和连续性（continuities）的存在，从历史和地理的角度看，这个流行词为何值得怀疑是有很多原因的（Balbi and Magaudda，2014）。如果我们把数字联结（digital interconnectivity）看作一种文化现象（首先用人类学的术语来谈），我们必须绘制出一幅全球图景，一张包罗万象的地图，抛开简化论者的简化主义来区分数字世界中不同的“大洲”（contients）和“大海”（seas）。被我们称为“数字联结（digital interconnectivity）”的世界地图不仅包括互联网（依次不仅包括网页，而且包括电子邮件的流通，互联网自身内部大量被掩盖的“领域”，类似于Skype的其他人际传播形式以及内联网的巨大领域）而且包括涵盖了更多的用户和营业额的移动通讯。从全球视野来看，相较于互联网，手机实际上是与我们的研究联系更为密切的一种现象（对手机的人类学研究方法借鉴了Horst & Miller 2006；历史研究方法借鉴了Agar 2013）。手机的使用更加广泛了，截至2013年，全球每100个居民平均有96.2个手机用户（接近70亿部手机，或者换言而之，地球上的每个人都拥有一部手机），与之相对的，全球每100个居民有38.8个互联网用户，全球大概有20亿零700个互联网用户（Ict Facts and Figures，2013，www.itu.int/en/ITU-D/Statistics/Pages/stat/default.aspx，last accessed：April 3，2014）。在数字媒体尚未普及，互联网的发展尤为不健全的国家和大洲，比如撒哈拉以南的非洲（sub-Saharan Africa）、亚洲（Asia）的一些地区和南美洲（South America），手机的使用较为广泛。最后，相较于其他技术而言，手机是一种更能深入日常生活的“常接触”（constant touch）。

确信的是，自2007年以来，随着iPhone的引进和紧随其后的其他智能手机的发展，通信技术和互联网的决定性融合产生，正如iPhone这个名字所强调的一样。不过，至少有三个因素表明应将互联网和移动通讯区别看待。首先，从1991年（当数字化全球移动通信系统被引进和swiftly日益流行时）到21世纪刚过去的十几年间，数字移动通信世界和互联网世界被分割开来，过去二十几年在现代媒介文化历史上绝对不是一个很短的时期。其次，2013年，在全球68亿的手机用户中，仅有21亿用户使用智能手机并拥有宽带连接。这就意味着那些2G手机依然占据手机市场的主体地位：“传统的”（traditional）手机是用户友好型的，不需要宽带网（一种即将被建立起来的完全新型的网络），也不像智能手机一样需要“专家用户”（expert users）（用户友好也许是这些手机能够取得成功的一个秘密）。最后，尽管数字化移动通信和互联网使用二者出现融合，但有关数据表明智能手机普遍被用于意见和信息的交换。一个有关智能手机其他使用功能的事实可能会让许多观察者感到震惊，即智能手机中最为广泛使用的功能是玩游戏。我们以一个简单的游戏为例来解释这种现象，截至2013年底，“愤怒的小鸟”已经被下载了20亿次，下载量相当于全世界总人口的30%（事实上，这种对手机和计算机娱乐式的使用是发展中国家探讨数字技术的一个主要议题：批判地分析和借鉴了[Sey & Ortoleva，2014]。因此，将整个数字媒介世界缩减为互联网太过简化了）。

如果我们希望将数字联结（digital interconnectivity）绘制成一个“世界”（world），我们必须认识到其中的一个巨大的空间被人际传播、口头传播（在一个有限视听的范围内）和书面传播所占据。这个“世界”中最重要的部分就是娱乐和游戏；其他部分是服务，包括电子商务或者我们应该说关系贸易（relation commerce）（随着西方文化中诸如airbnb和blablacar等住宿、交通共享式变革性服务理念的发展而出现的一种现象）；书写、听觉或视听的内容虽然不占主体地位，但还是其中的一个主要部分。当数字传播的使用实际上被信息交换所支配时，支配方就变为黑客、信息窃取者和“情报机构”（collective intelligence）。紧接着，数字世界的中心会被新公司和新型服务开发者所占据，比如Facebook的Mark Zuckerberg，阿里巴巴的Daniel Zhang或者亚马逊的Jeff Bezos。最近，商业中真正的领军人物是通过发布新的数字连接（digital connections）和向大公司售卖数字系统新的领域，从而开创新型商业可能性的那些人。

二、文化的制约作用

数字联结（digital interconnectivity）的文化历史不仅应该辨明使不同领域统一化的因素，而且应辨明将这些领域区分开来的因素。如果说使不同领域实现统一化的主要因素是其自身的数字化，那么很显然，这种说法是正确的：数字化将那些被严格区分开的数据转化为一种通用语言（common language），使其能被相同的渠道传输和相同的机器处理的。这并不意味着一体化已实现快捷和低价。通信公司在互联网上投入了多年的时间和巨额的资金，才使得视听信息达到了和书面信息一样的传播速度，就像通信公司花了几十年时间让手机具备了计算机的功能以及让个人电脑具备了可视电话的功能一样（并且在世界范围内，这一进程远未完成）。

无论如何，不同地域都存在差异（在许多情况下这种差异正在加大），商业模式（其文化内涵通常被忽视）同样也存在差异。国家和次大陆地区（sub-continental areas）之间的差异是巨大的。“数字化革命”（digital revolution）的一个长期梦想是让数字传播成为一种实现全球化的不可抗拒的力量。互联网一直没有实现此目标，因为关于所谓的“信息鸿沟”（digital divide）的研究和讨论日益被证实（Pick & Sarkar，2015），世界不同地区之间巨大的、日益加大的差异的扩散和对数字信息的使用造成了新的不平等。此外，数字媒体因用户所在地的不同而不同。中国的互联网不同于美国、印度和其他国家，因为每个国家采取不同的政治经济政策（涉及媒介管控、媒介关联性和媒介用途等）。同样的，手机在日本或尼日利亚所扮演的角色极为不同，以至于我们很难说两个国家的人民使用的是同样的媒介（medium）。这些差异是由文化决定的，因为每种文化都需要更新媒介，并根据自身的需求来改变这些媒介。在数字化成为一种不可抗拒的力量之前，我们有必要不断地对这一概念加以探讨。关于变革的辩论让许多学者忘记了两个事实，其一是时常发生的变化并非仅仅产生于最容易被观测到的瞬间；其二是当规定被制定和新技术成为常态时，长期明显的稳定性才会存在（Ortoleva，2001）。

在传播政治经济学、科学、技术研究和文化研究的辅助下，历史学方法帮助我们对这些差异和数字化进程加以解释。政治经济学分析了媒介的发展一方面是在新的传播技术形成初期，由政治形成的国家（和国际）“本构选择”（constitutive choices）的组合，另一方面是商业和经济元素的组合（Starr，2004）。STS，尤其是所谓的技术的社会建构方法（Social Construction of Technology），此方法主要研究人们如何根据自身需求以及克服技术难关的可能性来研发新技术。最后，近20年来持续发展的媒介研究主要关注人们使用媒介、重构媒介和破译媒介信息的方式。这些研究方法共同表明了我们找不到一种“自然的”、寻常的和放之四海而皆准的方式来思考数字媒体，因为在不同的文化中，政治、经济和文化相关性，同时还有技术的可能性等因素会产生不同的结合（Lister et al.，2009）。

三、数字的“地缘政治史”（“geopolitical” history）和商业模式的作用

另一个要考虑的方面，是存在于数字世界不同“大洲”（continents）和“海洋”（seas）中，被允许盈利的商业模式之间悬殊的差异。甚至谈及资本主义的最终目标——盈利时，这些商业模式仍然被广泛地区分开来，这表明了数字化不似表面上那么统一。如此一来，当我们理解通信公司如何靠销售（数据）连接性（connectivity）赚钱（尽管存在来自Skype和类似产品的日益激烈的竞争）或者苹果、三星和华为是如何靠销售它们的设备赚钱时就相对容易得多。谷歌、百度的商业模式更加类似于电视，即依赖于广告，但其中也包括一些像收集个人数据之类的令人不太愉快的方面；至于Facebook，其

商业模式仍然是不清晰的（商业模式研究借鉴了 van Dijk，2013），但它倾向于提供一种扩展连接（augmented connection）的方式来获得收入，比如通过广告和其他增值服务（premium services）。相比之下，从报纸出版商到电影制片人的其他商业仍然坚持着一种更古老的商业模式，这种商业模式以五百年前发明的版权制为基础。我们没有说这种商业模式是过时的，正如迪士尼这个媒体巨头的发展一样，短短几年内就吞并了像 Pixar 和 Marvel 这样的大公司。这表明：很显然，全球媒体景观中的一部分主要参与者仍然笃定在未来的数十年间，版权是主要的收入来源。

以下论述将以不过度强调隐喻的方式，引导我们认识数字文化的“地缘政治”（geopolitical）史：历史研究法能够帮助我们更好地理解在等待我们的未来。那已经是一个富足的时代，人们可以创造大量的财富，甚至大部分信息的流通是免费的，这是因为每一年的（经济）增长率要比前一年高得多，而且每年都会有新的业务线（business lines）被推出，这些业务线很快就能盈利。那么，21 世纪第一个 10 年伊始，西方互联网泡沫破裂，和 21 世纪第一个 10 年末期的经济危机都表明数字化既不是一个持续发展的领域，也不是一种经济无限发展的方式。随着数字行业的日益成熟，我们可能会看到经济“战争”将带来的：(a) 商业模式和传播渠道的胜利；(b) 为数字世界所认可的意义的胜利，或者关于数字世界“大洲”意义的胜利。我们一打开电脑就会看到谷歌或百度的页面，事实上，没有什么是“自然的”（natural），正如使用关键字进行信息检索是最明确的获得信息的方式一样；事实上，没有什么是“自然的”（natural），正如几百年来，到学校学习如何读写单词和数字已经成为孩子的普遍职责：这是选择的结果，或者实际上是选择的累积。这些都是由历史决定的，10 年前，谷歌和百度都不是信息检索本身的标准和意义（Vise & Malseed，2005）。不同的选择有利于信息分配，这种信息分配基于人际关系、市场价值或人们直接从环境中获取信息的方式而形成，正如未来的“物联网”（the Internet of things）会做的一样。作为全球商业模式一个独特的部分，谷歌模式现在已经获胜，并且具备现有商业模式的所有优点和缺点。

数字文化的“地缘政治”（geopolitical）史同样是数字文化的批判史，它应该能帮助我们理解那些被认为“自然的”（natural）是什么，包括目前成功的典范和信息管理中以关键字为基础的模式的缺点。这些选择和胜利是暂时的，并且可能随时改变，我们应该将此牢记于心。以比较具有代表性的可记录光盘为例，10或15年前，可记录光盘是数字文化（digital culture）中最主要和最具发展前景的分支之一；今天，可记录光盘作为一种文化客体，看起来只是数字化的（digital）遥远的史前史的一部分。相比之下，早在互联网和计算机出现几年后，电视的消亡就被预见，并且每天被报纸报道，现在的电视成为了一种被部分更新过的媒介：数码电视已经成为欧洲共同体的一个雄心勃勃的成功的项目，并且和电视广播更为古老的形式共存。再次强调，这不是数字“革命”（revolution），而是更为复杂的坚守（persistence）和革新（innovation）的交织（interweaving）。电台在过去的一百年里至少有3次被宣告消亡，但在刚在过去的15至20年间，电台是一系列数字形式的先锋：从全球“传统”电台将此媒介完全离域（delocalize）成仅仅为网络而生的新电台形式的互联网传播到像Pandora一样的个性化方案。电台现在享有全新的数字生命。所有的一切都烟消云散，都被数字化（digitally）了。那些所有注定会快速消亡的，从电台到电视再到版权，可能比其假定的掘墓人生存得更久。

四、书写和娱乐环境

从人际传播到玩游戏，这对于我们理解那些不以信息进程为中心的“大洲”所发生的事情而言是至关重要的。在数字化的世界里，最大的商业（价值），最密集的（传播）活动，对全球规则最大的突破都是围绕口头传播，书面传播和视频影像三种人际传播进行的。

口头传播是19世纪最伟大的发明——电话和其兄弟无线电话的延伸吗？看起来似乎是这样的，因为我们所使用的术语（英国手机 mobile phone、法国便携式电话 téléphone portable，甚至是意大利的手机 telefonino）都与那个传统（电话和无线电话）紧密相连；另一个证据表明，如果新一代媒体传承了老一代媒体的衣钵，那么新一代媒体更容易吸收老一代媒体的习性和文化感知（Balbi，2015）。但在口头人际传播的条件下，商业和技术领域中的很多事情已经改变（时间、空间或多种方式传播的可能性）。电子邮件和短信服务（SMS）是数字世界最新奇的两种形式，二者都是支持书面人际传播的新形式，电子邮件和短信服务（通过区分至少在最近几年出现的基础媒介和社会惯例的差异等不同的方式）结合了不同媒介的一些特点。首先是在20世纪下半叶就被认为是过时的传统的书信写作，还有其他包括简洁（对于短信服务和它的下一代比如 Twitter 而言）在内的电报通讯典型的特征，和口头传播最后的更为典型的元素。现在，从网站评论到 Facebook 发帖再到 Twitter 的数字文化中的一个重要元素，即书面传播和口头传播有趣的混合，是数字文化中最显著的新奇性之一。正如 Walter Ong（1982）所称的“二级素养”（Secondary literacy）需要（至少是部分）有文化的人，这些人必须具备使用电子设备的能力并能够突破文本与口头文化之间的固有局限。

几百年来都不习惯文字的数以亿计的人如何在不超过 20 年的时间内培养起书写的习惯，这是数字文化最大的历史研究主题之一。这种以交流的形式获得的习惯影响着文字的其他使用方式。另外的研究领域是书面人际传播的使用者如何在电子邮件、短信、Skype 或者是 Facebook 等不同的渠道中做出选择。在数字世界中，媒介仍然是传送相关文本信息的讯息、设备和平台。Facebook 上文本的内容和写作方式与短信上的是不同的。真正的媒介文化历史应该考虑文化中那些被认为“自然的”（natural）是什么，文化的边界及文化的包容性。另外，不同的文化会呈现出不同的听觉与书面数字化的融合性。比如，相较于文本信息，中国的数字媒体使用人群更加习惯于记录口头信息，并把这些信息传送至能够被他们的朋友收听到的平台上去。这种现象在西方文化中并不常见但目前也有所转变，因为 WhatsApp 甚至是中国的微信正在引入这种实践。

由于将游戏研究储备为专业化的分支学科趋势的出现，数字化媒体的娱乐式使用方式虽然是数字化史的另一个重要主题，但经常被忽略。但是，(a) 过去 30 年，和机器玩互动已经成为“数字一代”（digital generation）所熟悉的计算机中介传播方式中的一种；(b) 互动性作为对与数字化设备相关的人类行为的最通俗的描述，是和娱乐性紧密相连的；(c) 数字化设备娱乐式使用的扩散与更大的现象紧密联系，这个现象被称为“智人现象”（Homo ludicus）[①]（Ortoleva，2012），此现象以娱乐与“平凡的生活”之间有传统刚性（traditionally rigid）的差异的崩塌和泛娱乐化为表征。娱乐性在数字文化历史中发挥的作用（和数字化在娱乐史中发挥的作用）正如我们必须考虑的娱乐行为一样，被越来越多地运用于“严肃的”活动中，这是与数字化研究直接相关的领域而非边缘领域。“地理”（geographic）代表性和数字世界的绘

① 校注：“Homo ludicus”是拉丁语，意指对“智人”所指意义的把玩，例如，其中最有意思的特点在于现代人具有的娱乐性，事实是人喜欢娱乐，甚至娱乐能区分人。

制有了更多的理论和研究意义。普遍意义上的数字文化和它的“大洲”（contients）、“领域”（regions）并不是信息的简单积累而是通过不断适应用户可在其中自由移动的环境，并在此环境中不断试错形成的。以上的阐释对人际传播和YouTube或者优酷来说都是适用的，YouTube或者优酷不是电影的收集站，而是使访问用户可以从一个数据移动到另一个数据的系统，这就是Marshall McLuhan（1964）和继其之后的Joshua Meyrowitz（1985）所说的信息收集或信息聚集器（information hunter/gatherer）。谷歌或百度成功的原因之一就是它们成为了信息环境探险者的指南针。如果（信息）环境在不考虑关键字调解的情况下开始把自身和物质环境联系起来，那么信息环境至少有一部分得以改变；谷歌的开发者对通常意义上的“物联网”（the Internet of things）提供了不同的定义，称之为“物理网络”，这个观点是非常有趣的。

五、结论：通过文化历史理解数字化

因此，综上所述，文化历史是如何帮助我们更好地理解数字文化，它的过去、现在，甚至它接下来的发展？我们至少将其分为四个主要模式。

第一，历史就是错综复杂的多因果关系的规则，因此，应尽量避免简化。文化历史需要一种中间的（intermedial）和系统的方法，考虑到的不止是互联网，而且还有其他所有媒介，特别是最近的融合物——手机。文化历史不仅关注（数字媒体）主流、明显的“日常的”（normal）使用，而且关注和文化相关的应用，比如游戏。文化历史需要设置包括科技、政治、经济和用户观点在内的不同的层级和规则来理解数字化现象。

第二，文化历史强调连续性和间断性，笔者重新思考数字化时认为数字化不仅是一场革命，而且是对之前的媒介和文化的继承。长远的视角可以强调变化中不太明显的方面：从文化的游戏化到数字媒体的典型（原型）二级素养（secondary literacy）。

第三，文化历史让我们把数字化看作一个过程，不是一个统一的而是一个多面的过程，在这一过程中，不同领域的差异创造出了不同的速度，同时这也是一个许多商业模式依然不清晰的持续发展的过程，新媒体被视为数字文化“自然的”（natural）未来，但很快会消亡，而注定要消亡的传统媒体则需要新的生命。

最后，我们坚持这一过程的非自然特性，因为数字化不是一种“不可抗拒的力量”（irresistible force）。我们竭力去阐释清楚这一点，比如，人们认为数字媒体生长在单一文化中的方式是历史的、文化构建的，并且是不重叠的，谷歌或百度都不是“与生俱来”的信息搜索引擎，但久而久之却成了信息搜索的主宰者，将来，这两者的相关性会受到质疑。

这显然只是对行进中的数字文化历史的优点所展开的一个初步的和局部的探讨，但我们希望它能帮助我们更好地理解数字化，并在这一道路上少一些坎坷。

参考文献

[1] Agar, Jon. (2013), Constant touch: a global history of the mobile phone. London: Icon.

[2] Balbi, Gabriele (2015). Old and New Media. Theorizing Their Relationships in Media Historiography. In S. Kinnebrock, C. Schwarzenegger, & T. Birkner (Eds.), Theorien des Medienwandels (pp. 231—249). Köln: Halem.

[3] Balbi, Gabriele and Paolo Magaudda. (2014). Storia dei media digitali. Rivoluzioni e continuità. [History of digital media. Revolutions and Continuities]. Rome-Bari: Laterza.

[4] Berti, Augustín. (2015). From digital to analogue. Agrippa and Other Hybrids in the Beginnings of Digital Culture. New York: Peter Lang.

[5] DeSola Pool, Ithiel. (1983). Technologies of Freedom. Cambridge: Harvard University Press.

[6] Horst, H., & Miller, D. (2006). The cell phone: An anthropology of communication. Oxford, UK: Berg.

[7] Jenkins, Henry. (2006). Convergence Culture. Where Old and New Media Collide. New York: New York University Press.

[8] Latour, Bruno. (2004). Alternative digitality. Domus, May: 65.

[9] Lister, Martin et al. (2009). New media: a critical introduction. Milton Park, Abingdon, Oxon; New York, N. Y.: Routledge.

[10] McLuhan, Marshall. (1964). Understanding Media. The Extensions of Man. Harmondsworth: Penguin.

[11] Meyrowitz, Joshua. (1985). No Sense of Place. The Impact of

Electronic Media on Social Behavior. New York: Oxford University Press.

[12] Ong, Walter J. (1982). Orality and Literacy. The Technologizing of the Word. New. York: Methuen & Co.

[13] Ortoleva, Peppino (2002). Mediastoria. Comunicazione e cambiamento sociale nel mondo contemporaneo [Media History. Communication and Social change in the contemporary World] Milan: Il Saggiatore.

[14] Ortoleva, Peppino. (2012). Dal sesso al gioco: un'ossessione per il 21. secolo? [From Sex to Game: an obsession in the 21st century?]. Torino: Espressedizioni.

[15] Parks, Lisa, & Starosielski, Nicole. (2015). Signal Traffic. Critical Studies of Media Infrastructures. Champaign, IL: University of Illinois Press.

[16] Pick, James B., & Sarkar, Avijit. (2015). The global digital divides: explaining change. Heidelberg and New York; Springer.

[17] Sey, Araba & Ortoleva, Peppino. (2014). All Work and No Play? Judging the uses of mobile technologies and ICTs in low and middle-income countries. Information Technologies for International Development, 10 (3): 1—17.

[18] Starr, Paul. (2004). The creation of the media: political origins of modern communications. New York: Basic Books.

[19] van Dijk, Josè. (2013). The culture of connectivity: a critical history of social media. Cambridge UK: Oxford University Press.

[20] Vise, D. A. & Malseed, M. (2005). The Google story. New York: Delacorte Press.

【通讯作者】Gabriele Balbi：瑞士卢加诺大学（USI）中国媒体研究中心主任、助理教授；Peppino Ortoleva：意大利都灵大学教授。

稿件收录时间：2015年10月。

中国传媒比较研究的历史评价
——兼议媒体融合背景下国内比较新闻传播学的发展

余克光　余蔚文

摘要：中国传媒比较研究随着传媒发展及对外关系的演化，经历了萌发、停滞、复苏及发展的曲折过程，进入新世纪由于国际传媒交流日益密切相关研究也更趋活跃和扩展；其学科建设由“比较新闻学”的确认到“比较新闻传播学”的出现及“比较大众传播学”的提出，在各类媒介及其事业融合背景下呈现出从传统的报刊与新闻比较向宽泛的传媒与传播比较发展的趋向；与美、欧相比国内相关研究在核心议题讨论及体制模式创新、相关学科认识及理论体系构建等方面都明显落后，一定程度地制约着本国传媒理论可能的借鉴与突破及相关学术的世界意义与影响。

关键词：中国　传媒比较　历史演化与评析

中国传媒比较研究从“早年留洋的新闻学者”及其相关论述（张大卫，2000）算起已有百年，而今其“承接新世纪东风，展示出继往开来、欣欣向荣的可喜局面”（朱清河、童兵，2010）。与此同时随着国际传媒及学术交流的日益密切，各国传媒比较研究也更趋活跃。而与美、欧同行相比我国相关研究及学科发展还很落后。这背后不仅有现实原因，也有历史缘由。“研究中国新闻学术发展史，具有鉴古今、知得失、拓视野、知未来的作用。”（徐培汀，1989）在此“继往开来”之际，有必要在前人相关论述的基础上、以新的视角对中国传媒比较研究及其学科历史进行更宏观的梳理与评析。

以往极少论及中国传媒比较研究历史的文章大都限于比较新闻学历史的讨论，以今天视角看这不仅难以涵盖新时期传媒及传播事业融合背景下相关研究发展实际，也不利于对过去研究更宏观的整体考察。由此本文采用国外通行的“传媒比较”概念，在前人相关论述的基础上对其历史脉络展开探讨。

一、历史分期及概括

有关中国传媒比较研究的历史分期一方面可参考此前有关比较新闻学历史分期的部分意见；另一方面也需开阔眼界、依据实际，尤其近年来国内传媒比较扩展的实际综合考量。

1. 对中国比较新闻学的两种历史论述

学界讨论中国比较新闻学历史较具代表性的文章包括张威以张大卫之名2000年发表的《比较新闻学：历史、现状与难题》① 和朱清河、童兵2010年发表的《中国比较新闻学研究：历史、现状与问题》。

后为许多学者引用的张威文章只概略分析了中国比较新闻学的历史。其认为“中国新闻业是步西方后尘、在西方影响之下发展起来的。从早年留洋的新闻学者戈公振、徐宝璜等人的著作中都能看到西方新闻思想的影子”。而1949年以后到1979年为止大陆“在东西方阶级斗争的碰撞中”“对西方是批判和拒绝借鉴的……在这种情况下，比较新闻学当然不可能有所作为”。冷战结束后“中国大陆恢复了和世界的接触。西方的新闻理论、新闻业务被认为是有用的，于是，介绍西方国家新闻媒介状况的篇什陆续问世”。“从90年代起，中国比较新闻学方面出现了一些成果”，但问题也很明显（张大卫，2000）。其在2013年再版的《比较新闻学：方法与考证》一书中补充说之前研究中的问题“在21世纪后的第一个10年中得到了很大改进”（张威，2013：49）。尽管无明确历史分期，但从其段落语气中似可看出将20世纪90年代前后分为中国比较新闻学发展两阶段的轮廓。

朱清河和童兵则将“内地比较新闻学的学术研究发展轨迹”明确划为三个阶段：“第一阶段，20世纪70年代末至80年代末，是比较新闻学萌动与初曙期，其作用在于为当代比较新闻学的兴起积蓄力量”；“第二阶段，20世纪90年代，是比较新闻研究的成长与成熟期，此阶段创立起了比较新闻学的基本内涵与学术研究体系”；“第三阶段，21世纪初至今，学术界与新闻实务界

① 此文2003年收入署名张威的著作《比较新闻学：方法与考证》中（南方日报出版社，2003：71—98），2013年该书修订版出版时相关内容略有增补（清华大学出版社，2013：46—63）。

一道，对比较新闻学所涉各类问题展开深入、持久、卓尔不凡的梳理与探讨，最终确保了比较新闻学学术研究水准的不断提升，使得比较新闻学研究持续走向深入”。（朱清河、童兵，2010）

两种说法除历史分期明暗不同外，最突出的是对中国比较新闻学萌发时间认识不同：前者将其向前探至能“看到西方新闻思想的影子”的“早年留洋的新闻学者戈公振、徐宝璜等人的著作”，并认定“1931 年，杜超彬的《最近百年中日两国新闻事业之比较观》为中国早期比较新闻学著作之一”（张大卫，2000）[①]；后者却将其推至“70 年代末至 80 年代末”，认为戈公振、徐宝璜等人著作中“并没有多少比较新闻学的成分”，其“在中土的落地开花，却是在中国改革开放日益深入之后的 20 世纪 90 年代”，称“国内第一篇具有真正比较新闻学意味的论文”是 1989 年周鸿书发表的《中美法新闻教育之比较》、“第一本研究专著”是 1994 年陶涵的《比较新闻学》（朱清河、童兵，2010）。两者对此后相关研究的关注及评价亦有分别。但也有相似之处，如他们都认为国内比较新闻学研究 20 世纪 90 年代以前少有建树，以后方有成就。

2. 对中国传媒比较研究的四段历史分期

参考上述说法并从更宏观的视角考察，笔者认为国内传媒比较研究的历史大致可分为以下四个时期：19 世纪末至 20 世纪 40 年代为萌发期、20 世纪 50 年代至 70 年代为停滞期、20 世纪 80 年代至 20 世纪末为复苏期、21 世纪初至今为发展期。

中国“近代意义上的新闻事业与新闻思想是从西方传入的。……几乎与中国近代新闻事业的发展同步，中国的新闻学术研究也是从西方传入的”（李秀云，2004）。从 19 世纪末一些办报办刊的启蒙家革命家关于中外报刊比较的政论文章到 20 世纪前半世纪一系列报业与新闻论著中的比较论述，特殊的历史折冲与对外联系使当时中国的新闻学研究普遍具有中外对照、批判借鉴、创建开拓的特点，促成中国比较新闻学明确的发端。

1949 年后在中国大陆不断的“运动”和台湾“报禁”期间，两岸相关研究因意识形态及国际冷战影响受阻。但以“不可能有所作为”（张大卫，2000）概括这段历史则过于简单。历史研究的重要启迪是任何历史皆非后人

① 该著据李秀云所著《中国新闻学术史（1834—1949）》（新华出版社，2004：294）注解，其列入出版计划但实际并未出版。

容易认为的那样简单，汲取历史经验既要正面探讨也要反面追索，对经历挫折、面临落后者而言这种反思往往更有意义。

20世纪80、90年代改革开放后大陆相关研究复苏并渐成风潮，开始在新闻学领域取得一定地位。从实际成就和宏观角度看，朱清河与童兵将“20世纪90年代”与“20世纪70年代末至80年代末”区分并称其为“创立起了比较新闻学的基本内涵与学术研究体系”的“成长与成熟期”却应商榷。实际不仅70年代至80年代大陆没有“高质量的学术论文或专著出现”，90年代相关论文亦无明显增加，集中出现的几部比较新闻学专著也问题“明显”，此时即使称“初步成熟”或“有限成熟阶段”亦言过其实（朱清河、童兵，2010）。

进入21世纪全球化背景下相关研究发展明显，不仅论文论著大量增加，研究领域也从报刊及新闻比较向各类媒介及传播事业比较扩展。但“表面繁荣”下的问题也远非“有头绪较乱的现象，譬如简单比附问题，结论草率问题，‘视野’窄化问题，方法老套问题，推论模式化问题、资料陈旧问题等”那样简单（朱清河、童兵，2010）。

二、研究发展及评述

1. 历史发展

（1）19世纪末至20世纪40年代报刊及新闻比较研究的萌发。

19世纪末至20世纪40年代的革命与战乱中，中国传媒比较研究却有不平凡的开端。中国早期媒介及其事业即报刊及新闻研究几乎都在中外比较中展开，外国报刊新闻理论与实践成为当时国内经验借鉴与现实批判的一种武器。早期研究者大都有国外游历和国内从业经历，他们的学养、经验、眼界、气度是今天许多研究者所难企及的，其许多思想及理论在今天仍有现实意义。

但学界对这段历史睽违太久，林语堂以英文写作在美、欧产生影响的《中国新闻舆论史》（Yutang Lin，1936）以中西比较视角对中国古代舆论机制及文化传统的分析直到近年才为学界注意，杜超彬（1931）与赵建新（1941）的同名著作《新闻政策》对各国新闻体制的比较分析及对国内传媒体制的构建思考则早为人们遗忘。

（2）20 世纪 50 年代至 70 年代新闻传播比较研究的停滞。

此后杜超彬《新闻政策》中所预见“危机丛伏的前途”因内外历史盘旋跌宕不幸转为现实，国内相关研究由此落入低谷。张威所称“源与流被断开”除指中外隔绝外更应理解为历史中断。

其间亦有值得注意的动向：20 世纪 50 年代大陆新闻界一度兴起“一边倒”的“学习苏联”运动、此后不断对美、欧及以往新闻理论进行批判——60 年代曾内部译介《报刊的四种理论》作批判材料（李彬，2013），展现出对外国及过去新闻理论颟顸、负面的“借鉴”、“批判”及“应用”并造成深远影响；陷入白色恐怖的台湾同样少有成就，直到冷战后期“80 年代的台湾出现了李瞻等学者撰写的一批比较新闻学著作”——张威所指即李瞻的《各国报业自律比较研究》（李瞻，1970）、《比较新闻学》（李瞻，1972）及《比较电视制度》（李瞻，1973）等著作，但称“由于地域和意识形态的局限，这些著作还无法达到令人满意的效果”（张大卫，2000）。不过李瞻著作在比较世界“报业四种理论”及各国电视制度后对本国“三民主义报业蓝图”和“公营电视”制度的探讨虽有历史局限与时代烙印，却是目前可查中国较早详尽评述“报业四种理论”和各国电视制度的传媒比较专著，并与 30、40 年代国内传媒比较研究有着某种传承关系。

这一时期除为后人留下深刻教训外也为之后历史的“反弹”留下铺垫。

（3）20 世纪 80 年代至 20 世纪末比较新闻学研究的复苏。

20 世纪 80、90 年代随着中国的改革开放及对外关系变化，国内相关研究逐渐转暖。除翻译出版《报刊的四种理论》（1956/1980）和《多种声音、一个世界》（1980/1981）外，亦有余家宏、宁树藩等汇编中外早期新闻读本《新闻文存》（1987），“对新闻学术进行中外比较研究，同中见异，有助于发现特色；异中见同，有助于发现一些共同的新闻规律”（徐培汀，1988），但同之前隔绝与阻断的彻底相比这种向外和回头的“补课”与讨教并不充分。一个值得关注的事例是围绕“妖魔化中国”的讨论，展现出对于中外传媒认识的历史性摇摆与调适。

总体这一时期相关论文还很有限，虽然 90 年代出现几部比较新闻学专著，但不仅学术“不够规范”及“缺乏原创性”（朱清河、童兵，2010），更“明显”问题是它们与其说是对中外研究的批判继承与时代创新，不如说是对既有学说的明显承袭与有限调节。

（4）21世纪初至今传媒比较的发展。

进入21世纪网络化、全球化及各类传媒融合、各国传媒交流趋向明显，由此带动国内传媒比较研究新的发展。不仅论文论著大量增加，原来限于报刊、新闻及中西方的比较也扩展到其他媒介各类事业及具体国家多个侧面的分析，一批中外图书、出版、电影、广电、网络等比较著作相继出现。外国译著增多，《全球新闻事业：重大议题与传媒体制》（戴比尔、梅里尔，2008/2010）、《去西方化媒介研究》（卡伦、朴明珍，1999/2011）、《比较媒介体制——媒介与政治的三种模式》（哈林、曼奇尼，2004/2012）等新著陆续出版。

但相关研究与其说“深化”不如说“繁荣”，远未到可“从‘宏大叙事’建构转向‘细枝末节’的修补与完善”的善后阶段（朱清河、童兵，2010）。

2. 学科演化

（1）“比较新闻学”学科的确认。

有学者注意到1982年复旦大学《新闻大学》第5期补白处出现“比较新闻学”名词解释（朱清河、童兵，2010），并称大陆首个比较新闻学专著为1994年陶涵的《比较新闻学》，此后樊凡和单波的《中西新闻比较论》（1994）、刘夏塘主编的《比较新闻学》（1997）、童兵的《中西新闻比较论纲》（1999）、张威的《比较新闻学：方法与考证》（2003）等为内地比较新闻学体系构建做出努力。不过20世纪20、30年代国内燕京大学新闻学系等已设有“比较新闻学”课程（王嫒，2013：11），台湾李瞻的《比较新闻学》（1972）也早于大陆面世。

“原国家技术监督局于1992年11月1日公布了《学科代码表（国标）》，在二级学科新闻学与传播学（代码860）中列入了‘比较新闻学’（代码860.1050），作为三级学科之一。在中国的人文社会科学学科建设中，这是第一次以法律文书的形式确定比较新闻学的学科地位。”（童兵，2002：1—2）①自此国内比较新闻学学科得到确认。

（2）“比较新闻传播学”概念的形成。

20世纪70年代末80年代初传播学引入大陆，“90年代前期的传播学研究主要在新闻研究机构。……此后，传播学研究的重心转移到高校”（陈力

---

① 此为笔误，相关文件中“新闻学与传播学”应为一级学科，三级学科“比较新闻学”所在二级学科为“新闻理论”（代码860.10）。

丹，2005），由此传播学学术及学科影响逐渐扩大。1992年公布的《中华人民共和国国家标准学科分类与代码表（国家标准GB/T13745-92）》将传播学与新闻学并列为一级学科“新闻学与传播学”①，1997年国务院学位委员会和原国家教育委员会颁布的《授予博士、硕士学位和培养研究生的学科、专业目录》也在“文学”门类列一级学科“新闻传播学”（代码0503）②。这对包括比较新闻学在内的新闻学教研带来影响。在此情况下有学者开始对比较新闻学概念进行调整，其中之一便是加入“传播”因素。

著有国内首部《比较新闻传播学》（2002）著作的童兵在该书前言中称：“由于学位委员会改称新闻学与传播学为新闻传播学，作者顺理成章，将比较新闻学改为比较新闻传播学”，“比较新闻传播学是新闻传播学学科的一个分支”和“子学科”，“与新闻传播学的其他子学科……不同，它有着自己的特点”。（童兵，2002：1—2）此后孔正毅等《比较新闻传播学导论》（2004）也沿用这一概念，芮必峰为其作序亦称“比较新闻传播学是新闻传播学的一个分支学科”“本书作者有一种试图建构比较新闻传播学科框架体系的努力”（孔正毅、包鹏程、朱普明，2004：1—2）。彭泰权的论文《比较新闻传播学的若干基本问题再辩》更对其学科基础、定义及内容做出分析（彭泰权，2005）。

尽管相关概念为许多学者接受，但“与比较新闻传播学实践相比，比较新闻传播学理论的建构更加落后，最关键的问题是学界对比较新闻传播学的基本问题还没有达成共识”（彭泰权，2005），实际学界对“新闻传播学”及“新闻学”与“传播学”关系仍有不同理解。在官方对小学科新学科编目趋于谨慎并交由学位授予单位自主设置与调整的背景下③，相关学科一时也很难再

---

① 2009年国家质量监督检验检疫总局、国家标准化管理委员会发布《中华人民共和国学科分类与代码简表（国家标准GB/T13745-2009）》沿袭之前有关新闻学与传播学的学科分类，但更改相关代码并不再为三级学科编码。

② 2011年国务院学位委员会和教育部修订《学位授予和人才培养学科目录（2011年）》沿用之前有关新闻传播学的学科分类，只是未列二级学科。

③ 2009年2月25日国务院学位委员会、教育部印发《学位授予和人才培养学科目录设置与管理办法》规定“学科目录分为学科门类、一级学科（本科教育中称为‘专业类’，下同）和二级学科（本科专业目录中为‘专业’，下同）三级。学科门类和一级学科是国家进行学位授权审核与学科管理、学位授予单位开展学位授予与人才培养工作的基本依据，二级学科是学位授予单位实施人才培养的参考依据”。2010年11月24日教育部印发《授予博士、硕士学位和培养研究生的二级学科自主设置实施细则》规定“二级学科由学位授予单位依据国务院学位委员会、教育部发布的一级学科目录，在一级学科学位授权权限内自主设置与调整”。

“以法律文书的形式确定”其“学科地位”。

(3)“比较大众传播学”主张的提出。

进入新世纪传媒融合步伐加快，除以往报刊及新闻外其他媒介及传播事业比较研究不断涌现。由此一种更大范围的“比较大众传播学”概念也被提了出来。

蔡尚伟、黄顺铭的《比较大众传播学的几个基本问题》(2001)一文明确提出“用‘比较大众传播学’一词替代‘比较新闻学’之名”：“‘比较大众传播学’是介于‘比较新闻学’与‘比较传播学’之间的一个层次的学科，其涵盖范围比‘比较新闻学’要宽（除新闻比较外，还包括对大众传播媒介如报纸、广播、电视等的一切传播现象的比较)，比‘比较传播学’要窄（限定在大众传播所及的范围，而不包括群体传播、人际传播等领域)，可以说是对‘比较新闻学’的一种学科层次的提升。”他们认为“这样的提升更有利于将新闻与传播学的很多问题的讨论引向深入，……从而更有利于解决比较新闻学的一些瓶颈‘问题’。能够说明这种提升的必要性的一个重要事实是，大众传播事业的发展已经需要我们更加紧密地将大众传播的新闻现象与文艺（文娱）现象联系起来考察”“实际上，我国出版的比较新闻学的著作已经在很大程度上突破了简单的‘新闻比较’的范围，……所以，从‘比较新闻学’到‘比较大众传播学’，是符合比较新闻学自身的发展逻辑的。”（蔡尚伟、黄顺铭，2001）

不过这种激进主张目前并未得到学界更多响应，与此相应的是相关研究及著述的缺乏。

三、中外比较及问题

1. 纵向历史比较

“比较新闻学是20世纪初在西方产生的一门新兴学科，……然而，20世纪50年代以前的比较新闻学领域是非常贫瘠的”（张大卫，2000)。张威称1928年意大利帕鲁扎大学政治学院“首开比较新闻学课程”，1935年日本学者小山荣三在其著作《新闻学》中“专辟章节讨论比较新闻学”，小野秀雄的《国外新闻史》“则是比较新闻学的专著”“在西方，首次以‘比较新闻学’为题的著作恐怕是澳大利亚迪肯大学的艾文森教授等撰写的《比较新闻学》”，其标注该书出版于 1988 年（张大卫，2000）。照此说法中国大学中开设相关课程及出现《比较新闻学》著作的时间并不算晚。不过各国传媒比较研究影响更大的当然是被称作“比较新闻学的奠基石”（张大卫，2000）的《报刊的四种理论》（1956），“该书从对社会所有制的观察出发，将有史以来人类社会的新闻体制分成四种形态：封建社会的集权主义、资本主义的自由主义、现代资本主义的社会责任论以及苏联共产主义的方式。这使人们对当今世界错综复杂的报业现象及其归属第一次有了全球的观点”（朱清河、童兵，2010）。但很少有人知道，30、40 年代中国学者杜超彬和赵建新的著作已对各国“新闻政策”中的“资本主义”“社会主义”“民族主义”“三大派别”（杜超彬，1931：5）和“自由主义”“统制主义”“两大分野”（赵建新，1941：5—6）进行分析，并在对比中努力探寻“新闻政策的理想国”（杜超彬，1931：102—114）和“今后中国的新闻政策”（赵建新，1941：143—158）。各国传媒比较研究初期“媒介当然只有报纸”（张大卫，2000），《报刊的四种理论》因此以“press”为题且译作“报刊”，同样中国早期研究也主要是“报纸”、“报刊”、“报业”及“新闻纸”比较。

国际“比较新闻学羽翼未丰便很快进入到一个死胡同。……60 年代这个领域是沉寂的”“20 世纪 40 年代到 70 年代前后是各国之间关系最微妙而严峻的时期。两大阵营——资本主义和社会主义，或曰西方和东方，正处于冷战期。双方针锋相对，水火不容。意识形态的敌意阻止了科学研究对方的可能性，比较新闻学的步伐沉重而迟缓是完全可以理解的”（张大卫，2000），可见中国比较新闻学研究在此期间的停滞亦有国际背景映衬与影响。冷战后期毛泽东“三个世界”论述在国外相关研究中产生影响，一些批判“四种理论”的学者由此提出新的“发展理论”及“第三世界模式”，但这在中国几无声息，显示国内新闻与国际外交耐人寻味的“内外有别”。

“当国际大变动开始，当东西方的政治关系松动时，一个小小的繁荣期就出现了”“如果说 20 世纪 80 年代是世界比较新闻学丰收的年代，那么 90 年代这项研究似乎又陷入了新的困惑。社会主义国家与资本主义国家传媒空前交融出现了理论家们没有料到的新情况，这使研究者们需要静心观察一下再做出理论概括”（张大卫，2000）。实际冷战后期不结盟运动及第三世界兴起便有学者超越东西方对立立场，陆续提出一些新思想新模式。而 80、90 年代国门初开、局势动荡，国内学界难免局促、摇摆，因此 90 年代相关论著的局限性自难避免，也就不可能产生国内引导与国外影响的实际作用。

进入21世纪美、欧传媒比较日趋活跃、研究领域迅速扩展、国际合作研究盛行，出现比较维度及方法有所创新、除传统的传媒与政治关系外还将传媒市场化专业化程度引入比较的《比较传媒体制——传媒与政治的三种模式》（Hallin、Mancini，2004）和研究领域更加广泛、开始构建比较传播学体系的《比较传播学研究手册》（Esser、Hanitzsch，2012）等重要著作。反观国内相关研究虽同样热络但差距已更为明显。

2. 横向学术比较

“比较研究的范围随着交通、资讯、科学的日益现代化而扩大”（张大卫，2000），这种趋向在新世纪更为明显。在各类媒介及传播事业日渐融合的背景下，国外过去报刊及新闻的比较已逐渐被更宽泛的“传媒”（media）及“传播”（communication）比较所代替，并逐渐影响国内，如《报刊的四种理论》2008年重译时便被更名《传媒的四种理论》，译者还在序言专门解释“press与（mass）media”。（西伯特等，1956/2008：4—5）实际国外传媒比较研究的“学科地位”绝少“以法律文书的形式确定”，相比之下国内相关学科建设因种种原因却有太多“正名”纠结。

美、欧新闻传播比较研究总是对外面向世界，并在这种全球视野中寻找自身定位、引导未来道路，“从单一国家扩展到洲际国家，又逐渐产生了对全球媒介的综合透视”（张大卫，2000）。与意大利学者曼奇尼合写新世纪传媒比较研究引人注目的著作《比较传媒体制——传媒与政治的三种模式》（2004）的美国学者丹尼尔·哈林之前写过一本书《我们确保美国处于世界之巅——电视新闻与公共领域》（Daniel C. Hallin，1993），可谓道破了其传媒研究的宗旨。而国内研究却重在内向阐释，缺乏外向胸襟与抱负，这自然影响相关研究的普世价值与国际意义。

从“四种理论”到“三种模式”，国际比较新闻传播学研究的核心议题始终都是传媒体制及其模式创新。反观国内相关研究更多偏于现状调适，并有脱离“宏大叙事”转向“细枝末节”的倾向（朱清河、童兵，2010）。实际张威对国内比较新闻学的评语也适于对今天比较新闻传播学研究的评价：“总的来说，比较新闻学在中国仍然处于艰难的开创阶段。摆在人们面前的艰巨任务是如何从平行展示、资料排列演进到理论的整合与重建，从而创造出系统而科学的比较新闻学。”（张大卫，2000）

以往分散、封闭的研究方式在全球化时代已有局限，“跨专业、跨国别、跨洲学者共同主编或联合撰写，为近年来全球学界新事、盛事，所产生的成果更具多元视角和国际影响。”（戴比尔、梅里尔，2008/2010：004）美、欧学界不仅相互合作更加密切，还开始寻求更大范围的国际合作。卡伦与朴明珍的《去西方化传媒研究》（1999）、哈林和曼奇尼的《比较传媒体制——传媒与政治的三种模式》（2004）与《非西方世界传媒体制比较》（2011）、埃塞尔和哈兹尼奇的《比较传播学研究手册》（2012）等都可看出这种趋向。反观国内研究大多仍处于封闭、分散状态，很难获得更大成就及影响。

四、结语

中国的比较新闻传播学研究与世界相关研究一样也受国内形势及国际背景影响，不过其历史及演化更为曲折、复杂。

尽管相对落后，但中国比较新闻传播学研究与世界相关研究发展趋向是一致的，即都由报刊及新闻比较向各类媒介及传播事业比较扩展。

表面看近年国内研究十分热络，但实际成就仍然有限，尤其是在核心议题突破与理论模式创新、学科认识与建构、相关研究的世界意义及其影响上，都明显落后于形势要求及美、欧同行。

学界对 20 世纪 80 年代以前相关研究历史重视不足，对 90 年代以后相关研究成就评价则又过高。实际中国比较新闻传播学研究史中仍有许多现象与问题、论述与思想值得深究。

比较新闻传播学研究有助于开阔眼界、超越局限，在各国及历史的比较中总结规律、寻求突破。国内比较新闻传播学研究历史继承与批判的不足一定程度上迟滞了相关学术的接续与良性发展，制约了本国新闻传播学可能的超越。

由此可见，中国比较新闻传播学研究及其学科建设仍需进一步拓展及深化。

参考文献

[1] 蔡尚伟，黄顺铭（2001）．比较大众传播学的几个基本问题．《西南民族学院学报（哲学社会科学版）》．（5）．130—133.

[2] 陈力丹（2005）．中国传播学研究的历史与现状．《国际新闻界》．（5）．20—23.

[3] 杜超彬（1931）．《新闻政策》．上海：复旦大学新闻学会．

[4] 樊凡（1994）．《中西新闻比较论》．武汉：武汉出版社．

[5] 李彬（2013）．中国传播学，掠影三十年．《新闻春秋》．（1），16—21.

[6] 李瞻（1970）．《各国报业自律比较研究》．台北：国立政治大学新闻研究所．

[7] 李瞻（1972）．《比较新闻学》．台北：国立政治大学新闻研究所．

[8] 李瞻（1973）．《比较电视制度》．台北：国立政治大学新闻研究所.

[9] 李秀云（2004）．《中国新闻学术史（1834—1949）》．北京：新华出版社．

[10] 刘夏塘（1997）．《比较新闻学》．北京：北京语言大学出版社．

[11] 彭泰权（2005）．比较新闻传播学的若干基本问题再辩．《内蒙古社会科学（汉文版）》．（5）．135—139.

[12] 陶涵（1994）．《比较新闻学》．北京：文津出版社．

[13] 童兵（1999）．《中西新闻比较论纲》．北京：新华出版社．

[14] 童兵（2002）．《比较新闻传播学》．北京：中国人民大学出版社．

[15] 王媛（2013）．民国时期新闻学课程设置的研究（1912—1949）．硕士学位论文，陕西师范大学，11.

[16] 徐培汀（1988）．推荐《新闻文存》．《新闻知识》．（7），37.

[17] 徐培汀（1989）．重视中国新闻学术发展史的研究．《新闻大学》．（3）．9—11.

[18] 张大卫（2000）．比较新闻学：历史、现状与难题．《国际新闻界》．（6），27—80.

[19] 张威（2003）．《比较新闻学：方法与考证》．广州：南方日报出版社.

[20] 张威（2013）．《比较新闻学：方法与考证（修订版）》．北京：清华大学出版社．

[21] 赵建新（1941）．《新闻政策》．出版地不详：国民出版社．

[22] 朱清河，童兵（2010）．中国比较新闻学研究：历史，现状与问题．《郑州大学学报（哲学社会科学版）》．（6），171—175.

[23] 戴比尔、梅里尔编（2010）．《全球新闻事业：重大议题与传媒体制（第五版）》．郭之恩译．北京：华夏出版社（原著出版于2008年）．

[24] 丹尼尔·C. 哈林，保罗·曼奇尼（2012）.《比较媒介体制：媒介与政治的三种模式》. 陈娟，展江等译. 北京：中国人民大学出版社（原著出版于2004）.

[25] 韦尔伯·施拉姆等（1980）.《报刊的四种理论》. 中国人民大学新闻系译. 北京：新华出版社（原著出版于1956年）.

[26] 西伯特等著（2008）.《传媒的四种理论》（原译名《报刊的四种理论》）. 戴鑫译. 北京：中国人民大学出版社（原著出版于1956年）。

[27] 肖恩·麦克布赖德（1981）.《多种声音、一个世界》. 中国对外翻译出版公司第二编译室译. 北京：中国对外翻译出版公司（原著出版于1980年）.

[28] 詹姆斯·卡伦，朴明珍（2011）.《去西方化媒介研究》. 卢家银等译. 北京：清华大学出版社（原著出版于1999年）.

[29] Daniel C. Hallin（1993）. We Keep America on Top of the World: Television Journalism and the Public Sphere. London, New York: Routledge.

[30] Daniel C. Hallin, Paolo Mancini（2011）. Comparing Media Systems Beyond the Western World. Cambridge: Cambridge University Press.

[31] Frank Esser, Thomas Hanitzsch（2012）. The Handbook of Comparative Communication Research. London: Routledge.

[32] Yutang Lin（1936）. A history of the press and public opinion in China. Chicago: The University of Chicago Press.

【通讯作者】余克光：同济大学艺术与传媒学院教授；余蔚文：华东师范大学传播学院研究生。

稿件收录时间：2015年10月。

◆ 媒体融合的生态图景

“互联网＋媒体”意味着什么
——传统媒体的电商化

黄楚新

摘要：互联网和电子商务领域的发展已经进入顶层规划层面，国家政策的出台为互联网和电子商务的发展指明了方向。对传统媒体而言，进行电商化发展便是在大环境背景下对“互联网＋”的一次实践延伸。

关键词：互联网＋媒体　传统媒体　电商化

“互联网＋”是互联网与传统产业的结合。传统媒体电商化是互联网、移动互联网与传统媒体业结合的产物。同时“互联网＋”计划核心在于产业升级，传统媒体电商化的本质便是其商业模式的升级。对媒体电商化进行探讨，是对如何利用媒体的受众资源、渠道资源、品牌影响力和公信力等优势获得商业利润，使媒体优势资源“变现”的探讨。

媒体电商化发展需要基于媒体优势展开，包括媒体的读者资源、传播力和影响力以及相对完善的发行渠道等。媒体通过实践进行了媒体电商化的探索。媒体需要将优势运用到电商化发展中，通过系统规划和总体布局，来实现平台盈利。

基于互联网和移动互联网的特性，媒体电商化需要针对消费者需求，打造极致消费体验。对电商平台来说，产品的丰富性、电子支付的安全性、物流系统的快捷性和售后服务的保障等各个方面均要满足消费者需求，力求在让消费者在购物全程均享有愉快的购物体验。在运用黏性的设计上，可以模仿商业模式，设立会员制度，通过会员积分、会员卡发放、会员优惠活动等完善会员制度，利用媒体线下组织活动的经验进行会员专享优惠活动，有效培养消费者忠诚度方式与选择。

2015 年 3 月 5 日，李克强总理在十二届全国人大三次会议上的政府工作报告中提出制订“互联网＋”计划。互联网和电子商务领域的发展已经进入顶层规划层面，国家政策的出台为互联网和电子商务的发展指明了方向。对传统媒体而言，进行电商化发展便是在大环境背景下对“互联网＋”的一次实践延伸。

传统媒体电商化是互联网、移动互联网与传统媒体业结合的产物。同时“互联网＋”计划核心在于产业升级，传统媒体电商化的本质便是其商业模式的升级。

一、传统媒体电商化：实践中挖掘优势

媒体电商化发展需要基于媒体优势展开，包括媒体的读者资源、传播力和影响力以及相对完善的发行渠道等。目前，已有一些媒体通过实践进行了媒体电商化的探索。媒体需要将优势运用到电商化发展中，通过系统规划和总体布局，来实现平台盈利。

1. 内容是产品，受众即客户

传统媒体积累多年的受众资源是其进攻电商市场的基石。电子商务的运营核心是互联网流量（Traffic），可以约等同于线下购物的人流量[①]。流量可以说是衡量电子商务运营情况的一项重要指标。在互联网领域，电子消费行为产生的前提是网民对相关网页的浏览，因而有流量产生，而如何使网民登录与点击页面便成为了各家电商平台绞尽脑汁的问题。在这方面，受众资源显然是传统媒体电商化的一项优势。基于受众对传统媒体长期以来的新闻信息内容的阅读、追随和订阅的习惯，传统媒体进行电商化探索，一种选择便是将媒体受众直接转化为消费者，将媒体内容作为产品出售。

偏向于产品导向的时尚类杂志再将读者转化为客户，将传播内容直接作为商品售卖的电商化模式中尝试较早。这与时尚杂志以产品为信息内容主体进行传播的特点是分不开的。读者在阅读有关某件时尚单品的介绍时难免会产生购买欲望，而此时如果杂志本身提供购买渠道或购买平台，让纸上的产品跳出杂志，让读者通过简单的网络购买行为在现实生活中拥有这件产品，这无疑是很多时尚产品发烧友梦寐以求的事情。因此，基于读者的需求，全球的时尚类杂志纷纷企图通过电商平台，进行读者资源“变现”。

① 唐兴通：《媒体做电商如何突围》，《中国报业》，2014 年第 19 期。

总部位于美国纽约的出版业巨头康泰纳仕集团，近几年通过多次电商投资的形式进军电商。旗下的多本时尚类杂志已通过开通购物网站的形式实现了电商化发展。比如去年 8 月，旗下的时尚刊物《Lucky》的编辑业务便与不久前收购的时尚电商网站 BeachMint 合并，并于今年 1 月推出了全新时尚电商网 luckyshops. com[①]。新推出的网站将新闻内容与商品售卖相结合，网站的浏览者可以边阅读新闻边购买商品。据报道，今年集团旗下的 Style. com 将转型为电子商务网站。转型后的 Style. com 网站原本备受媒体和时尚爱好者推崇的 T 台秀新闻更新及设计师评论等内容将不再提供，Style. com 将完全改变为一个网上商店。Style. com 认为该商业计划有很大的潜力，因为他们杂志和网站的用户已有自全球 3 亿多人[②]。可见，康泰纳仕集团进行的电商尝试离不开庞大的读者和受众基础。

2. 品牌是效应，公信是力量

影响力和公信力是传统媒体安身立命的根本，传统媒体作为大众传媒累计的知名度使受众对其产生信任和依赖。传统媒体的品牌效应作用在电子商务上，便会使消费者对传统媒体打造的电商平台持有认可态度，认为平台上的商品信息具有较高的可信度。对于电子商务来说，这种品牌效应带来的信任无疑是可贵和重要的，也是其他电商平台花费大量的成本试图通过广告等形式获得的效果。基于信任，消费者才会优先选择和放心购买。

品牌效应是传统媒体进军电商的一大优势。因农产品获取消费者信任的成本较高，而传统媒体电商的特殊属性能给消费者带来较强的信任，因此，农产品领域是传统媒体进行电商化发展的一个有利领域。传统媒体也纷纷选择以农产品销售为切入口进行电商化发展。

在北京，京华时报通过创办家庭购物网站京华亿家网较早地进行了电商化尝试。京华时报主张打造专业便捷、安全健康的一站式购物网站，网站首页设立了醒目地鲜果时蔬、肉蛋海鲜、粮油五谷等商品板块，并且通过产地直采、冷链运输等途径保证商品的质量。目前，京华亿家在北京朝阳、丰台、

---

① 康泰纳仕集团时尚媒体电商化的试验田：luckyshops. com ，开门迎客，http：//m. cn. fashionmag. com/news/kang-tai-na-shi-ji-tuan-shi-shang-mei-dian-shang-hua-de-shi-yan-tian-luckysh，466866. html，2015 年 2 月 26 日。

② 广东易发网：Style. com 将作为康泰纳仕集团电商业务的主力，http：//www. gd218. org. cn/SiteFiles/Inner/page. aspx?s=663&n=1319&c=78402，2015 年 5 月 6 日。

海淀等区均开有线下实体店，线上线下共同为消费者服务①。在四川，《华西都市报》凭借其在华南地区的影响力，建立了专注于农产品销售的八小时商城。八小时商城旨在为优质农产品搭建直销平台，通过推荐大巴山生态农业产品、设立阳光房农庄推荐纯天然非转基因食品等方式打通健康与安全的农产品与消费者之间的通道②。在湖南，长沙晚报报业集团打造的“星滋味”全媒体电商平台也着重在时令水果、粮油副食等农产品领域进行产品直供直营，受到消费者欢迎③。

3. 渠道是优势，供应链是环节

基于丰富且多元的传播渠道，媒体进行电商化发展的另一优势便是相对低廉的推广成本。媒体本身具有宣传功能，因此利用媒体渠道资源对自家电商平台进行宣传使得推广成本格外节约。

首先，推广成本的节约得益于媒体本身拥有的受众资源。诸如《ELLE世界时装之苑》《新京报》《华西都市报》等媒体无论是杂志还是报纸在各自的领域均拥有较强的影响力和公信力，因此媒体本身拥有的大量的读者群便使媒体电商的推广工作拥有强大的群众基础。其次，随着新传播技术的发展，各家媒体的传播渠道逐渐多元、立体，媒体电商的宣传也可以基于传统媒体平台或是媒体的微博、微信公众号等社交渠道进行全方位宣传和推广。而媒体既是推广主体又是电商主体，对电商的信息最为了解，因此推广工作更加有效且有针对性。

渠道给媒体电商化发展带来的另一个好处是使媒体掌控产品的供应链成为可能。这得益于媒体长年以来通过广告或公关业务合作等与商品厂家建立起的合作关系。通过利用媒体资源，媒体可以与产品的生产商直接签订协议，完成直供直销。产品供应链是电子商务的核心之一，掌握了产品供应链除了可以保证商品的质量之外，在价格上也能给消费者以实惠。当然，完善的物流系统是电子商务有效进行的另一个重要前提。在这方面，媒体的传统发行系统为物流活动的开展打下了基础。例如温州日报报业集团旗下“温都猫”电商平台便依托报业集团的物流团队进行产品配送。其电商网站针对果蔬生

① 参考京华亿家官网，http：//www. yijia360. com/。
② 参考八小时商城官网，http：//www. 8xs. com. cn/。
③ 参考星滋味官网，http：//www. 96333xzw. com/。

鲜采取的温度专配配送方式，力求完成“上午 11 点前下单，预计当天配送到家”，保证了产品的新鲜[①]。

在江苏现代快报打造的快报易购电商平台为本地市民带来食品保健、酒水饮料、母婴玩具等各种商品。网站通过与供应商直接签订合同，让利给消费者，尤其在本地商品项目上具有价格优势。

二、传统媒体电商化：路径选择中找准定位

尽管媒体在电商化发展上存在诸多优势，但是也同时存在着一些因素困扰着媒体进驻电子商务。例如，媒体虽拥有庞大的受众资源，但是受众往往并不能全部转化为客户，如何最大限度地利用受众资源是一个值得媒体思考的问题。对于媒体来说，其长久积累的影响力和公信力如何有效利用，在进行电子商务的同时不使媒体品牌造成损耗；如何摆脱市场经验不足的影响，提高对市场环境的认知以精准的市场定位进行产品销售等都是媒体电商化必须要考虑的问题。

1. 兼具媒体与电商思维

媒体做电商，其强大的媒体生产力是增强消费者购买力的一大因素。《男人装》杂志主编兼新媒体总监陈修远接受采访时强调：“电子商务成功的关键最终是靠内容的差异化决定的。所谓的差异化不在于货品本身，而是在于你如何表达这个货品。”[②] 消费者在进行购买时需要对产品进行全方位的了解，而媒体在进行产品吸引力描述、产品图片拍摄、产品故事描述等方面相比其他电商具有绝对优势。因此，利用媒体思维进行电商化运作便是媒体电商强大的竞争力所在。

在产品差异化的呈现上，媒体电商网站往往具有一个特性，那便是对产品的文案介绍方案较为精彩，在介绍产品属性的同时增加了对产品背后的产地、来源的故事介绍。媒体电商一般号称其“采手们”如采新闻般采购产品，这可以让消费者对产品背后的信息了解更为全面，从而使消费者更加放心。

---

① 参考温都猫官网，http：//www. wendumao. com/index. html。

② 曹素妨：《电商化，能否助传媒“点石成金”?》，i 天下网商，http：//i. wshang. com/Post/Default/Index/pid/35625. html，2014 年 9 月 11 日。

例如在媒体电商主打的生鲜市场，“采手们”便通过深入产地，对产品的生长环境、种植基地、加工流程等信息进行深入了解，在电商平台上将采集到的产品信息呈献给消费者。消费者如果进行产品选择，看到一款产品完整的来源描述，甚至是产品来自哪家农户都清晰说明，想必消费者会拥有具有安全感的购物体验。

在保持媒体思维的同时，媒体电商化还需要建立电商思维，即熟悉互联网和电子商务领域的规则，做内行人不做门外汉。目前，媒体进行电商化发展可以简单分为平台式和导购式两种生存模式。一方面，平台式的发展模式即为或通过建立自己的电子商务平台或通过与其他平台合作的形式搭建电商平台。媒体电商通过招商为产品提供平台或者亲自采购的形式进行商务发展。另一方面，媒体单纯具有导购功能，通过将受众导入其他购物平台的方式获取收益。电商业务需要一系列专业而完善的制度保障，例如成本核算、电子支付、物流系统等环节均至关重要。因此，媒体的电商业务需要具备电商思维才能持续发展获益。

2. 选择合适的电子商务产品

产品品类选择是媒体电商化前期需要考虑的一个重要议题。一般而言，媒体通过消费者精准定位，集中火力进行垂直电商服务可以取得良好的效果。以传统媒体起家的“YOHO！有货购物网站”目标客户群为追逐时尚潮流的年轻男女，因此依托于《YOHO！潮流志》等集团下的时尚杂志其网站的服饰商品具有年轻、时尚、潮流的特点。同时，因杂志的采编团队长期从事时尚领域的工作，对时尚潮流领域的内容具有较为精准和独到的见解，因此记者和编辑充当“买手”进行流行商品的甄选在潮流引导方面也具有较为明显的影响力，受到目标群体的青睐。据报道，YOHO！媒体和电商平台已拥有超过500万注册用户，公司总销售额超过5亿元人民币，实现盈利4000万元。去年初，获总金额3000万美元软银赛富C轮融资①。另外，“YOHO！有货购物网站”能获得盈利，其在产品品类选择上的一条经验是，其合作商有大量的设计师潮流品牌，因品牌服饰具有品牌价值等特殊性因此市场比价的可能较低，这也为网站获得利润增加了筹码。

---

① 曹素妨：《电商化，能否助传媒“点石成金”?》，i天下网商，http：//i. wshang. com/Post/Default/Index/pid/35625. html，2014年9月11日。

对于本身具有产品导向的时尚媒体而言，其产品品类范围是在时尚领域，进行产品选择相对轻松和自然。而对于其他进行新闻内容生产的媒体而言，进行产品选择要格外慎重。一方面，选择与媒体传播内容相关的产品依托媒体影响力在产品销售上具有优势，但是电商与媒体主要的新闻生产业务关系太过紧密，如果稍有偏差，便会使受众对新闻内容产生质疑，怀疑媒体的新闻内容是广告，是为产品售卖服务，从而对媒体的公信力造成损害。另一方面，媒体电商化产品与所传播内容保持一定的距离，即产品品类与媒体新闻业务分离，保持独立性。

3. 注重消费者需求与体验

电商平台也是服务平台，基于互联网和移动互联网的特性，媒体电商化需要针对消费者需求，打造极致消费体验。具体而言，对电商平台来说，产品的丰富性、电子支付的安全性、物流系统的快捷性和售后服务的保障等各个方面均要满足消费者需求，力求让消费者在购物全程均享有愉快的购物体验。在运用黏性的设计上，可以模仿商业模式，设立会员制度，通过会员积分、会员卡发放、会员优惠活动等完善会员制度，利用媒体线下组织活动的经验进行会员专享优惠活动也是有效培养消费者忠诚度的方式与选择。

在电视领域，一些电视节目的创新也给观众带来了新的收视体验。在2010年，湖南电视台《我是大美人》美妆节目便开始通过与受众互动的形式丰富观众收视体验。在节目的播出过程中，电视屏幕左下方节目微信号不断滚动，同时主持人会在化妆过程中宣传微信号与观众进行文章互动。《我是大美人》节目通过入驻淘宝平台，开设了我是大美人的官方旗舰店。店铺中主要售卖节目中介绍和推荐的化妆品和护肤品，同时也售卖一些当季热卖化妆产品。在已在节目中出现过的商品售卖页面，会看到电视节目有关此商品的视频介绍，店铺通过电视节目的影响力来推动消费者产生购买行为。

【通讯作者】黄楚新：中国社会科学院新闻与传播研究所新闻学研究室主任，传媒发展研究中心主任，《中国新媒体发展报告》蓝皮书副主编。

稿件收录时间：2015年10月。

“热”直播 “冷”思考

——互联网视频直播平台的可持续发展探索

吴圆圆

摘要：互联网技术的发展突破网络带宽的限制，使得随时随地视频直播在技术上成为可能，网络直播作为一种新兴的互联网新业态，其迅速兴起给互联网经济注入了一剂新鲜血液，但伴随着井喷而出的直播平台而乱象丛生的直播现象，引发对网络直播的担忧。本文以“互联网直播平台”为主要关注对象，分析网络直播平台的兴起与现状，探析其背后的商业模式操作，并对如何正确引导网络直播持续、正向发展提出思考。

关键词：网络直播平台　商业模式　现状辨析　可持续发展

2016年被称为中国网络直播的元年，不论明星还是普通人都通过手机（或平板电脑、电脑）摄像头展示自己工作、生活的方方面面。直播的平台既有传统电脑客户端起家的社交、游戏平台如9158、YY，也有发端于移动APP的映客、花椒等新秀。截至2016年8月，据不完全统计，市面上的直播平台已达200余家。五花八门的直播平台与APP的出现带来全民直播的热浪，任何人通过手机就随时随地支撑起一个直播秀场成为可能。网络直播正在成为当下全新的社交方式和媒介传播形式。

伴随着全民直播的热火朝天，此起彼伏的有关负面新闻却层出不穷。直播主播的低素质、直播内容的无底线，让外界对直播行业戴上一副有色眼镜。2016年8月18日，直播平台六间房再度出现非法狩猎视频，引发各界对视频直播的大量讨论。网络直播正处于探索的乱世，它将何去何从？它到底能走多远？

一、网络直播技术发展的轨迹

国内的网络直播，通常意义即指用户在互联网直播平台上，通过手机、电脑等视频录制工具直播个人娱乐活动，观众则通过弹幕、虚拟道具打赏等方式实现与主播的实时互动的活动。直播操作简便、及时直接、互动性强等特点，使其在短时间内迅速火爆，直播俨然成为用户娱乐与了解真实现场的一种新选择。

从传播内容的形态来看，网络传播在通过“文字—语音—图片—视频—直播”的迭代，经历贴吧、论坛、微博、微信等社交媒体之后，去中心化的全民讨论平台已经登上历史舞台。网络直播将“社交”“移动”“视频”“直播”的元素结合到一起，视频直播取代图文直播，成为人们获取突发信息、进行社会交往娱乐的新渠道。

美国较早的直播网站是成立于 2011 年用于游戏视频直播的 Twitch[①]。最初，网络游戏玩家将自己的游戏过程录制为视频，上传至网络空间供其他游戏玩家观看，这种网络视频分享逐渐演变成网络游戏直播。Twitch 致力打造一个流媒体直播游戏视频网络平台，在平台后续发展过程中，也添加了娱乐秀场直播内容。2014 年 8 月，亚马逊以约 9.7 亿美元收购 Twitch，成为圈内轰动一时的新闻。

2015 年初，Meerkat[②]、Periscope[③] 等移动直播应用陆续发布并迅速走红，据悉，潜望镜发布不足十日即获得 100 多万用户[④]。2015 年 5 月 2 日，凯特王妃生产二胎，在媒体区的 CNN 皇家记者麦克斯·福斯特（Max Foster）通过 Periscope 直播现场画面并与观众互动。同年 11 月，巴黎遭遇暴恐袭击，大量用户涌入 Periscope 发布并收看直播现场画面。直播公众人物与突发新闻使得直播应用火爆程度大增，Facebook 也紧跟其后推出视频直播 Facebook Live 服务。

---

① Twitch 于 2011 年成立，其前身是 Justin. tv（成立于 2007 年）旗下专注于游戏相关内容的独立运营站点。

② Meerkat，中文名为猫鼬，2013 年创立的猫鼬直播因为无法跟推特（Twitter）和脸书（Facebook）推出的直播业务相竞争，于 2016 年 5 月宣布关闭直播服务。

③ Periscope，中文名潜望镜，2015 年被 Twitter 收购。

④ 数据来自推特发布的 2015 一季度财报。

目前，国外主要直播网站包括 Twitch、Facebook Live、Periscope 等应用以及谷歌、YouTube 的移动直播服务。

图 1　麦克斯·福斯特使用 Periscope 直播

图 2　纽约用户在 Periscope 上直播爆炸场面

在国内，借鉴韩国的视频聊天社区“十人房”的模式，2005年，视频聊天社区9158上线，成为国内最早的秀场①直播平台。2008年，多玩游戏网②推出YY语音软件，用于魔兽玩家的团队语音指挥通话，最后发展为某些游戏用户必备的团队语音工具，基于游戏火热带来的流量需求，YY随后开启了游戏直播站点，一批电竞退役选手或游戏解说类主持人站上视频直播前线，这就是早期的游戏直播形式。

欢聚时代（YY母公司）和天鸽互动（9158母公司）分别于2012年、2014年上市，Meerkat的移动直播模式以及亚马逊收购Twitch事件又给国内直播行业提供强有力的启示，“直播平台”开始进入资本投资的视野。此后两年时间里熊猫、斗鱼、映客等大量直播平台涌现。

随着网络直播行业的发展，平台内容从单一游戏直播或秀场直播转型为综合直播平台，整个行业的用户数量和市场规模大幅增长。从平台内容划分上看，行业内基本呈现三方分化的形态，包括兴起较早的游戏直播，网红、明星等聚集的秀场直播以及日趋火热、针对普通大众的泛娱乐类素人直播。

图3　直播行业简单图谱举例（根据直播内容不同划分）③

---

① 根据易观智库在《2016中国秀场娱乐市场专题研究报告》中定义，秀场娱乐是指依托网页或客户端的技术，为具有表演才艺（等）的组织或个人（明星或草根）提供实时表演创作和互动交流的平台，是一种基于网络视频直播的活动娱乐形式。

② 2012年，多玩宣布启用新的公司品牌——欢聚时代，旗下多玩游戏网和YY语音作为产品品牌延用。

③ 图片来自网络，http：//www.zhihu.com/question/36445501/answer/104105835。

据统计，目前网络直播平台用户数量已经达到2亿，大型直播平台每日高峰时间大约有三四千个直播“房间”同时在线，用户数可达二三百万人次[①]。直播平台喷涌出现，全面直播一片火热。

时间	融资平台	融资金额	投资方
2015年3月	六间房	26亿被收购	宋城演艺
2015年5月	果酱直播	数百万元天使轮	不详
2015年10月	ImbaTV	B轮约1亿元人民币	紫金文化基金、普思资本、创新工场、王思聪等
2015年11月	微吼	B轮近亿元人民币	不详
2015年11月	映客	A轮千万级别	赛富基金、金沙江创投和紫辉创投等
2015年11月	龙珠直播	B轮近1亿美元	游久游戏、腾讯等
2015年11月	欢拓科技	A轮1000万人民币	赛富基金等
2015年12月	火猫TV	A轮千万美元	合一集团
2016年1月	映客	A+轮8000万元	昆仑万维领投
2016年3月	易直播	A轮约6000万人民币	不详
2016年3月	三好网	Pre-A轮7500万人民币	亦庄互联基金领投，沃衍资本、金百朋等
2016年3月	斗鱼TV	B轮1亿美元	腾讯、红杉资本、南山资本等
2016年4月	早道网校	A轮1500万元	YY领投、华创跟投

图4　部分直播平台融资情况

二、直播的特征与混沌现状的辨析

国内网络直播在短短两年内迅速火爆，一方面在于硬件包括4G技术的推广、智能手机普及、WIFI覆盖范围的扩大等带来的技术支持；另一方面，用户对传统的传播方式已经审美疲劳，对“实时传播实时互动”这样一种更自由更自主的传播形式产生诉求。当直播出现，传播渠道的力量退居二线，用户不必在意微博、微信仍然存在的把关人，而是以不可编辑的视频形式更加直接地进行实时传播与互动分享。直播下放了内容生产和分享的门槛，直播平台使这种信息分享的权力合理合法。作为内容生产的一次革命，直播理所当然地成为2016年现象级风口。

① 每日经济新闻。数据来自网络直播平台整顿背后：用户量超过2亿，http：//ent. sina. com. cn/v/m/2016-04-15/doc-ifxriqqx2466729. shtml，2016. 04。

直播很“火”，直播也很“乱”。直播的火热不仅表现在全民直播平台的诞生与用户数量及参与度的增长，还表现为投资机构纷纷注资直播平台。2015 年，YY 向虎牙直播注资 7 亿，腾讯于 2016 年初向斗鱼注资 1 亿美元。2015 年直播行业的投资金额为 120 亿，预计 2020 年将达 1060 亿。而另一方面，关于直播负面报道的新闻层出不穷，诸如“嘿秀”深夜直播造人、斗鱼女主播脱衣露点等事件频频发生。2016 年 3 月底，《中国青年报》通过问卷网，对 2000 人的调查显示，58.6%的受访者认为网络直播平台节目良莠不齐。2016 年 4 月，斗鱼、YY、熊猫、龙珠、9158 等多家网络直播平台因传播淫秽色情内容遭查处，几乎囊括市面上主流网络直播平台。

为何直播乱象丛生？为什么有人认为其低俗无趣，又有人对其狂热不已？我们参考拉斯维尔的 5W 模式中传播者、传播内容、传播渠道、受传者、传播效果的五大要素，试图对直播活动中的主播、受众、平台三个方面的特点及现状进行理性分析。

1. 主播：意见领袖还是乌合之众

网络视频直播中的传播者被称为“主播”，目前网络主播的群体主要是普通人、明星和网络红人，简称“网红”。随着直播的火热，不少主播通过平台实现自我表达方式，在虚拟空间里获得认同的同时也实现了淘金梦。

主播走红直接带来现金收入，主播的收入来源一般分为三大块：直播平台的签约费、利用粉丝效应承接商业合作，如打广告或者开淘宝店，以及粉丝赠送的虚拟道具分成，也叫打赏。粉丝通过购买价值不一的虚拟的花朵、跑车等道具来表达对主播的喜爱，这些打赏经过平台操作进行变现，构成大多数主播的持续性收入。

一部智能手机，一个摄像头，只要有人关注的领域，就有对应主播直播。韩国 14 岁小男孩就靠着每日直播吃饭红遍网络。今年 5 月 17 日，哔哩哔哩弹幕视频网与小米手机合作的直播实验“小米 MAX 超耐久无聊待机直播”时间达两周，吸引超过 2000 万的用户观看。

在传播活动中，主播作为传播内容的生产者与传播者，充当着意见领袖的作用，相较于传统媒体的高门槛严把关，基于网络平台的传播没有严格意义上的把关人，主播自身就充当信息传输把关者的角色。做过近一年专职主播的小云（女，21 岁）告诉笔者，她的粉丝以青年男性为主，她发现，花心思在服装上远比在背景音乐、房间布置上费心更能吸引观众，而性感服装、

图 5　哔哩哔哩网站直播小米手机无聊待机

角色扮演能使直播间人数实现较大的增长。借助互联网快速传播效应和放大效应，主播走红带来不尽的商机，不少主播在商业利益的驱使下做出突破底线的行为，如斗鱼主播驾超跑飙车遇车祸、无人机偷拍女生宿舍，熊猫 TV 女主播刻意走光等事件。基于此，行业风气愈发娱乐化和低俗化，“直播”或者“主播”一词也愈发污名化。

主播素质参差不齐的现象在秀场直播中比较突出，但依靠内容取胜的主播也大有人在，譬如 YY 男主播毕加索，以搞笑脱口秀为主，他的每场直播在线人数为 5 万至 10 万人，另外还有貌不惊人但年入千万的 YY 女主播鳕熊。对于网络主播，找准个人定位，在内容创作上深入挖掘、在互动形式上加强保持，才能增强用户黏性，实现个人持续性的长久发展。

2. 受众：娱乐致死还是快乐消费

壹见传媒新媒体数据研究中心曾对“中国第一直播网红”papi 酱的 1000 多万粉丝做过统计，发现粉丝年龄主要集中在 17—25 岁，可以称为“泛 90 后”。笔者近期曾在街头做过简单的随机调查后发现，直播观看的人群主要以 90 后在校大学生、单身社会青年为主，多数人通过网络推广或者朋友分享知道直播，其观看直播的目的一半以上是为打发闲暇时间。

根据使用与满足理论，受众使用媒介是基于媒介能满足自己特定的需求，而这种需求的产生除了个体心理的需要，还包括其所处的环境、条件等因素。以“泛 90 后”受众群体为例，这一代人在互联网的浸润中长大，网络改变了大家注意力的集中方式，也改变了大家接受信息的习惯。相对于微博、微信的信息碎片化，直播呈现出“半碎片化的”特征，譬如不少主播都有相对固定的直播时间，促使观众形成收看习惯，并从心理上产生一种情感上的陪伴。实时的互动，弹幕的出现，使得个人在网络上寻求到认同感，情感的输出能得到有效及时的回复，符合马斯洛需求理论中个人对情感的需求。同时，观看直播视频仍旧是获取信息、消费影像符号的一种方式。互联网消费习惯的形成、网络支付方式的成熟，使得在直播中的消费不足为奇。记者曾在街头采访一名房屋中介小张（92后，单身），小张表示，在生活中很难接触到心仪的美女，虚拟的网络让他更自信，直播的定时观看与双方互动带来的真实感，让他感到愉悦。正如镜像理论指出，网络直播满足用户的窥私欲和猎奇心理，使得虚拟世界产生一种类似真实现实生活的满足感。

要吸引心仪主播的注意甚至引发主播的主动互动，除了常规的打赏，用户还可以通过更大的消费及购买虚拟地位，对主播进行“守护”。一些提供软色情的直播正是利用了这种受众心理，走色情小众路线，主打“美女牌”，为吸引受众竟然毫无底线、剑走偏锋。

相对于直播行业初期主打“美女”“游戏”两张牌，现在直播的内容逐步趋向多样化，受众范围也逐渐拓宽，更多人将会理性消费、合理适度地为快乐买单。

3. 平台：管理无力还是资本约束

平台的作用在于管理推广直播业务，也包括营造整个线上直播的文化倾向和氛围。目前，直播平台主要的盈利模式除了广告、游戏等外，就是对主播打赏收入的抽成。网络直播的主要收入是虚拟币和虚拟道具，用户充值后购买虚拟道具送给心仪主播，所获利益则由直播平台、主播以及主播所在的经纪公司或公会（家族）[①] 三方按照协议进行不同比例的分成，也就是说主播获得的“打赏”越多，平台分成也越高。为了刺激用户消费欲望，不同的直播平台制定了对应的制度，一切都是明码标价，任何人都有同等购买的权利。以“映客”为例，打赏的礼品有从价值1元的樱花、西瓜到价值人民币上千元的“游艇”等。在YY平台上，消费用户被划分成守护者、男爵、伯爵、

① 直播平台上，由一定数量的签约主播构成的组织称为公会或家族，主要维护旗下主播艺人的直播现场、粉丝互动和发展管理。

侯爵、公爵、国王 6 个级别。购买最高级别的国王权限一年，共需 45 万元，国王进场时，他的座驾会划过视频下方的公屏，直达贵宾席之首，另外，国王还享受将比他等级低的人踢走的特权。

撒钱的快感、攀比的心理、主播的示好导致直播平台朝着非良性发展的方向倾斜。由此可见，用户追捧什么样的内容，除了与用户本身的审美趣味有关，也与平台的文化倾向和氛围引导密不可分。当平台参与利益分成，对游戏规则的制定和施行必然产生影响。

从网络直播的主要成本上看，主要集中带宽、主播、内容、营销几个方面。直播对带宽的要求比网络视频更高，带宽成本也更高。根据欢聚时代 2015 年 Q4 的财报显示，其带宽成本为 1.611 亿元人民币，折合每月超 5000 万元。另一方面，直播平台同质化严重，用户对直播平台的忠诚度极低，为了快速获得用户和流量，各直播平台不惜重金签约当红主播，譬如知名游戏女主播 Miss 以 1 亿元天价身家落户虎牙，斗鱼花费数千万元挖走一批虎牙主播。据了解，斗鱼、熊猫 TV 等每年花在主播身上的签约费都超过 1 亿元。

行业激烈竞争、主播价格水涨船高，平台的收入暂时都无法覆盖成本的支出，于是整个行业陷入先烧钱签约主播吸引用户，再推高流量吸引融资的怪圈。作为近年创业投资重点，直播行业确实受到资本市场持续关注。今年，斗鱼直播平台已获得由凤凰资本、腾讯领投的 15 亿 C 轮融资。在此中案例的示范作用下，直播领域的竞争已经成了白热化态势。

资本市场一片繁荣的背后，面对直播同质化严重、乱象频繁的问题，除了在制度上、技术上进行正确的引导与有效的规避，还需要认识到平台盈利模式不容乐观、自身造血不足带来的现实问题。

三、互联网视频直播平台未来发展的考量

网络直播目前暂时处于资本盲目扎堆的混乱期，平台自身造血功能不足、同质化严重，直播内容普遍存在缺乏优质内容、粉丝黏性不足的问题，未来的直播行业或将实现劣质平台的快速淘汰与游戏规则的重新洗牌。那么，视频直播未来如何持续发展？笔者就当下现状提出粗浅建议。

1. 社交为纲，优质内容定制化的直播趋势

直播平台未来优胜劣汰，优质的内容和主播资源都掌握在拥有巨大流量

的大型视频直播平台的手上。要成为赢家，必须一开始就在牢牢把握直播的强社交、强互动属性的基础上，将内容为王的理念贯彻始终。

目前，已有不少直播平台尝试联合传统电视台推出原创节目。YY直播携手重庆卫视打造了一款实时互动综艺节目《大牌玩唱会》，每期邀请黄致列、曹格等当红歌手参与，该节目让粉丝与明星在线实时直播互动，甚至可以通过在线互动的量级来决定现场的泡泡机、干冰机等装置的行为，获得了数百万网友关注。这种参与感和互动性所带来了传统电视直播中不可能实现的用户黏性的大幅提升。

除了强互动性，要做原创内容，主播必然面临创造原动力与增长空间难以保障的问题，因此在现有公会的基础上，平台可以创造一些新的可能，通过个性化内容打造热门知识资源品牌（英文简称IP），同时创造平台差异化的定位和文化氛围。

另外，目前的粉丝打赏机制属于关注度经济，打赏与否很大程度上取决于主播单一层面，对平台的黏性不强。今年5·20QQ空间做了一次“直播说出爱”的活动，没有网红、没有打赏，网友在QQ空间直播说出自己想要表白的对象，该活动共计有1700万人参加。QQ空间的这一尝试从侧面给予启示，对用户特殊习惯和需求的直播，将是未来粘连用户的重要途径。将互联网免费模式进行深化，平台将依靠大数据、精准广告来获取利润，或许是未来直播的经济模式。

2. 反哺传统媒体，开启媒体发展新思路

从守在电视机前被动地等直播，到如今随身、随地都可以用手机、电脑等多种终端全方位直播，被电视台执掌多年的直播大旗，被转移到视频网站的手中，这种转移后的全新变革，又给传统媒体发展提供了新的思路。

一些传统媒体借由直播平台为节目进行营销，如湖南卫视近期与多个直播平台合作直播《全员加速中》《透鲜滴星期天》等节目的录制。

在突发新闻事件上，视频直播软件具有及时、直接的优点，为“公民记者”带来很大优势。不少网友拍摄的视频或者直播内容，也称为传统媒体新闻发布的一手资料，但是面对突发现场，没有受过专业训练的“公民记者”很难把握尺度，这时候传统媒体把关人的存在使其呈现出专业性的优势，这也是实现传统媒体与新媒体合作的一种方式。

在一些热点问题上，直播不仅仅记录现场的画面，更成为了引爆话题的

图6　《人民日报》新浪微博直播“一起接女排英雄回家”

场所。如今年的里约奥运使得傅园慧、张继科等成为运动界网红，移动直播更能从运动员、从赛场挖掘出更多不被关注的亮点，又成为传统媒体报道的素材。8月23日，《人民日报》出动记者在官方微博直播“一起接女排英雄回家”活动，更亲民的传播方式也更能引发观众的好感以及话题的二次传播。

互联网兴起的直播热为传统媒体做了很好的模式探索和技术准备，也给予传统媒体人发展的新思路。比如章鱼TV足球主播董路，传统媒体人出生，董路目前的微博粉丝超百万，一些足球赛事董路在家中就能完成解说，观众则通过章鱼TV董路的直播间全程直播，边看球边聊天，观众一方面看董路专业解说，一方面通过发送弹幕的方式进行互动。譬如近期一场足球比赛的间隙，董路因吃饭导致下一场解说开场五分钟才回来，而这五分钟里，观众通过弹幕互动自娱自乐。对于传统媒体属于重大失误，而在直播互动中，一切都并非绝对。

直播＋互动是未来媒体的存在样态，在抓住短视频和直播市场以后，微博用户大增，同时微博已经成为一个全媒体化的内容平台。视频直播带给我们发展的新思路，如何将直播与互动的理念融入未来的发展，是增强平台竞争优势和商业化变现能力以及拓宽自身发展路径的新思路。

3. 多元盈利模式，开启商业合作新局面

目前，许多主播已经在直播平台上开启个人“直播＋电商”的模式，值得一提的是，今年 8 月，新疆县委书记网络直播烧鱼宣传当地水产品，这一举动不仅有效地将当地优势产品做了推广，还极富正面意义。除了个人外，不少平台也开始尝试与电商合作，不经修改的视频使得用户更直观、全面地了解产品或服务，主播的意见领袖作用和弹幕之间的互动，使直播购物成为一种娱乐化的生活方式。

除与电商合作，直播＋旅游无论对旅游业的发展或是对城市形象宣传都有诸多益处。笔者在湖北恩施女儿节活动现场发现，两名身着民族服饰的女孩正在活动现场进行直播。与以往的旅游产品介绍仅靠文字和图片不同，直播旅游让人可以身临其境地观看风景、体验风土人情，笔者观察到，女主播根据互动用户的需求，会相应地普及、讲解现场的情况。这样的模式一方面对城市形象和旅游宣传起到良好的促进作用，另一方面，通过做旅游活动的推广，对如何有效引导主播、创造优质原创资源也提供了新的思路。

除了电商与旅游的合作，某些房产直播、教育直播相关节目，目前已经在网络上引起一定的关注度，但该模式逐渐淡化直播的社交属性，因此具体的实践仍需摸索。

图 7　斗鱼女主播在湖北恩施女儿节现场直播

中国互联网络信息中心（CNNIC）日前发布的数据显示，截至今年6月底，中国网民规模达7.1亿，其中网络直播用户规模达到3.25亿，占网民总体的45.8%。如此庞大的用户群体，个人需要保持警惕，媒体需要有所担当。现在，网络直播正处探索的“乱世”，但这种新兴的互联网新业态已经创造出新的社会交往方式，已经成为一个具有时代意义的标签。在未来，它将回归理性，走向一条健康可持续发展的道路。

【通讯作者】吴圆圆：上海大学上海电影学院新闻传播学专业博士研究生。

稿件收录时间：2016年8月。

从手机摄影到无人机航拍：摄影科技对新闻摄影的影响

李　勇

摘要：手机摄影代表的技术层叠类摄影科技的发展，使新闻摄影的潜力得到释放，全方位的现实世界被重新再现成为可能。无人机航拍为代表的空间延伸类摄影科技的发展，拓展了新闻摄影的视角，在展示新闻事件外观形态的全貌和整体性上发挥了重要的作用。本文从手机摄影和无人机航拍的兴起，分析了新闻摄影的变化，认为摄影科技向技术层叠和空间拓展两个方向发展，对新闻摄影的功能和价值产生影响。

关键词：新闻摄影　手机摄影　无人机　人的延伸

从文字新闻与摄影图片搭配以来，摄影科技的持续发展使新闻摄影的内在意义和外在功能持续地得到丰富和扩展，新闻摄影已经成为图像时代最盛行的传播手段。面对现代互联网技术和数字通讯技术的迅速发展，拍摄工具也同样得到不同程度的发展。在对今年上半年荷兰阿姆斯特丹举办的第59届世界新闻摄影大赛（下文简称“荷赛”）作品的解析中，我们发现随着媒体生态环境的变化，类似“荷赛”这种类型的新闻摄影大赛也慢慢开始发生变化，这给我们带来了许多看点与思考。

新闻摄影是一种视觉新闻，它是新闻形象的现场摄影记录，以附有文字说明的照片形式传递信息。[1]新闻摄影在不同时代都是一个值得研究的课题，它不仅和社会、政治、经济以及当代文化艺术的发展密切呼应，而且也与作为媒介或艺术的专业摄影互相影响，新闻摄影同样也是见证摄影史以及技术进步的样本。

一、数字摄影科技与手机联姻的缘起

（一）手机摄影的兴起

移动互联网时代数字化进程的推进，以及2013年第四代移动通信技术的运用，丰富了手机新闻摄影的内容制作及其创作的可能。智能手机的普及，使得全球使用最多的摄影工具不再是专业的单反相机，而是附带了拍照功能的智能手机。手机摄影逐渐成为一种图像记录的手段。手机的便携性以及社交网络发展建构的手机摄影传输性特征，为突发事件的记录和传播提供了基础。

（二）手机摄影对新闻摄影的影响

1. 主流媒体上的手机新闻摄影作品

手机新闻摄影对突发事件的报道第一次出现在传统新闻领域，是对2005年伦敦地铁爆炸案的报道[①]。作为现场目击者，地铁乘客在现场用手机拍下了爆炸后，警察与逃生乘客的混乱场面。画面的独特性以及画面的真实性，使得这张照片刊登在《纽约时报》的头版位置。

此后，《纽约时报》和《华盛顿邮报》等国外媒体开始大量刊登手机新闻图片，手机新闻摄影渐渐开始被报纸杂志接受。2010年11月22日，《纽约时报》头版摄影记者戴蒙·温特成为第一个用手机拍摄新闻图片，并获得国际新闻摄影大赛奖的记者。她用苹果手机拍摄的阿富汗美军的日常训练与生活的照片，在第68届国际年度摄影比赛（POYI）中获得了一般新闻类组图第三名[②]。此后的2012年10月底，来自美国的摄影师团队用手机对飓风“桑迪”进行新闻报道。当中一名摄影师用手机拍摄的照片被选中，刊登在《时代》杂志的显要位置[③]。国内2005年《京华时报》在报道北京和平门地铁站火灾时第一次在头版上使用了手机照片。那张照片是国内普通人第一次用手

---

① 李菁菁．手机新闻摄影在突发事件报道中的传播研究［D］．湖南大学，2014.

② 李西莉．新媒体语境下的新闻摄影传播特征研究［J］．编辑之友，2012，11：55—56、75.

③ 栾轶玫．新闻生产的全民制造［J］．中国传媒科技，2012，23：28—29.

机拍摄并且刊登在主流媒体上的新闻图片[①]。受众从这些专业性不强的照片中，获取了能够佐证新闻真实感的主要讯息，手机摄影以一种先前完全没有的体验迅速捕获受众。一些报纸还开辟了“手机照片”专栏，索尼手机摄影大赛、苹果手机摄影大赛等手机新闻摄影大赛开始大行其道。

2. 不同于新闻摄影的手机摄影

各大新闻摄影大赛，对突发新闻类新闻摄影作品的评比是最激烈的。被评委评定为突发新闻摄影优秀作品的新闻摄影作品，能深刻展现出事件本身具有的突然性、灾难性以及警示性。第 59 届“荷赛”年度最佳图片《渴望新生》（图 1）的作者沃伦·查尔德森，在谈及作品的时候说：“……在拍照前，我已经筋疲力尽了。那时大概凌晨 3 点，由于警察的缘故，你不可能使用闪光灯……”[②] 从作者的自述中不难发现，在突发事件的新闻摄影报道中，往往具有很多不确定性。一张好的新闻摄影作品，不一定是一张参数无懈可击、画质清晰、构图完美的图片。作品《渴望新生》甚至带着浓重的颗粒感，呈现出一个灰暗、模糊的画面。作者快速凝固瞬间，使画面留存下来。即使是这样的画面，在表达一个难民父亲极其渴望地将孩子传送到铁丝网另一边时，同样令人十分震撼。

图 1　第 59 届世界新闻摄影大赛年度图片《渴望新生》[③]

---

① 张金祥．手机摄影在突发事件中的优势作用［J］．新闻知识，2012，09：97—98.

② 平炯辉．2016 第 59 届世界新闻摄影大赛评审结果揭晓［EB/OL］．宁波摄影在线，2016-2-19. http：//www. ntfoto. org/portal. php? mod=view&aid=1675.

③ 2016 Photo Contest［EB/OL］．World Press Photo，2016-2-18. http：//www. worldpressphoto. org/collection/photo/2016.

图2　第57届世界新闻摄影大赛单幅获奖作品《台风中的幸存者》①

在历届新闻摄影大赛获奖作品中，画面整体呈现的主要特征是画面的美感和艺术性②。许多获奖作品甚至“如诗如画”，在表现形式上堪称完美无瑕。然而往往这样的照片在新闻瞬时概念中，具有滞后性。例如，获得第57届“荷赛”奖突发新闻类单幅一等奖的作品《台风中的幸存者》（图2），整个画面充满象征性内涵的符号学视觉形象，具有浓重的宗教色彩以及宗教般的油画意境。由于这张作品是在事发10天后的重灾区拍摄的，从新闻作品的意义上讲，这张作品已然失去了作为时效性新闻的根本特质。虽然没有被事发当时的主流新闻报道的编辑所选用，但却被事后的杂志和编辑青睐。在荣获《时代》周刊“年度十佳新闻照片”的同时，也被“荷赛”评委评为突发新闻单幅一等奖。

手机新闻摄影往往在表现艺术性方面弱于专业相机的新闻摄影，但是利用专业相机拍摄的新闻摄影作品因为过分地追求作品的艺术性，会陷于观念摄影的陷阱。所谓观念摄影，就是按照某一观念进行摄影创作，目的是为了表达一种观念以及由此带来的思考，而非纪录新闻事件、传递新闻信息。[2]这种表达是按照主观意识去寻找拍摄对象，再通过对这些对象的布局和色调把拍摄者的价值取向体现出来。观念摄影作品的优势是让受众通过联想和想象，

① 2016 Photo Contest［EB/OL］. World Press Photo，2014-2-14. http：//www.worldpressphoto.org/collection/context/photo/2014.

② 杨健．新闻摄影的艺术化趋势解读——以近年荷赛获奖作品为考察对象［J］．浙江传媒学院学报，2012，04：91—98.

来再现曾经的事件，重新审视过往的事件，从而产生新的意义。严格意义上讲，观念摄影作品不能算作新闻摄影作品。传统摄影记者利用专业相机，在对突发事件追求艺术性的同时，丧失了手机新闻摄影对新闻现场瞬间抓取的优势。

成像系统的不完善，不同视野下对图片要求和镜头的多样性，是手机新闻摄影图片相比较传统记者利用专业单反相机拍摄的新闻图片最显著的劣势。对一些器材有较高要求的专业新闻摄影类型，比如体育比赛，需要用到广角、长焦等特殊表达方式拍摄的时候，手机摄影立即相形见绌①。随着对拍摄条件的满足和传输技术的发展，专业相机小型化已经是目前发展的一个特点。手机相机成像系统和镜头的专业化将越来越高，图片呈现的效果将越来越好，手机新闻摄影慢慢成为了新的传播生态下的一个重要的部分②。手机新闻摄影在对图像制作及其网络的传播作用将越来越大。可以预见，手机的数码相机功能将不断完善，会对公民性新闻摄影提供巨大的帮助。

二、数字摄影科技的空间拓展及其价值

（一）无人机航拍的兴起

2016 年 2 月 18 日，中国摄影师陈杰的无人机航拍作品《天津爆炸》（图 3）获得第 59 届“荷赛”一般新闻类单幅三等奖。在“荷赛”历史上也曾经出现过利用无人拍摄器进行低空航拍的尝试，其中 2014 年中国摄影记者陈坤荣就做了类似的尝试，其作品《日常运动》（图 4）获得了当年“荷赛”体育特写类二等奖③。从空中视角，拍摄平常简单的日常运动应该是历史上第一次。由于“荷赛”的影响力，作品获奖的消息一经传出，无人机拍摄迅速在新闻摄影圈内流行起来。

---

① 董璞．平民的新闻摄影梦——手机摄影新闻应用研究［J］．美术教育研究，2012，06：37.

② 逯明宇，刘畅．新媒体时代的手机新闻摄影［J］．青年记者，2014，30：79.

③ 旦其，贾国荣，陈坤荣，樊尚珍，CFP．荷赛 声音［J］．旅游世界，2014，03：80—87.

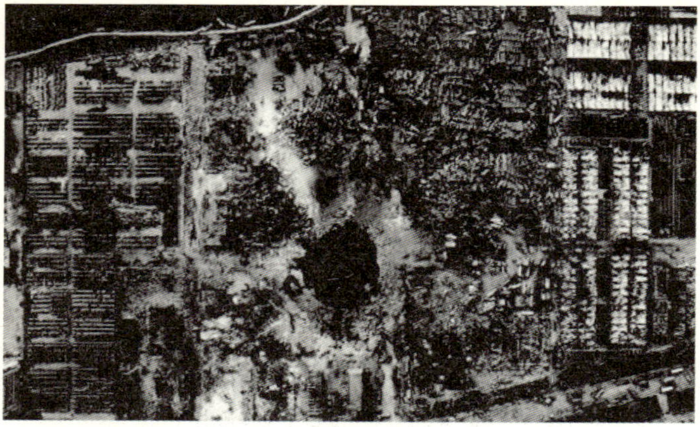

图 3　第 59 届世界新闻摄影大赛一般新闻类单幅三等奖作品《天津爆炸》①

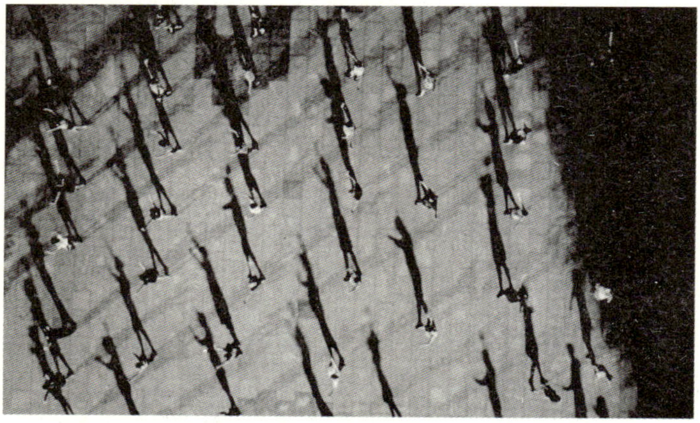

图 4　第 57 届世界新闻摄影大赛体育特写类二等奖作品《日常锻炼》②

无人机航拍摄影是以无人航拍飞行器作为空中平台，凭借机载遥感设备，如高分辨率数码相机、轻型光学相机、红外扫描仪、激光扫描仪、磁测仪等获取信息，并用计算机对图像信息进行处理，按照一定精度要求制作成图像的摄影方式。[3] 在新闻摄影发展史上，但凡克服技术局限、颠覆传统的新技术，必定具有其非常的价值和意义。航拍是摄影的重要门类，也是新闻摄影的重要手段。第一张航拍照片拍摄于 1860 年 10 月，那时飞机还未面世，是

① 2016 Photo Contest［EB/OL］. World Press Photo，2016-2-18. http：//www. worldpressphoto. org/collection/photo/2016.

② 2016 Photo Contest［EB/OL］. World Press Photo，2014-2-14. http：//www. worldpressphoto. org/collection/context/photo/2014.

由摄影师乘坐热气球拍摄的[①]。然而，依赖热气球和一些载人飞行器等进行的传统航拍，具有费用高、技术要求高、适应性差的特点。近年来无人机航拍技术取得了突破性的发展，经济成本、拍摄质量、操控性能等一系列问题都得到了解决。无人机的快速市场化，为航拍摄影提供了必要的辅助条件，摄影师遥不可及的航拍摄影从此得到了快速的普及。

图 5　历史上第一张航拍照片“Boston, as the Eagle and the Wild Goose See It”[②]

（二）无人机航拍对新闻摄影价值的影响

1. 灾难报道中的无人机航拍摄影

航拍的拍摄机位决定了它在呈现大场景时的天然优势。宏大、客观、震撼的“上帝视角”给拍摄者和受众提供了成就感与视觉新鲜感。近几年对灾难新闻的图片采集，无人机发挥了举足轻重的作用，如对“东方之星”沉船、天津滨海新区大爆炸、深圳泥石流的报道，其航拍的新闻摄影作品，在传统

①②弥尘．这 20 张照片　在摄影史上都是“第一”［EB/OL］．IT 之家，2015-5-25. http：//www. ithome. com/html/it/151089. htm.

报纸版面、新媒体传播等领域快速扩散。这些作品在表现灾难客观性方面非常准确，得到了媒体广泛的认同。

很多灾难类突发事件的报道，在保证新闻摄影工作者的人身安全的前提下，全面客观地展示了危机中的整体态势。对于媒体而言，无人机的航拍成为了一个重要且安全的选项。乌克兰危机爆发后，冲突加剧，战事不断升温。2015 年 1 月，对峙双方在顿涅茨克国际机场展开激烈交火。记者借助无人航拍器，用新闻摄影工作者无法到达的视角，将战火蔓延下满目疮痍的现实景象真实地呈现在了全世界面前[①]。图片（图 6）透露出的凋敝、荒凉和恐惧，不仅给受众的内心带来了剧烈冲击，而且也以更直接、更真切的视角传递出冲突的若干重要信息，成功地向全世界报道了正在发生的危机。

图 6　乌克兰危机中，无人机拍摄的顿涅茨克国际机场现场图[②]

获得第 59 届“荷赛”奖一般新闻类单幅三等奖的《天津爆炸》，通过无人机航拍描述了 2015 年 8 月 15 日发生在中国天津滨海新区仓库的爆炸现场。从空中进行纪录，把事件抽象化，地面一片狼藉，集装箱、汽车和其他残骸就像一个个小蚂蚁，与画面中心的爆炸“原点”处的一个巨大坑洞形成鲜明的对比。利用这种象征性的画面，全景呈现出新闻现场的惨烈，使之在众多新闻摄影微观描述爆炸现场硝烟弥漫的作品中脱颖而出。

① 乌克兰摄影师航拍顿涅茨克战场景象［EB/OL］. 新华网，2015-1-19. http://news.xinhuanet.com/world/2015-01/19/c_127399072.htm.

② 乌克兰摄影师航拍顿涅茨克战场景象［EB/OL］. 新华网，2015-1-19. http://news.xinhuanet.com/world/2015-01/19/c_127399072.htm.

纵观“荷赛”那些获奖作品呈现出的震撼世界的影像，那些灾难性的内容场景，虽然容易引起人们的群体性关注，但如果这些作品只表现灾难过程、场面和结果，往往容易流于感官上的刺激，难于真正打动人心，也会被新闻摄影比赛评委所摒弃。这一点，在“荷赛”历届的以灾难为主题的新闻摄影作品中得到鲜明的反应。评委所看重的作品往往是定格在“处于矛盾冲突顶点的人的活动和处于戏剧性高点的人的情感反应”①。然而这里却有一个矛盾，作为新闻摄影，目击和见证是其最重要的功能。像新闻一样，只有对新闻事实做原生态纪录，采用不掩饰、直述赤裸的表现手法，才能将新闻事实的真相状态以及客观的匪夷所思呈现给读者②。虽然有时这样的画面看起来有些杂乱，但画面的感染力和视觉张力大大增强，原生态的效果和真实的质感往往能令受众信服。航拍新闻摄影提供的是广角端的大视野，纪录的全景虽不带情感，却锋利地直击现场。《天津爆炸》能获奖，从另一种角度看，是作为新闻摄影在这两者之间取舍的结果。

2. 无人机航拍建构多层次的新闻摄影

作为一种新兴的技术，无人机航拍已经给新闻摄影带来深刻的影响。信息庞大的新闻事件中，在航拍的镜头下越能建构出不同层次的内容区间，新闻摄影内容的表达效果越会迅速上升。然而，传统的航拍方式，由于高昂的经济成本、复杂的拍摄技术，在很长的时间里，航拍很难成为大众化的摄影技术。传统新闻摄影倾向于现场采访、近距离拍摄、获取细节等图片内容制作方式，但无人机所呈现的是大全景画面。它所涵盖的内容多，导致细节多缺失、贴近性不够，决定性瞬间、精彩瞬间难以表达。

无人机航拍兴起，解构了新闻摄影的工作方式，也提高了描述新闻现场的能力，让新闻摄影工作者拥有了更便利的全景式纵览新闻现场的机会。读图时代的新闻媒体比任何时候都更加重视图片在传播中的作用，尤其是具体到自然灾害、军事冲突等复杂事件，新闻摄影工作者使用无人机航拍能够获得更多样的观察视野，找到更独特的拍摄角度和表达模式，同时可以帮助新闻摄影工作着极大地提高工作效率，降低遇险几率。

① 刘海涛．情感的戏剧性冲突与艺术性表达——符浩勇小小说创作论［EB/OL］．新浪博客，2014-3-5. http：//blog. sina. com. cn/s/blog _ 6a0d77de0101gs05. html.

② 董春蕾．灾害报道中的新闻图片研究［D］．华中科技大学，2009.

三、摄影技术对新闻摄影价值的影响和未来的走向

美国学者尤金·派瑞·詹姆斯认为："摄影发明者……将发明置于科学和技术进步中……他们为后世写作者制定了标准：摄影的历史就是技术发展的历史。"[4]因此从技术的角度去探究，当今摄影科技的发展与新闻摄影价值的关联，可以帮助我们更好地厘清摄影科技的发展规律，从而更好地把握摄影技术在未来的发展方向。考察在新的技术条件下，摄影在新闻传播领域内的变化，并总结其内在的发展规律，以及它对世界新闻摄影价值的影响，将为我们研究新闻摄影的价值规律变化和新的摄影理念提供新的思路。

（一）摄影科技的快速发展

最新数据显示，2016年全球智能手机用户将超过20亿。2015年全球智能手机用户比例首次超过全球人口的十分之一，到2018年，全球三分之一的手机消费者将是智能手机用户，总数将超过25.6亿人①。突发事件中，持有大量智能手机的人群可以立刻出现在第一现场，他们在突发事件的现场可以立即转化成为能够生产图片信息的传播者。

无人机航拍如雨后春笋般进入新闻摄影领域，不断增长的需求在这个过程中发挥了重要的作用。以Phantom 3无人机产品为例，这款系列产品中搭载了4K超高清相机，可实现每秒30帧超高清视频录制，而改进的另一款产品可搭载HD高清相机，实现每秒60帧的1080P高清录像②。无人机行业领头羊大疆，无人机销售收入从2012年的2600万美元高速增长至2015年的约10亿美元。据资料显示，未来十年，无人机将继续成为世界航空航天工业最具增长活力的市场，其中全球军用和民用无人机销售额将由2015年的64亿美元增至2024年的115亿美元，十年支出总额将超过910亿美元，十年复合增长率为6.7%③。无人机产品已被广泛用于航拍、电影、农业、地产、新

① 中国市场情报中心.2013—2014年中国手机智能手机市场研究年度总报告［R］.中国报告大厅，2014-5.

② 融合时代［J］.通信世界，2015，28：6—7.

③ 左凌英.下一个新蓝海 无人机千亿市场待掘金［J］.沪港经济，2015，09：40—45.

闻、消防、救援、能源、遥感测绘、野生动物保护等领域，并不断融入新的行业领域①。

（二）新闻摄影价值的层叠与延伸

新闻是新近发生的事实的报道。[5]新闻的时效性和时新性的特征，往往带着一种“突发”的特征。突发性事件的报道往往在新闻报道中占据重要的地位。突发事件通常被概括为：那些灾难性事件，造成的是灾难性后果，给社会带来的是负面的影响。[6]摄影记者如何抢占突发事件的有利时机，用相机在第一时间将最生动的画面记录下来，对展示新闻事实意义重大。在数字化媒介技术（这里指手机与无人机）的影响下，新闻摄影工作者的感官，随着接触的技术形式的改变而改变。对于时间和空间的量和程度的感知，也会因为媒介技术对人感官的作用而发生相应的变化。[7]

如果将手机与无人机看作是一种新的媒介，那么，一切作为人体延伸的新媒介，给人类提供了对物自身感受的新视野和新知觉。[8]麦克卢汉强调“媒介作用于我们的感官的开始，就是以改变或者重置一种新的关系来改变感官，使其发挥作用”。[9]

1. 手机摄影对新闻摄影的层叠

人们使用手机摄影的一个重要原因，是手机摄影对现有摄影技术的层叠。所谓层叠是指，一个媒介在功能和用途上融合了多种媒介的现象②。人们都知道智能手机更“智能”，智能手机在本质上就是将手机媒体之前更多的媒介融合到了一个媒介中。传统电话、个人电脑、数码相机都是它融合的对象。

手机摄影叠加了数码相机的图像记录功能以及网络的传输功能。改善了数码相机的不便携性和操作复杂的特性使它在新闻摄影的功能上得到层叠。智能手机的普及，使传统摄影记者在基数上远远无法与之相比较。于是，分布在城市各个角落的“新新闻摄影记者”，他们不仅拥有轻便的手机相机而且又拥有社会化社交媒体。在突发事件的报道中，随时准备拿出手机，按下按

① 赵玥．传大疆 2015 年净利润 2.5 亿美元 暂无融资或上市计划［EB/OL］．DoNews，2016-2-22．http：//www.donews.com/net/201602/2917942.shtm.

② 孙震．媒介的纵向延伸和横向层叠——以手机媒体为例［J］．新闻研究导刊，2016，15：62—63.

钮，用手机记录下新闻事件。

对手机摄影功能上的技术改善，例如成像系统的升级、手机镜头的小型化、专业化等类型的摄影科技进步，是为了达到新闻摄影功能和价值的层叠。

2. 无人机航拍对新闻摄影的延伸

麦克卢汉认为，媒介是人的延伸。[10]依照这个理论，无人机可以被视为人在新闻摄影时的一种外化。诚如，衣服是人身体皮肤的延伸，车轮是人腿的延伸①。无人机航拍是对新闻摄影的延伸，被视为中心向外空间辐射的延伸。以新闻摄影工作者为中心点，有无数条向外辐射的线，组成了无人机航拍的空间视野。随着摄影科技的发展，无人机航拍代表了新闻摄影在对于媒介延伸的空间概念的体现。[11]

与之类似的还有立体摄影和全景摄影。立体摄影是指表现景物三维空间的一种摄影方法。[12]目前立体影像技术和产品还没有完全普及的一个原因在于立体节目源的匮乏……而立体节目源主要来自于立体照相机和立体摄像机的运用。[13]而全景摄影（又称为 VR 摄影），中国市场上提供此类服务的公司或集团正在茁壮成长。在热爱 VR 摄影的全景客的共同努力下，不久的将来不仅能有静态图片的 VR 展示，也会有动态视频的 VR 展示。媒介空间拓展类的摄影技术发展，则是为了到达新闻摄影功能和价值的空间延伸。

可见，手机摄影代表的技术层叠类摄影科技的发展，使新闻摄影的潜力得到释放，全方位的现实世界被重新再现成为可能。无人机航拍为代表的空间延伸类摄影科技的发展，拓展了新闻摄影的视角，在展示新闻事件外观形态的全貌和整体性方面，发挥了重要的作用。

【通讯作者】李勇：上海大学新闻传播学硕士研究生。

稿件收录时间：2016 年 8 月。

---

① 王然．博客活动的媒介生存意义及其启示［D］．大连理工大学，2007.

参考文献

[1] 蒋齐生．蒋齐生新闻摄影理论及其他［M］．中国摄影出版社，1996：53.

[2] 郭建良．新媒体环境下的“荷赛”新变化——第53届“荷赛”获奖作品略谈［J］．新闻记者，2010，04：93—96.

[3] 艾修煜．上帝的观看之道——论新闻摄影新起之秀无人机航拍摄影［J］．新闻研究导刊，2016，14：217.

[4] Andre James and Eugenia Parry Janis，The Art of French Calotype，With a Critical Dictionary of Photographers，1845—1870［J］. Princeton University Press，1983，p. xi.

[5] 陆定一．我们对于新闻学的基本观点［M］．解放日报出版社，1949：9.

[6] 朱金平．论突发事件报道［M］．长江出版社，2004：3.

[7]［8］袁典妃．数字化媒介技术对时空感知的影响［D］．兰州大学，2012.

[9]［10］（加）马歇尔·麦克卢汉．理解媒介——论人的延伸［M］．何道宽译．北京：商务印书馆，2000：329.

[11] 孙震．媒介的纵向延伸和横向层叠——以手机媒体为例［J］．新闻研究导刊，2016，15：62—63.

[12] 余锐．浅谈立体摄影技术［J］．艺术品鉴，2015，09：122.

[13] 李玉光．立体视像的第三次高潮［J］．中国摄影，2011，10：38—43.

媒体融合战略：业界的需求和密苏里新闻学院的课程创新

章于炎

摘要：媒体融合时代背景下，美国密苏里大学新闻学院于2005年正式着手培养熟悉多媒体平台特点、熟练运用多媒体技术的媒体融合人才，以满足受众对新闻和资讯及其他内容的快捷、随时和多种形态呈现的需求。针对大数据时代的发展前景，密苏里大学新闻学院媒体融合专业又开始着手培养新兴媒体分析师、网页设计师、多媒体销售经理、多媒体内容监制、互动图表或信息图表设计师、节目研发员、数据营销经理、多媒体新闻协调人、多媒体内容管理系统协调人等新兴媒体人才。

关键词：密苏里新闻教育　变革与创新

一、媒体融合战略的应运而生和发展趋势

当代社会处于数据时代。传统媒体由于内容更新速度慢，信息量相对较小，阅读不便等种种弊端，正逐渐被网络、视频、音频、智能手机和移动平板电脑等当代的新媒体所取代，已逐渐暗淡其昔日的辉煌。那么，传统媒体要想在新传播技术和新传播技术手段的挑战下生存下去，就必须采取一些应对措施。作为一种合适的和较长期的媒体战略，媒体融合是指传统媒体将具有同一或不同所属权的纸媒、广电和电子媒体平台融合在一起，对原创的新闻和资讯等内容进行多次利用，并使其达到最大限度的增值传播和散发。

在美国新闻业界，2000年在佛罗里达州坦帕市成立的新闻中心率先大规模地将“媒体融合”战略正式用于新闻报道实践。该新闻中心把四个媒体平台融在一个建筑物里面，首先在物理上将它们融为一体，并且针对相关的重大新闻进行多媒体的融合报道。从那时开始，笔者在美国密苏里新闻学院的硕士和博士学习都紧扣这个专题。并且，笔者从2004年至2008年在美国坦

帕的新闻中心和芝加哥论坛报报传媒集团等 4 个具有代表性的实施媒体融合的媒体进行了 4 轮深度采访，采访了相关的总编辑、普通编辑、记者、培训师、监制、创新部主任和媒体融合部门负责人。笔者基于这 4 轮深度采访完成了博士论文《探索媒体融合：它能融合优质新闻、规模经济和范围经济及竞争优势吗》，并在答辩时被密苏里新闻学院米尔斯院长誉为“全美最了解媒体融合的人之一”。英语 Media convergence 这个短语也由笔者最先翻译成中文“媒体融合”。十多年过去，媒体融合的发展目前呈现出以下强劲趋势：大数据分析、数据新闻报道和数据可视化的流行；移动媒体客户端设计和运用的多元化（第三方 APP、多屏通用型 APP 和 HTML5 APP 异彩纷呈）；受众在移动互联网和客户端上所花费时间长短成为吸引受众和广告商的重要数据；在移动互联网上对某些重要事件和话题实施“浸润式”报道，即用尽多媒体手段尽量吸引受众的眼球和时间；微电影、微纪录片甚至纪录片在网站和客户端上愈发流行为的也是吸引受众；某些网站上支付墙的使用成为新媒体的盈利模式之一；以美国有线电视新闻网 CNN 的 Newstron 和中国央视的新闻共享系统为代表的传统广电媒体和纸质媒体所运用的内容管理系统（CMS，在中国亦称媒资系统）从技术手段上和操作系统上可以使大规模媒体集团的多媒体平台融为一体，真正实现对原创和聚合内容（包括社交媒体内容）从进入系统到多屏展现的全流程进行数据化管理。

二、媒体融合战略呼唤合格的人才

综上所述，如今美国和世界上很多国家的新闻传播业界都在实施媒体融合领域里的各种新闻实务和相关运行模式的探索，那么，媒体融合的人才从哪里来？从 2008 年的经济危机开始以后，美国各大中小媒体几乎已经全部开始裁员，但与此同时它们又在一定数量地聘用新的员工。那么哪些人才是能够幸运地在媒体经济不景气的情况下被媒体所雇用呢？2008 年笔者在美国堪萨斯州实施媒体融合的著名媒体劳伦斯世界日报集团访谈时，该报的总编辑安德森先生说：“我们现在所雇用的是具有媒体融合本领的全能记者和能在多媒体平台的新的岗位上运作的人。我们解雇和劝退的绝大部分是不能跟新技术拥抱的人。”针对美国新闻传播业界对媒体融合人才的需求，美国新闻传播学院纷纷开设被称为媒体融合新闻或网络新闻或多媒体报道实务等名称的新型专业和课程，旨在培养会运用多媒体技术、熟悉多媒体平台特点并能在由多媒体人才组成的团队里发挥出色团队精神的新型新闻传播人才。比如，美国杨百翰大学美术与传播学院于2000年[1]总结了本院师生在学院所属的纸媒的新闻编辑部里实施报纸、广电和网络等多新闻媒体平台融合的实践经验。该总结指出了在高校的或专业的纸质媒体里建立多媒体新闻中心会给新闻运作产生什么样的变化，需要建立什么样的实战性的新闻流程，并且新闻传播院系需要开设什么样的课程来满足此类媒体融合编辑部的需求。

据史蒂芬·奎恩的研究[2]表明，詹姆斯·甘特里博士于1997至2004年担任堪萨斯大学威廉姆·亚伦·怀特新闻与传播学院院长。在甘特里博士的领导下，该学院受"美国新闻传播教育评估委员会"（Accrediting Council on Education in Journalism and Mass Communications）委派，担负起旨在使新闻传播学生能更好地应对媒体融合要求而探索新型课程设置的重任。甘特里院长1993年在密苏里新闻学院获得博士学位，研究方向是媒体管理。他非常活跃于媒体融合方面的研究和咨询工作，对于位于堪萨斯州劳伦斯世界日报公司媒体融合项目的创办起到了很好的参谋作用。甘特里博士还是前文所详细提到的、于2000年正式投入使用的、耗资3400万美金的美国坦帕多媒体新闻中心媒体融合战略的智囊和推手。该新闻传播学院开设了大量的媒体融合的课程，如给研究生开设的"JOUR 645多媒体写作和制作"就旨在让新闻传播专业内外的研究生都可以掌握纸媒、电台、电视和网络等多媒体写作和节目制作的初级和中级的实际动手技术[3]。

2005年由美国南卡罗莱纳州大学的安德里亚·塔纳和唐尼亚·杜黑[4]所进行的一项调查表明，全美当时已有80%左右的电视新闻中心主任和80%的新闻传播学教育者院表示他们都在某种程度上实践媒体融合新闻报道和实施媒体融合的课程教育。该项研究还指出，当时已有四分之三的新闻传播教育者已经认为媒体融合代表未来新闻传播教育的方向；半数以上接受调查的新闻传播教育者认为新闻传播教育要融入媒体融合的课程是"因为媒体正在朝那个方向发展"；并且有三分之一的人还认为新闻传播教育必须融入媒体融合课程，是因为"媒体产业的雇主现在需要的就是经过媒体融合教育和训练的毕业生"。2006年来自南佛罗里达大学新闻和传媒研究系的埃德加·黄等5位研究者[5]呼吁要尽快结束美国当时很多新闻传播专业不能给予学生以多媒体知识传授和技术教育的现象，因为他们的研究找到了培养多媒体记者和传授新媒体技术必要性的充分依据。他们认为大学新闻传播教育中的媒体融合课程和专业设置是非常必要的[6]。

三、美国高校在媒体融合教育中的新动向

针对媒体融合人才的迫切需求，美国大学新闻教育业已经开始做出各种实验性的应对措施。2014 年《美国新闻评论》采访了美国 15 所著名的新闻院校，询问在过去两年里他们新增了哪些课程以及近期内还会将新增加哪些课程。这些新课程反映了美国新闻学院愈发注重在多媒体平台方面新闻人才的培养[7]。根据深度访谈，该文作者沃兹曼指出，美国新闻传播院校在近些年中纷纷创新专业，并增加大量的新型课程，来与新闻传播中的新兴技术的流行和新兴媒体的成长壮大同步发展。沃兹曼总结道，首先是数据新闻崛起[8]。在美国，数字媒体的革新衍生出大量的并且呈不断攀升势头的数据。因此媒体急需善于处理数字，能够筛选、处理和分析数据并以清晰富有意义的方式呈现信息的新型记者。所以，一方面在美国已开设多年的“计算机辅助报道”课程再次兴起并得到扩展。另一方面，新兴的数据新闻课程在以下两个方面展示了发展方向：数据新闻报道（数据分析）和以互动形式呈现数据新闻（数据可视化）。沃兹曼举例说[9]，美国德克萨斯大学的新闻系最近开设了一门新课“数据报道”，该系的主任说，道理很简单，因为我们现在所处的是“数字记者时代”。沃兹曼引用密苏里学院副院长的话[10]，认为该院新开设的“互动数据可视化”课程旨在培养出目前需求量巨大的新型记者，他们具备广泛的技能，能帮助新闻机构做好新闻，并以互动及富有意义的方式展示出新闻故事。

《美国新闻评论》的这篇文章，还发现随着新闻正在社交媒体，移动终端和 APP 快速转移，计算机科学技能特别是手机编程技术在美国新闻业的重要性开始凸显[11]。很多美国的新闻传播学院在过去几年里陆续开设了关于计算机编程和相关计算机科学技能的课程。沃兹曼称[12]，虽然仍然有许多新闻学院将想要学习编程的学生派送到计算机科学系，但是越来越多的新闻学院正尝试将编程技能融入自己的课程设置中。譬如，加州大学伯克利分校增加了一门课程“新闻记者电脑编程”，纽约城市大学和密苏里大学引入了网页信息“搜刮”（Scraping）课程，教新闻专业学生如何编码并帮助他们收集网上信息。在 2015 年春季，纽约城市大学新闻学院将“JavaScript 和 JQuery 互动”课程从 5 周延长到 10 周。

沃兹曼[13]在这篇文章里还详述了美国各大院校的新闻学院如何以增加新

兴技术类方面课程设置的方式应对层出不穷的新科技为新闻传播和人类交流所带来的机遇和挑战。科技创新改变了人们的交流方式，同时也为记者和新闻带来新的机遇和挑战。因此，美国新闻院校也在积极开设新课程和新项目以应对行业发展潮流。文中[14]给出的一系列实例中包括南加州大学的“谷歌眼镜”和密苏里大学新闻学院的“科学调查性报道/无人机新闻”，让学生有机会测试这些新工具在报道中的作用。同样的，哥伦比亚大学的 TOW 数据新闻研究中心于 2014 年夏季针对“传感器新闻”开设了一个为期 4 周的特别课程，探索教育学生用传感器（包括摄像头在内）在真实世界中获取数据，分析数据并写出新闻的方法。

该文最后还称[15]，体育新闻已经成为当今美国媒体增长最快的领域之一，与新闻行业总体缩减的趋势相反。与此同时，新闻院校中开设体育类新闻课程的热潮也正在蓬勃兴起。亚利桑那州立大学董事会 2014 年 11 月批准了体育新闻的学士和硕士学位项目，从 2015 年秋季学期开始招生。该专业的学生将有机会为专业新闻媒体报道大学和职业体育比赛，并将在凤凰城和洛杉矶的体育新闻机构的专业记者的指导下进行实习工作。南加州大学也在 2014 年秋季学期开设了一门体育新闻课程“体育与媒体技术”。马里兰大学的体育新闻中心近期也推出了新课程“体育新闻如何构建我们的世界”，由马里兰大学菲利普·玛瑞新闻学院由一位兼任美国 ESPN 体育频道“Around the Horn”特约专家评论小组成员的教授任教。该教授运用媒体框架理论来探索体育媒体在进行体育报道时产生的文化和社会影响。

四、密苏里新闻学院在媒体融合教育领域里的探索和创新

密苏里新闻学院于 2005 年开始成立媒体融合（亦称为融合新闻）系，在美国新闻教育界并不是最早开始此类专业的新闻传播学院。但密苏里新闻学院的媒体融合专业特别注重自己的创新和特色，将培养全能记者和富有多媒体团队合作精神的记者结合起来，并不盲目地追求全能，强调的是培养擅长运用各种多媒体技能、并能与擅长不同媒体平台技术的同事配合默契的新型新闻传播人才。密苏里新闻学院的做法具体有以下经验。

1. 完善专业师资队伍建设，注重媒体融合实践能力

诞生于 1908 年的密苏里新闻学院是全美乃至全世界第一所新闻学院，

一百多年来为全美和全世界的媒体和新闻传播教育单位培养和输送了大量的媒体行业精英和研究人才。目前，该院主要有媒体融合、杂志新闻、摄影新闻、纸媒和数据新闻、广播电视新闻、战略性传播和电视纪录片7个系（现亦称为序列或领域），其中的媒体融合系的课程设置牢牢把握着新闻传播业的最新发展趋势。

密苏里新闻学院媒体融合新闻系自2005年成立以来，已经建立起来一支较为成熟的媒体融合师资队伍。媒体融合新闻系刚创办时只有迪恩·米尔斯、迈克尔·麦金和琳达·克拉克斯伯格三位全职教授。迪恩·米尔斯早年曾任《巴尔的摩太阳报》驻莫斯科记者站站长，之后又任该报驻华盛顿特派记者，报道过“水门事件”，具有丰富的纸媒采访和编辑经验，1989年后任密苏里新闻学院院长至2015年6月30日。琳达·克拉克斯伯格曾在美国5个电台、电视台担任过记者和新闻制作，1993年任教于密苏里大学新闻学院后，特别注重广电媒体与因特网的互动，对媒体融合系学生在广电媒体采访技巧、非线性编辑、录音剪辑、超文本html写作和网页制作等诸多课程方面的教学游刃有余，现任密苏里新闻学院副院长。迈克尔·麦金教授也曾在美国多家广电媒体工作，后来就任密苏里新闻学院广电系主任和媒体融合系首任主任，现任院未来实验室主任兼任密苏里大学未来媒体优势中心主任。

除了三位全职教授之外，密苏里大学新闻学院媒体融合系还聘请了在《德梅因登记者报》和美联社先后担任25年摄影记者和摄影编辑的凯伦·米切尔女士、在《芝加哥论坛报》担任多媒体报道助理执行总编多年的马克·希诺乔斯先生和曾在坦帕多媒体新闻中心工作、素有“媒体融合采访女皇”之称的维多利亚·林女士[16]担任兼职教授，她们尤其注重培养学生在摄影、视音频录制和采访现场超文本写作等媒体融合实地采访能力，这三位陆续成为媒体融合系的全职教授。2008年，密苏里大学新闻学院还聘用了曾任《芝加哥论坛报》数据新闻编辑的艾米·西蒙斯和曾任《哥伦比亚密苏里人报》执行总编的鲁本·斯德恩开设了多门新的媒体融合课程。截至目前，密苏里新闻学院媒体融合系共有涉及媒体融合采访、编辑、制作、管理、营销、移动终端应用程序开发等课程讲授的8名全职教授。此外，媒体融合系还聘请网络公司newsy.com的专业人士，以兼职教授的身份讲授新型网站设计、运营、管理和销售等方面课程。

2. 针对媒体融合发展趋势，建立健全课程结构设置

建院100年以来，美国密苏里大学新闻学院一直遵循着“干中学新闻”的独特教育方式（即“密苏里方法”，The Missouri Method）[17]。媒体融合系的授课教师大多是来自于媒体融合实践的前沿阵地，因此对多媒体平台的特点、运作和技术了如指掌。在授课过程中，媒体融合系的老师们主要采用2—4人团队授课的方式，这种团队授课的方式可以使老师将自己在某媒体平台上最擅长的本领传授给学生，这种授课形式也使学生在校学习期间即开始适应与不同媒体平台的同事合作的多媒体工作方式。

媒体融合主方向课程要求学生学习多媒体平台知识和技能的同时，强调要以某一媒体平台作为学生自己的主学习方向，并且需要学习至少两门主方向课程方可毕业，以避免“万金油”式的毕业生出现。媒体融合专业学生的主学习方向主要有全媒体、广电新闻、信息图表设计、国际新闻报道、调查新闻、数字新闻、网络新闻、摄影新闻、纸媒版面设计、纸媒编辑、纸媒报道和电视新闻制作等。

媒体融合系的学生第一年主要学习“新闻从业定向”和“新闻原则”等通识课程。第二年上学期学习“跨文化新闻学”和“基础新闻”等课程；第二年下学期学“多媒体新闻报道基础”。其中的“多媒体新闻报道基础”课程，特别强调在新闻背景下对摄影、摄像和音频制作基本技术的学习和掌握。和媒体融合系的其他课程一样，“多媒体新闻报道基础”课以新闻采访项目带动授课教师的团队授课和学生的团队学习。媒体融合系的未来实验室和其他课室，将其苹果电脑台式机布局成聚合式的工作站，极大地方便了不同媒体平台、不同媒体学习方向的学生共同进行的团队式学习和老师的团队式授课。自2010年秋季学期开始，“多媒体新闻报道基础”课已经成为全院本科所有学生的专业必修课。

媒体融合系的学生第三年上学期将学习媒体融合的核心课程“媒体融合采访”。该课程仍然采取学生“团队式学习”和老师“团队式授课”的教学模式，该课程每周在未来实验室里进行一次，由每个学生团队提出三个新闻故事的主意，并就每个新闻主意的采访、编辑、制作和在不同媒体平台上的呈现方式向全班进行解说，由全班同学和授课教师提出建议。新闻故事的作品最终完成后，授课教授将根据故事的特点决定在该院所属的商业或公共媒体平台上发表。例如，有一组学生在报道当地的一个黑人福音合唱团时，就首

先在《哥伦比亚密苏里人报》上发表了一篇篇幅较长的新闻特写，并配以一幅照片；随后该组学生又在《密苏里人报》网站上刊发了篇幅较短的新闻故事及相关黑白组成的配乐照片秀；媒体融合系的学生第三学年下学期将主要学习媒体融合核心课程“媒体融合编辑和制作”，通过对这门课程的学习，学生可以对采访后的新闻故事作品进行编辑和制作，并在老师的指导下生产出适合不同媒体平台刊发的多媒体新闻作品。

媒体融合系的学生第四学年上学期将学习第二门媒体融合主方向课程和其他媒体融合专业或非本专业的选修课；第四学年下学期将主要学习“融合媒体报道、编辑及营销”。作为媒体融合专业的顶石课程（英语称 Capstone course），该课程长达一个学期，主要采取学生团队式学习的教学模式，团队由媒体融合主学习方向不同的学生组成。学生们首先需要通过翔实的媒体市场调查，以确定自己顶石课程的项目题材和内容，并且还要以营销的模式来为自己的项目寻找一个可以提供项目开发资助或者是相关软件和数据方面支持的客户。课堂教学每周在未来实验室里进行一次，由授课教师针对课程中的讲解部分、媒体融合项目的采访、编辑及营销过程中的问题和难点、多媒体平台的合作技巧和团队精神、学生与客户之间的合作等集中进行讨论和解决。第四学年下学期学生们则要完成最为关键的“融合媒体报道”“编辑及营销”课程和其他选修课。这些课程针对媒体融合的实践，强调展现全能记者本领和多媒体平台合作技巧的媒体融合毕业设计课程。

3. 与高新传媒科技公司合作，满足媒体融合市场需求

媒体融合专业学生在第四学年下学期还需要修一些选修课程，其中就包括迈克尔·麦金教授[18]与密苏里大学工学院电脑专业的教授共同合作上课的移动媒体客户端等高新传媒科技开发和运用课程。该课程的实施模式与媒体融合专业其他关键课程相似，学生依然采取团队式的学习，团队由新闻学院和计算机系的学生组成。老师通过相关的媒体市场调查，定位每学期的高科技公司和媒体公司，以锁定需要研发和运用的高新传媒科技和媒体公司的需求，并获得相关科技公司和传媒公司在技术、软件和资金上的一定支持。之后，两位老师便围绕相关媒体科技的发展水平和媒体公司的需求进行新闻传播和计算机编程方面的授课，学生也在这两个框架下研发各自团队的解决方案。学期结束前由授课老师、高新传媒科技公司、传媒公司科技研发人员和他们的市场营销专家联合给学生团队的研发演示进行打分和评论并选出最佳

的创新和解决方案。

2009 年，媒体融合专业的高新传媒科技开发和运用课程中了高新传媒科技公司——苹果公司，课程的任务是为 iPhone 设计出具有特色的应用客户端 APP。获得该学期课程创新项目第一名的是由托尼·布朗、马振华、王丹和庄鹏组成的团队，他们设计的 APP 叫作“就近购买”（Near Buy）。由于密苏里新闻学院所在地密苏里州哥伦比亚市是一个为 11 万余人的大学城，大量的师生需要租房和买房。“就近购买”可以让下载这个 APP 的 iPhone 手机用户使用谷歌地图等软件和当地房地产公司的信息，非常方便和直观地了解自己所定位房屋的一切细节，有助于他们的租房或买房决策。由于这个 APP 客户端产生了可观的用户，同时也吸引到一些广告商和赞助商，让他们掏钱在这个 APP 上刊登售租房的广告和进行赞助活动，这个 APP 的应用软件在当年网上苹果店的免费新闻 APP 排名里长时间地处于第 7 名的位置。后来，该课程获得第一、二名的团队还和任课老师一起应邀到苹果总公司，向该公司的编程和市场营销专家展示他们的 APP，并和斯坦福大学的学生团队进行交流和切磋。

2010 年，媒体融合专业的高新传媒科技开发和运用课程锁定的高新传媒科技公司是 Adobe Systems 公司，课程的任务是为 Adobe 新推出的 Flash Catalyst 软件探索在媒体内容处理领域里的广泛用途。密苏里新闻学院获得了美国赫斯特集团在这个项目上的支持，使得该课程的学生团队尝试将 Flash Catalyst 软件应用于赫斯特集团多个媒体产品的内容处理。该年的这门课程还在复旦大学新闻学院得到了延伸，10 多名复旦大学的学生团队也在上海参加了这门课程的实施。当年 5 月，复旦新闻学院团队和密苏里新闻学院的两个获胜团队一起应邀到 Adobe 位于硅谷的总部去演示他们的课程项目。

2011 年，媒体融合专业的高新传媒科技开发和运用课程锁定的高新传媒科技公司是谷歌公司，课程的任务是和赫斯特集团创新部一起为谷歌开放的安卓（Android）移动媒体系统设计出一款新闻游戏 APP，目的是探索游戏的参与者能否在游戏的过程中获得对新闻事件追踪、发布和与别人分享的激励。5 名由密苏里大学新闻学院、商学院和工学院学生联合组成的团队参加了该课程项目，课程的技术支持则来自谷歌公司、Adobe 公司和美国著名的移动通讯公司之一 Sprint。

正是由于切合了媒体融合市场的需求，密苏里大学新闻学院媒体融合系的本科、硕士毕业生的就业状况是非常理想的。2008 年 2 月时任媒体融合系主任的麦金教授在接受采访时指出，2007 年第一批媒体融合专业的学生毕业后已经全部找到了工作。例如，该专业一位在自己的电子式求职作品集里加入互动信息图表式简历[19]的学生——克里斯托弗 ·斯泊洛克，已于 2012 年 5 月正式担任《赫芬顿邮报》网站的信息图表设计编辑（现在调动到《圣路易斯快邮报》任网络互动图表编辑）。2008 年硕士毕业于该专业的中国女研究生吴楠，毕业后任《华尔街日报》网站多媒体编辑。她在该报网站上发表的多媒体互动特写《中国房地产市场：转折点到来了吗?》[20]，运用视频、音频、文字和互动信息图表，生动、直观和形象地展现了中国房地产市场运作现状、国家的相关调控政策、权威专家的评论、十大核心城市的房地产价格和市民与房地产市场的关系等多方面的新闻和信息，并且还有邀请受众参与相关问题投票的互动环节，获得不俗的社会反响。

4. 针对大数据时代前景，培养新型的媒体人才

针对大数据时代的发展前景，2008 年密苏里大学新闻学院利用 3100 万美金的捐赠成立了“雷诺兹新闻研究院”，以便专门研究大数据时代新闻和资讯采访、编辑、重新整合和散发传播所涉及的新技术和新模式；在此之前密苏里大学新闻学院还建立了未来实验室，由媒体融合系首任主任迈克尔·麦金教授担任未来实验室的主任，琳达·克拉克斯伯格接任了媒体融合系主任。琳达·克拉克斯伯格上任后，针对美国新闻传播业界在媒体融合战略运营当中为原创内容的制作、重新整合、分享和多次利用而研发和使用的超级数据平台和内容管理系统（Content Management System）以及在美国网站和移动媒体终端的应用程序（APP）上所大量出现的数据视觉化（Data visualization）趋势，聘用曾任《芝加哥论坛报》数据新闻编辑的艾米·西蒙斯、曾任《哥伦比亚密苏里人报》执行总编的鲁本·斯德恩和曾任《加利福尼亚人报》执行总编并创办该报互动媒体部的迈克尔·詹那，并开设多门新的媒体融合课程，并开始在媒体融合系着手培养新兴媒体分析师、网页设计师、多媒体销售经理、多媒体内容监制、互动图表或信息图表设计师、节目研发员、数据营销经理、多媒体新闻部协调人、多媒体内容管理系统协调人等新兴媒体人才。

五、结语

眼下，新兴科技正迅速而又全面地渗透到各种媒体平台运营的完整流程当中，在新闻资讯和娱乐内容的输入、制作、包装、产出和呈现等几乎所有环节上都留下了精彩的印记，并且使数据化的内容生产过程更加高效。虚拟现实（Virtual reality）、增强现实（Augmented reality）和混合现实（Mix reality）[21]等能使观众产生“浸润式”感受的技术和设备又在向我们新闻传播学院等专业提出新的人才要求。科技无疆，创意无限。在业已成立了11年的媒体融合专业的基础上，密苏里新闻学院将会在专业设置、课程创新和人才培养等方面继续进行新的探索。(鸣谢密苏里新闻学院赵红等研究生参与本文部分引用文献的翻译)

参考文献

［1］ HAMMOND, S. C., Peterson, D., & Thomsen, S. Print, broadcast and Online convergence in the newsroom. Journalism and Mass Communication Educator, 2000, 55, 16—26.

［2］QUINN, Stephen. Convergent Journalism: The Fundamentals of Multimedia Reporting. New York City: Peter Lang Publishing, (0820474525), 2005, P. 133.

［3］University of Kansas William Allan White School of Journalism and Mass Communications' Journalism Graduate Program Course Descriptions. Retrieved on November 25, 2011 from http://www.journalism.ku.edu/academics/grad_course_desc.shtml.

［4］TANNER, Andrea & Tonya, Duhé. Trends in Mass Media Education in the Age of Media Convergence: Preparing Students for Careers in a Converging News Environment. Studies in Media & Information Literacy Education, 2005, 5 (3): 1—12.

［5］［6］HUANG, Edgar, Karen Davison, & et al. Bridging newsrooms and classrooms: Preparing the next generation of journalists for converged media. Retrieved on November 26, 2011 from http://scholar.googleusercontent.com/scholar?q=cache:o_7QVhBDp7cJ:scholar.google.com/+teaching+convergence+journalism+curriculum+in+school+of+journalism&hl=en&as _ sdt=0，26.

[7]—[15]艾米丽·沃兹曼，2014.“新闻学院增加体育和新兴技术方面课程”.《美国新闻评论》. 英文原文链接：http：//ajr. org/2014/12/18/journalism-schools-add-courses-sports-emerging-technology/.

[16]维多利亚·林（英文名为Victoria Lim）曾在坦帕多媒体新闻中心担任多媒体记者十多年，具有卓越的现场多媒体技巧，在业内享有“媒体融合女皇”之称号。2009至2010年曾在密苏里新闻学院担任全职特聘教授。现在佛罗里达坦帕Bright House体育新闻集团任记者。参见http：//victorialim. com/convergence. htm.

[17]密苏里新闻学院在学院成立的那一天起就创办了现在的《哥伦比亚密苏里人报》。以后随着科技的进步，分别创办了美国公共广播电台分台KBIA、全国广播公司电视分台KOMU和多个网站。这些媒体全是按市场规律运营的商业媒体，主要编辑和领导由教授和专业人士担任，普通编辑、记者、制作、版面设计、摄影摄像记者等则全由修不同课学生担任。这些媒体是刊登和播出学生新闻和其他内容的载体。

[18]MCKEAN，Mike. A Multimedia Manifesto. Retrieved on November 27，2011 from http：//syndicate. missouri. edu/articles/show/76.

[19]参见克里斯托弗·斯泊洛克个人网站，http：//cjspurlock. squarespace. com/.

[20]参见吴楠等的多媒体互动特写：“中国房地产市场：转折点到来了吗?”http：//online. wsj. com/article/SB10001424052748704764404575286060469264510. html.

[21]天熙文化（幻音坊）“VR、AR、MR：看完这篇文章，我再也不混乱了”，参见http：//wtoutiao. com/p/1e1FFko. html.

【通讯作者】章于炎：密苏里大学新闻学院中国合作交流项目主任、博士。

稿件收录时间：2015年10月。

媒体融合：重构媒介生态竞合新图景

季为民　聂　双

摘要：随着信息技术的广泛应用和创新发展，以互联网为传播平台的新媒体打破了传统媒体对信息传播的时空限制，日渐成为公众了解社会、获取信息和互动交流的重要渠道，迫使传统媒体加速与新媒体的业态融合，“媒体融合”已成传统媒体创新发展、转型升级的现实选择。如何认识当前媒介生态、推动媒体融合深度发展，成为业界一个值得深入研究的课题。本文结合对媒体融合和媒介生态概念和现实背景的分析，对信息技术、网络技术主导下的新媒体媒介生态的媒体融合问题作了剖析，提出现代信息技术打造的新媒体带来了信息传播的革命，也勾画着媒介传播生态的新图景，传统媒体只有主动转型实现媒体融合，并适应互联网和信息技术主导下与新媒体的竞合媒介生态，才能找到构建新型媒介生态助推媒体融合的方向与出路。

关键词：媒体融合　媒体生态

2015年4月11日，第十届中国传媒年会发布《2014年中国传媒创新报告》，推出了2014年全国报刊业创新“十大案例”：光明日报社推出融媒体；澎湃新闻上线；广州日报报业集团成立“中央编辑部”；浙报集团推出“新闻＋服务”发展路径；华西都市报社启动“i战略”；杭报集团构建“1＋3”全媒体矩阵；《都市快报》微信进入国内媒体影响力第一阵营；阿里巴巴探索“电商＋报纸”创新模式；《瑞丽》杂志与视频相融合；《浙商》杂志打造新的平台生态圈。其中，前九项均为媒体融合案例。

随着信息技术的广泛应用和创新发展，以互联网为传播平台的新媒体打破了传统媒体对信息传播的时空限制，日渐成为公众了解社会、获取信息和互动交流的重要渠道，迫使传统媒体加速与新媒体的业态融合，“媒体融合”已成传统媒体创新发展、转型升级的现实选择。如何认识当前媒介生态、推动媒体融合深度发展，成为业界一个值得深入研究的课题。

一、概念和背景：媒体融合需要营造和谐的媒介生态

对“媒体融合”（media convergence）概念的认识和关注开始于 20 世纪 70 年代。1978 年，麻省理工大学教授尼古拉·尼葛洛庞帝在《数字化生存》一书中提出了“媒体融合”的设想，预言了电脑业、印刷出版业以及广播电影业正在和即将趋于融合。1983 年，美国马萨诸塞州理工大学的伊契尔·索勒·普尔正式提出了“媒体融合”概念。他在《自由的科技》一书中提出数码电子科技的发展导致历来泾渭分明的传播形态开始聚合，如报业、广电业、电信的边界将慢慢消失，各种媒介呈现出功能一体化的趋势。随后，美国新闻学会媒介研究中心主任 Andrew Nachison 将媒体融合定义为：“印刷的、音频的、视频的、互动性数字媒体组织之间的战略的、操作的、文化的联盟。”2005 年，中国人民大学新闻学院教授蔡雯把“媒体融合”概念引入中国并加以阐释。她指出，“媒体融合”不仅是指各种媒介（组织）之间的合作模式，还是各类型媒介通过新介质真正实现汇聚和融合形成的一种独立运行、流程完整、操作规范的新闻生产模式。

经过理论与实践的探索，“媒体融合”概念从狭义媒体功能一体化（即不同媒介形态“融合”后“质变”形成一种新的媒介形态，如电子杂志、博客新闻等），拓展到广义的“媒体融合”，包括一切媒介及其有关要素的结合、汇聚甚至融合，不仅包括媒介形态的融合，还包括媒介功能、传播手段、所有权、组织结构等要素的融合。

“媒体融合”势必引发媒介产业的革命，引起“媒介生态”的竞争合作业态关系的重构。“媒介生态”（Media ecology），最早是由麦克卢汉在 20 世纪 60 年代提出的概念，是传播学和生态学交叉的产物，它认为任何传播行为和传播现象都离不开媒介生态的大环境。这种大环境包括政治生态、经济生态、人文生态以及媒介内生态。新闻媒体与新闻传播工作要获得可持续发展，就必须与时俱进，在传播内容和传播方式上不断创新，并且在激烈的市场竞争中保持内部生态的和谐。

在现代信息技术、网络技术推动下，新媒体带来了信息传播途径方式的革命，使全球化、“地球村”成为 21 世纪媒介传播生态的新图景。新媒体的迅速兴起加快了国内传统媒体主动转型并与新媒体快速融合的步伐，大规模的媒体融合已经成为一种必然趋势。但是，到目前为止，国内大规模的媒体

融合还处在起步阶段，媒体之间的融合主要还是报纸与网络之间，广播、电视与网络之间的单向融合，传统媒体的转型和整合大都只在内部妊娠并发育出电子版媒体模块。要深入探讨“媒体融合”这一信息时代背景下媒介产业发展的重要理念，就必须将其置于互联网和信息技术推动下竞合关系媒介生态图景中进行观察，比如通过对传播技术和平台的研发与创新、运营理念和流程的更新与改造、职业意识和精神的塑造与内化以及政策资源和机制的积淀与改革等方面的研究，来探寻传统媒体与新媒体有机整合的路径，实现竞争之下的融合、融合之上的竞争。只有这样才能形成媒介间的互利共赢的局面。这种融合将有利于媒介与媒介之间权力和资源分配的适度平衡，有利于营造和谐的媒介生态。

二、认识和剖析：媒介生态失序凸显媒体融合瓶颈

进入新世纪后，新兴媒体的裂变式发展，改变了传统的舆论引导和传播格局，舆论生态更加复杂，给新闻传播工作带来全方位、深层次的影响。传统媒体被边缘化，主流媒体的议题很难成为主流舆论，主流舆论难以有效传播主流声音。做好媒体融合，实现传统媒体与新兴媒体的转型升级、互补共赢，就要对信息技术、网络技术主导下的新媒体媒介生态有清醒的认识：

（1）传播技术和平台的研发、创新不足造成了产品形式跟风多模仿多雷同多，过度媒体化带来话语秩序的失衡。主流媒体的媒体融合多处于被动跟进，技术终端原创性较差。

在数字时代，新媒体凭借易技术复制和低成本运作的优势而呈现出快速发展的态势，数量庞大的客户端、社交媒体、即时通讯工具、自媒体等规模化地进入媒体领域，传统主流媒体机构的生存空间受到空前的蚕食和挤压，过度媒体化使自主传播抢夺专业媒体话语权，新媒体舆论呈现众生喧哗的失序状态。据统计，在2013年100个热点传播事件中，由网络大V等主导的占了近一半，且七成左右的首发平台是新媒体。同时，这也迫使主流媒体为代表的传统媒体通过资源重新配置向新媒体转型，使新媒体的资源快速聚集，内容供给丰富，加剧了话语权的争夺。

传统媒体的融合求变并未收到立竿见影的效果。在这个过程中，互联网技术的不断革新，特别是手机的介入，为人们提供了更多信息消费途径，这直接导致报纸等传统媒体读者群的流失。一些传统媒体，尤其是报纸，迫于

订户急剧下降的现实，不得不停止出版纸质报纸而转向数字化产品。传统媒体，特别是报业，为了应对新媒体的挑战，先后采取了一系列变革措施：建网站，做电子版、用彩信、设微博、发微信、推手机客户端等，但传统媒体数字化转型成功的案例却寥寥无几，最终也难以摆脱给几大门户网站无偿提供内容的“打工”命运，而彩信、微博、微信等平台因受制于运营商的控制，以致不能完全体现自身的原创性，很难引起受众的关注。而网络受众更倾向于访问新闻内容集成度高且整合定向发布信息的门户网站，传统媒体的媒体融合之路似乎越走越窄。

（2）过度强调互联网思维，以低成本无序竞争策略推进媒体融合；以单纯占领市场为目的，而放弃提升用户的服务水准和实现网民的权益保护。

互联网思维主导下的新媒体靠低成本占领大量市场份额，无序竞争引发业态环境失衡。互联网运营的理念更新很快，免费或让利策略制造了不少成功的媒体市场营销案例，但没有雄厚的资金实力和准确的市场策略很难实现这种运作。这对传统媒体的资本运作模式、赢利模式都是颠覆性的。伴随大数据、云计算技术迅猛发展，新媒体产业所占的市场比重还会不断上升。在美国、日本、韩国，新媒体产业所占比重已经高于传统媒体产业。但问题是，许多新媒体不太注意为网民提供良好的用户体验和隐私保护，信息外泄和黑客攻击极易损害用户的权益。媒体融合的终极目标和成功体现应该在于赢得受众和用户的认可。如果传统媒体只是为了市场竞争而推出不切实际的媒体融合方案，不顾受众的感受和接受程度，最终会失去服务对象的支持，反而弱化了自身的市场活力。

根据2014年美国消费者满意度指数调查，社交网站在各类企业中的消费者满意度十分靠后。ACSI主席兼创始人克莱斯·福内尔说：“很少有一个增长迅猛的行业出现如此之低的用户满意度。倘若不改善这一问题，他们的长期前景可能受到威胁。”2015年2月3日，全球调研巨头凯度集团连续第二年发布了《中国社交媒体影响报告》，其中社交媒体满意度调查显示，中国用户开始担心社交媒体给生活所带来的影响——只有64.7%的受访者认为社交媒体带来了正面影响，与去年相比大幅下降了12.1%。

（3）媒体融合过程中过度商业化和扁平化的运作，简化了严格的编辑程序和专业规范，可能引发新闻职业意识和专业精神的弱化，加之新媒体自由度高增加了管控难度，导致媒体品位下降，加剧媒介生态环境的失序。

传统媒体有优良的职业道德传统，强调媒体要担当社会责任和社会公义。

为了保证这一传统，对新闻从业者进行了较系统的专业训练和教育，并有较为严格的准入要求。而媒体融合过程中的过度商业化操作可能导致一些媒体的新闻职业意识和专业精神选择性失衡。新媒体从业者准入门槛较低，往往缺乏专业训练和教育，很难保证其新闻产品的专业水准。同时，新媒体企业如果一味追求商业利益，或者为追求短期的商业利益不择手段甚至采取违法的行为，不惜以虚假信息、低俗内容吸引受众，使社会效益让位于经济效益，那么必然导致媒介品位庸俗化、低级趣味化，从而严重污染媒体生态环境。

另外，新媒体的互动开放和海量内容提升了其自由度，却也增加了核实和管理难度。“在数字化时代，距离的意义越来越小。自由性使社会之间的界线变得更具有穿透性。”① 少数人利用新媒体的平台“自由”传播，致使失实报道、网络谣言、负面信息等内容失控，阻碍了和谐媒介生态的构建。

(4) 媒体融合的政策资源供给不能满足新媒体管理机制探索和实践的需要，传统政策壁垒和规制管理方式不适应新媒体的运作，已成为制约推动媒介融合、实现媒介生态和谐有序的瓶颈。

我国的传统媒体主要实行“事业单位企业化管理”，同时倡导企业化、市场化、产业化运营，在不同媒体间形成了“条块分割、以块为主”的管理格局，不同部门之间壁垒重重，难以准入，给媒体融合增加了难度。尽管近几年来改革力度很大，对新媒体少了一些管制和束缚，但是行业、部门利益之争却依然存在。比如，网络电视因为兼容了电信、网络和广电内容，其发展受工信部、文化部、新闻出版广电总局等部门共同监管。当电信运营商进入广电领域，行业之间的利益纷争便成为其发展的障碍，手机电视的发展也受到了一定的控制。此外，媒体融合还面临着因行政区划而引起的困扰，地方市场几乎是被当地媒体集团所垄断，重复建设将造成媒介资源的浪费和流失。在这种体制下，报纸、电视、电信、广播等传统媒介各自发展成为相对独立、完整的产业链条，并且形成了各自的管理体系。正是这种媒介规制的分立与交错，导致我国目前媒介管理既在政策上有森严壁垒又在实务上混沌不清，产业壁垒难以打破，“三网融合”、报纸与广播电视的融合难以推行。分割管理、行业利益、地方保护，形成了媒体融合的政策壁垒，成为构建竞合有序的媒介生态的最大障碍。

---

① 罗崇宏：《网络媒介生态环境及消极影响》，《湖南科技学院学报》2011年第2期。

三、方向与出路：构建新型媒介生态助推媒体融合

2014 年 8 月 18 日，中央全面深化改革领导小组第四次会议审议通过了《关于推动传统媒体和新兴媒体融合发展的指导意见》，对新形势下如何推动媒体融合发展提出了明确要求。习近平总书记在中央全面深化改革领导小组第四次会议上强调，推动传统媒体和新兴媒体融合发展，要遵循新闻传播规律和新兴媒体发展规律，强化互联网思维，坚持传统媒体和新兴媒体优势互补、一体发展，坚持先进技术为支撑、内容建设为根本，推动传统媒体和新兴媒体在内容、渠道、平台、经营、管理等方面的深度融合，着力打造一批形态多样、手段先进、具有竞争力的新型主流媒体，建成几家拥有强大实力和传播力、公信力、影响力的新型媒体集团，形成立体多样、融合发展的现代传播体系。这为媒体融合发展指明了方向，将给媒体业带来一次难得的发展机遇。作为中央全面深化改革的一部分，构建新型媒介生态的政策和体制瓶颈正在破除，媒体融合成为传媒产业发展的国家战略。只有遵循新闻传播的基本规律，既要发扬传统媒体的优势，又要具有互联网的新型思维，在内容、渠道、平台、经营、管理等方面进行深度融合，才能通过媒体整合构建和谐有序的媒介生态，取得媒体融合的新突破。

第一，媒体融合要实现全媒体框架下的流程再造。

目前，多数传统媒体和新媒体还不能实现这种互联网思维下的运营理念更新和和生产流程再造。为了实现低成本的媒体融合流程改造，全媒体策略成为传统媒体的可行选择。全媒体策略是通过将多种不同的媒体形态组合在一起，尽可能在较大程度上实现多种媒体资源的共享，从而适应不同传播主体或同一传播主体在不同环境下的信息传播和接收需求。

全媒体策略对媒体的运作理念和流程再造提出了全新的要求：建立全媒体新闻中心，发挥传统媒体采编资源和新媒体传播速度快、范围广的优势，对信息传播内容、流程进行再造，使新闻中心成为跨越传统媒体和新媒体的综合平台；注重提高媒体从业人的技能，强化“一人多能，身兼数职”同时完成传统媒体采编任务和新媒体即时发布的职责的工作模式；打造全媒体新闻中心平台对所有采编的信息内容进行统一调度，按照不同媒体的特点和需要进行“新闻生产”，打造全媒体立体传播，实现传统媒体、新闻网站、APP终端等实时编播的“全媒体”产品生产流程融合体。流程再造的目的是服务

于新闻产品的内容融合。传统媒体的优势在于内容生产，其权威性和公信力是新媒体无法比拟的；而新媒体在受众、渠道、传播方式上的优势，又是传统媒体难以达到的。进行内容上的融合，既能发挥报纸在新闻原创方面的优势，又能借助新媒体的创新技术，可以使二者相互借势利用，降低内容生产的成本，提高内容的使用率，实现内容增值，从而扩大内容的影响力，谋得共赢。数字技术让不同介质的内容生产走向了融合，实现了“一次生产、多次加工、多功能服务、多载体（渠道）传播”。

这方面已有一些成功案例。比如，2014年底，广州日报报业集团成立了全媒体编辑部，通过调整完善顶层设计、组织架构、采编流程、管理考核，建立起一体化运作的全媒体内容生产体系，解决了不同媒介之间优势互补、一体化融合发展的根本问题。和广州日报报业集团一样，温州都市报目前也已建成“中央编辑部”，并在体制机制上完成了全面改造，在内容平台上形成了日报、周刊、网络、手机客户端、官方微博、公众微信和视频等七大平台，彻底实现了全媒体传播，并取得了很好的效果。再如，《纽约时报》的专题报道《Snow Fall（雪崩）》尝试以多媒体的方式进行全方位报道。该报体育记者约翰·布朗奇耗时半年，对喀斯喀特山滑雪场所发生的雪崩进行调查和信息采集，然后制作了一篇集文字、照片、视频等多种呈现方式的报道，讲述了6个扣人心弦的故事，荣获普利策奖。

第二，实现媒体融合要重视全媒体专业人才的培养。

传统媒体很早就通过创办网站开始了媒体整合的探索，然而真正获得成功的寥寥无几。根本原因在哪里？除了时机和方向有问题之外，最关键的是人才问题。一些传统媒体往往认为，报纸的网站甚至包括官方微博、微信、客户端不过是报纸内容的延伸和复制平台，而没有真正以互联网的思维运作这些新媒体，忽略了新媒体本身的发展规律，没有充分认识和了解新媒体的传播途径、受众群和影响力。所以，报纸向全媒体转型，首先要解决的是思路和方向问题，即要用媒体融合的理念决定策略和行动，转变过去一贯的“媒体本位、内容为王”的旧思维，一切从用户和市场的需求出发，树立用户意识和市场意识。同时，打通内容、渠道、技术之间的壁垒，培养一批既精通内容生产又懂渠道、懂技术的复合型人才，即全媒体人才，以适应全媒体发展的要求。

媒体融合的重中之重是培养全媒体人才。要从融媒体人才队伍的培养和管理入手，启动传统媒体的转型之路。在人力资源的统筹使用上，注重提高媒体从业人员的技能，强化“一人多能，身兼数职”的工作模式，注重专业人才的专业精神塑造。对于转变认识和人才培养，不少纸媒已开始了一些有益尝试。浙江日报报业集团早在2013年底就开始对所有采编人员进行了全媒体融合创新专题培训，引起业界强烈关注；为适应融合发展需要，今晚报制定了“百名人才规划”，培养一大批懂业务、善经营、会管理、擅用新媒体的复合型人才。

媒体融合不能只是传统媒体、新兴媒体之间的融合，要立足长远，新闻教育界也要有所作为。在新闻人才培养方面，让新闻专业的学生了解融媒体的趋势、方向。把媒体融合教育作为高校的重要课题给予更多的关注和积累，让新一代媒体人适应融媒体的生产流程、组织运营和社会目标，让新一代媒体人充分掌握融媒体技术，为中国媒体融合发展培养人才、储备人才。

第三，实现媒体融合要重塑媒体和受众、用户关系。

在传统媒体的思维中，媒体是新闻内容的提供者，而读者是接受者，即受众。生产什么内容，以什么方式输出，全由媒体自己做主。媒体与受众之间，互动很少，是单向的“给与受”的关系。而进入新媒体时代，受众的角色发生变化，他们不再是被动的接受者，而是“至高无上”的用户。

媒体融合要树立用户观念。传统媒体在进行媒体融合时，要充分考虑用户因素，深入进行用户调查和市场分析，根据用户的具体需求和媒体的自身条件，找到能够满足用户需求的传播渠道。“最终考察媒体融合程度的关键性指标，是媒体与用户的融合程度。如果能够达到用户和媒体间的深度融合，媒体融合就成功了。”能否拥有良好的用户吸引力和市场影响力，是媒体融合是否成功的一项重要指标。一切以向用户延伸、满足用户需求为目的。摒弃脱离市场和用户的一厢情愿，才可能建成具有用户吸引力和市场影响力的融媒体。2014年，中国经营报根据市场需求把采编人员分成多个项目团队，以产品经理和客户经理为代表，实现不同工种人员的跨界合作。这种新型组织形态既是为了满足客户需求，同时也是通过协同作战、取长补短而营造生态化的良性媒体环境。

在发展基础性平台项目的同时，要考虑产品型项目，将融合平台与融合产品放在同等重要的位置。

第四，实现媒体融合要利用好技术、产业链和资本的协同驱动。

媒体融合是信息技术支持下的媒体平台的融合，需要依托信息技术和多媒体平台的支持。传统媒体与新媒体进行融合，要充分了解各种技术和平台的优势与劣势，将传统媒体内容生产的优势与新媒体技术、渠道的长处相结合，取长补短，一体发展，除了自办网站、微博、微信、客户端等新媒体与传统媒体进行有效互动之外，传统媒体还可以“借鸡生蛋”，和运营成熟的商业网站合作，利用他们已经搭建好的技术平台去扩展传统媒体的影响力，更快捷、更精准地直达特定的受众群，从而获得更大的社会效益和经济效益。

媒体融合需要全产业链经营。在市场经济的大背景下，传媒业的市场化、专业化、全球化成为一种趋势，媒体融合将加速这一趋势。在市场竞争和社会发展的双重驱动下，传统媒体与新媒体通过广告经营、产业辐射、跨界经营等多领域合作，形成一种立体的、连续的、全覆盖的“全产业链”经营模式，实现规范经营决策、资产保值增值、公平参与竞争、提高运营效率、增强企业活力、承担社会责任等目标，在持续发现新的利润增长点和承接社会公共需求之间寻求双维度发展，在追求利润最大化的同时，担负传播文明和文化的职责。媒体要做到多维度发展，就需要保持经营战略决策的前瞻性和敏锐度，在立足主业的同时，深入洞悉社会发展进步的需要，服务受众和用户的不同信息需求，通过跨媒体整合营销形成高效供给适应用户个体需求特点的新媒体产业链。

媒体融合还需要引入多种资本力量协同驱动。媒体融合的技术升级和市场推广需要大量的资金支持，单凭传统媒体自身的资金实力难以支撑。股票市场、债券市场等作为国内资本市场服务创新经济的重要平台，资本市场的助力将为传统媒体融合创新、转型升级提供强大支持。人民网、浙报传媒、粤传媒等媒体在A股市场的探索实践，已经证明了媒体借力资本市场、推进转型升级的可行性与重要性。

现代信息技术打造的新媒体带来了信息传播的革命，也勾画着媒介传播生态的新图景。传统媒体主动转型实现媒体融合已经成为一种必然趋势，并在互联网和信息技术主导下适应着与新媒体的竞合媒介生态。也许，这就是传统媒体蜕变重生的机遇。

【通讯作者】季为民：中国社会科学院—上海市人民政府上海研究院研究员；聂双：中国社会科学杂志社主任编辑。

稿件收录时间：2015年10月。

从智能城市到智慧城市：大学在地方引导力中的角色

Robin Hambleton

姚美君/译　李　喆/校

摘要：由于种种原因，智能城市的概念越来越流行，有人甚至认为当今所有的城市都必须变得“智能”。例如，一些数字技术爱好者认为ICT（信息与通信技术，以下简称ICT）的进步开启了一个新时代：无处不在的电子连接必将给城市带来重要变革，使之更为宜居和民主。本文将以批判的眼光看待这些观点。论文首先揭开智能城市的面纱，事实上，在智能城市理论中主要有三种竞争性的观点：（1）数字城市（强调ICT在城市管理中的重大责任）；（2）绿色城市（反映了“精明增长”使用频率的日益增加，“精明增长”一词源于美国，致力于运用合理的城市规划原则）；（3）学习城市（注重城市学习、联网和创新的方式）。第二部分界定了五个数字危险区域并进行了阐释，通过分析表明致力于提升城市生活质量的学者和政策制定者应该把注意力放在“智慧”而非“智能”上。公民领袖想要创建包容、可持续发展的城市，就该以价值为基础做出判断。仅仅是聪明机智、反应灵敏是不够的，这些在更大的数据取代大数据时也不会发挥作用。大学在城市地方引导力中可以扮演更积极的角色。为了有效地扮演这种积极的角色，他们必须重新思考现代学术的本质。本文将论述越来越多的大学是如何去做的。论文列举了两个例子，阐述了致力于“参与式学术”的城市大学如何在智慧城市的创建中做出重要贡献。

关键词：智能城市　智慧城市　地方引导力　参与式大学

一、前言

数字技术爱好者把智能城市视为灵丹妙药。他们认为当今信息技术的革新将给21世纪的城市带来变革，正如过去电力改变城市一样。怀疑论者则认为这仅仅是一种泡沫式的宣传。还有很多人认为在这两种极端观点的中间地带正在形成一种共识。这种共识认为ICT的进步开启了一个新时代：无处不在的电子连接必将给城市带来变革，使之更为宜居和民主。本文对这种共识提出了质疑。提出质疑并不是为了反对这种观点本身，而是因为种种证据表明智能（正如目前大家所认知的一样）在创建包容性、持续性、民主性更强的城市中发挥的作用微乎其微。

在即将出版的*Leading the Inclusive City*一书中，我提出了一个观点，在全球化速度不断加快的环境下，对加强地方权力的重要性进行了补充，作为观点的一部分，我认为大学在创建更加公正的城市中应该担任更加积极的角色（Hambleton，2015）。该书从全球创新型城市中选取了七个案例来支持我的观点，即地方性公民领袖与根本性社会创新的联合有助于创建包容、可持续发展的城市①。鉴于我现在在中国参加研讨会，因此我必须指出，其中的一个例子是关于广州的公民领袖。在广州，城市的领导者引进了一套高性能、大容量的快速公交系统（简称BRT），是亚洲第一个快速公交系统。书中的一些例子展示了城市如何运用ICT来提高公共服务对市民的响应能力——如芝加哥的“311”和“开放311”服务。

论述中的一个中心观点认为高响应能力的公共服务对包容、民主城市的创建来说是不够的。虽然智能技术的进步（包括最近社交媒体技术的进步）可以提高公共服务的性能，但仍然存在一系列问题：这些技术能否增强当地的民主、给予社会贫民阶层话语权？能否促进社会公平？是否足以应对气候变化和环境恶化？

论文分为五个部分。第一部分阐释了“智能城市”的意义。“智能”一词的滥用使得解释它的意义比看起来更为困难。事实上，在关于智能城市的论战中至少有三种相互竞争且引人注目的观点：（1）数字城市；（2）绿色城市；（3）学习城市。城市的公共政策议程可能会将三种观点结合起来。这具有非

---

① An Innovation Story is a short, structured narrative describing a particular public innovation. It attempts to throw light on how change was brought about and tries to draw out leadership lessons for others. Ideally, it should be co-created by scholars and practitioners working together to generate a plausible narrative of why and how bold public innovation took place. The method was first developed and applied in an Anglo/Dutch study of public sector innovation (Hambleton and Howard 2012).

常大的挑战性，因为支撑这三种观点的核心价值看起来是相互矛盾的。

第二部分界定了数字技术爱好者需要考虑的五个数字危险区域（或者说是危险问题）。这五个问题也许能通过 ICT 战略得以解决，但我表示怀疑。因而文章第三部分提出了一种新的出路：我们应努力超越智能城市理论的限制，更加深入地理解现代城市公共学习和民主创新的本质。虽然世界上某些最成功的城市可能没有采用这种说法，但我相信他们已经接受了我称之为“智慧城市”的理念。智慧城市意味着一座尊崇公正和民主、关心自然环境的城市可以引领包容城市的创建。智慧城市的领导者认识到了新技术对公共服务的价值，他们知道提倡“智能”是毫无意义的。第四部分审视了正在变化的学术本质。在某种程度上，大学对公民领袖和地方创新来说是一个沉睡的巨人。随着现代学术本质的重新定义，我们看到越来越多的大学已经意识到积极参与地方政治事务对双方都大有好处。政府可以调遣大学的学者和资源，帮助提升当地生活质量；大学参与城市建设也能提高学术工作的质量。

第五部分从书中选取两个案例，阐释了前瞻性的大学如何参与地方领导。第一个例子阐述了美国波特兰州立大学（Portland University）如何与市政府及其他伙伴紧密合作，建立持续性和包容性更强的波特兰和俄勒冈州。第二个例子讨论了 CEPT 大学在与艾哈迈达巴德市政府合作规划设计该市的快速公交系统中扮演的角色——努力促进城市的交通可持续和公平。这两个开拓创新的案例阐释了大学如何把学者和学生的知识和智慧运用于紧迫的公共问题。最后，作者针对整个分析提出了一些反思和结论①。

二、揭开智能城市的面纱

近年来关于智能城市的研究如雨后春笋般增长，如今“智能（smart）”一词被广泛用于有关城市管理、城市发展和现代建筑的公共讨论中。数字技术爱好者认为在智能城市中，所有人都将过上富裕的生活，有各种智能建筑和智能的地方可以闲逛，能用上免费的 WIFI。但真的会这样吗？智能城市这个越来越流行的词到底有什么内涵？“智能”是否代表着在理解城市、促进城市发展上的重大突破？还是仅仅是一个已经被误用、丧失了原本意义只具有

① This paper draws heavily on Chapter 11 of *Leading the Inclusive City*（Hambleton 2015）.

表面意义的词？

必须承认，“智能（smart）”这个形容词具有欺骗性。很不幸，这本身就是一个问题。这给怀疑论者带来了麻烦，意味着他们必须理解那些误用人的无知。因此，我们有必要花点时间思考智能的内涵。事实上，“智能（smart）”一词在英语中有几种意思，且有些是贬义的。一方面，人们用smart这个词来形容人，表明这个人聪明、举止得体，甚至时髦。但他们也可能会觉得这些人圆滑、肤浅甚至令人讨厌。例如，“smart alec”或者“smart ass”这两个词指的就是那些令人讨厌、自以为是的人。可能由于smart一词还没有明确的意思，因此人们关于“智能城市”的观点不一。有人认为“智能城市”可以为城市管理提供深刻见解。还有人认为“智能城市”是一个肤浅的市场性概念，是那些以出售通信产品和窃取市民个人数据获得既得利益的大型ICT公司用来提高利润的工具，这些争论在“smart city”被译为其他语言时更为复杂。

Lena Hatzellhoffer和她的同事实际上引入了智能城市的概念（Hatzellhoffer）。他们认为智能城市一词在20世纪90年代开始普遍使用。当时，人们对ICT在提高城市规划、加强城市管理中的巨大潜力抱有极大的热情。一个城市积极利用信息技术改善当地人民的生活和工作条件，人们就会认为它是智能城市。随着新的电子设施——个人电脑和平板电脑、简易移动电话和高性能智能手机的不断发展——以及高速通信电缆和移动网络的扩张，信息通讯工具的使用变得非常普遍。这种普遍性的扩张加上数字经济的快速发展使很多城市领导者开始相信，在增强城市的经济竞争力时有必要增加对ICT的应用。

然而，这种对技术能力的重视多年来一直饱受质疑。很多学者认为，沉浸于ICT的可用性和ICT质量的提高具有误导性，一个城市只有在学会适应与创新的时候才能被视为是智能的。Mark Deakin和Husam Al Waer（2012）发表的论文集讨论了这种思想的转变。他们的书聚焦于ICT所扮演的角色，但他们与Townsend（2013）等其他学者一样，认为把数字技术融入到日常生活当中才是最重要的进步。在他们看来，把二者——技术和社会——相结合能为政府和市民做出更明智的决策创造机会。Clay Shirky（2008，p. 196）在阐述网络是一个过时的概念时预示了这一方法：

“因特网扩大而不是取代了人们在真实世界的社交。电子网络不是一个隔离的空间，而是越来越多地渗透到现实生活中。”

冒着过分简化的风险，我们认为智能城市采用以ICT为导向的方法主要经历了三个进化阶段：（1）通过城市网站提供在线信息（1990s）；（2）提供在线信息服务的城市门户网站和越来越多的在线交易（2000s）；（3）开放数据和社交媒体的兴起为政府和市民共同利用ICT满足社会需要提供了机会（2010s）。第三阶段的出现部分得益于“大数据”的应用，大数据是指对人和人的行为产生的庞大的数据进行搜集、分析、绘制和解读。如今，大数据正越来越多地被运用。例如，2013年，英国政府出资成立了Future City Catapult公司，这表示一个资金充足的公司将助力英国的城市，使之更智能、更具前瞻性①。

到目前为止，一切还比较顺利。但这无疑造成了理解混乱，智能城市理论中至少还存在其他两种竞争性的说法。一方面，一些评论家和实践者用“智能城市”一词来描述很多人愿意称作的“可持续发展城市”。例如，近年来，“精明增长”运动在北美广受支持。精明增长是指创建包容性、融合性更强的城市。“精明增长”提倡提高城市密度、增加城市综合功能区、提供多样化住房类型、鼓励公交导向式发展、保护开放空间等（Dittmar and Ohland，2004；Condon，2010）。

当然，实施“精明增长”战略时完全有可能不考虑ICT。事实上，一些激进的绿色环保主义者倾向于远离网络，他们认为硬件、电缆、铜线、电信电线杆及其他一切数字城市所需的技术装备都是不环保的。不过有些城市正在努力将数字技术和绿色环保融合起来。在这些城市，使用“智能”一词标志着努力把以环保的方式发展城市和充分利用ICT技术相结合②。

另一种观点关注我们所说的学习城市。Tim Campbell（2012）为这种观点提供了一种有益的论证。书的副标题强调了他关注的焦点在于：“城市如何联网、如何学习、如何创新”。他对传统的智能城市思想持批判态度：

“建立以高学历人才、高技术产业和普遍的电子连接为代表的知识经济只是智能城市的粉饰，并不能保证政策制定者期望目标的实现。全球人才的连接和无缝连接是很重要的，但它们也可以视作是乞丐穿了王子的衣服。”

---

① For more information on the work of Future Cities Catapult visit：http：//futurecities. catapult. org. uk.

② This linkage of ecological and digital agendas is，for example，a feature of urban policy making in Bristol. Jo Howard and I have examined this digital＋green initiative elsewhere（Hambleton and Howard 2013）.

（Campbell，2012，p. 5）

Campbell 认为，有价值的学习往往发生在那些关心自己的城市并付诸行动的人的头脑中。我们认为 Campbell 的分析与 Zachary Neal（2013）在讨论互联城市时提出的观点是一致的。Neal 引用了很多文献对网络在不同地域中扮演的角色进行了深思熟虑的分析。他强调了传播网络在城市之间和城市内部中的角色。

上述讨论表明“智能城市”的词义既使人混淆又具有矛盾性。图 1 是一个简单的图表，展示了三种相互重叠的观点如何构成当前的智能城市理论。虚线表明这三者通常是相互渗透、相互作用的。有些公民领袖希望他们的城市成为数字城市，有些把精明增长放在首位，希望自己的城市成为绿色城市的先锋，还有些则更愿意建立丰富的网络来促进城市的学习和创新。下图展示了一个特定的城市是如何朝着两个，或甚至是全部三个目标发展的。

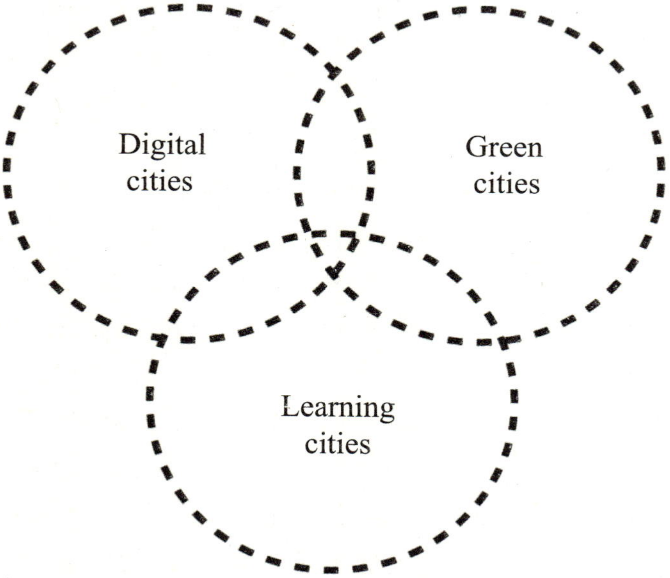

图 1　三种智能城市的观点（Source：Author）

三、数字危险区域

在概述了智能城市理论的基本轮廓之后，这部分我将对智能城市以 ICT 为驱动的方法提出质疑。图 1 表明上述三种智能城市的观点处于同等地位。

这并不是有意为之的，并且事实上也不是这样。智能城市理论中占主导地位的观点来自数字技术爱好者——那些获得既得利益的大型ICT公司和Townsend所说的文明黑客（civic hackers）（2013）。由于篇幅限制，本文没有充分论述所提出的质疑，但大量关于数字城市的论作本身都带有沾沾自喜的语气，这些都有助于文章提出质疑。这部分的目的在于鼓励那些采用ICT为导向的方法建设智能城市的人去思考：他们的所做有利于创建更加包容的城市吗？数字设备会削弱城市的不平等吗？那些被边缘化的声音会以前所未有的方式被倾听吗？如果答案是否定的，那么能不能利用ICT消除社会排斥、加强公民权利呢？我认为应该考虑以下五个方面的问题：

第一，我们有理由提出疑问：有什么证据表明ICT的发展正在提高城市的民主质量？证据显示，尽管电子政务带来了好处——如使更多市民享受到公共服务，但有关电子民主正在增强公民权利的可靠发现还比较少。我们有理由称赞ICT的进步，如西班牙萨拉戈萨市和希洪市等城市就推出了电子市民卡。除了一些细节上的差别外，这些城市的市民均可以使用电子市民卡乘坐公共交通、借用自行车分享系统提供的自行车、从图书馆借阅书籍、连接WIFI、进行支付（如进入游泳馆和停车）等。这种高质量的电子政务（或者说服务提供）获得了好评，但这些电子卡真的增强了市民参与城市管理的权力吗？

第二，我们面临着一个尖锐的问题——数字鸿沟。一般来说，贫困家庭和贫困社区处于双重不利的地位。他们不仅缺乏接触互联网的机会，还缺乏利用网络资源的必要技能（Mossberger et al.，2008）。而在成功的民主城市，所有市民都能充分参与社会事务。因此，检验一个城市“智能”的程度在于创新技术增强这个城市的民主程度。ICT的创造性发展很可能会推动城市居民生活质量的提高。不幸的是，有证据表明网上服务和网上处理加剧了不平等。因此，智能城市论战的中心问题是：智能为谁服务？回答“每个人”是没有说服力的，因为我们都知道，很多智能城市的举措都没有消除社会排除的问题。

第三，大量证据表明数字赋权不过是一个神话（Hindman，2009）。这是因为强大的层次结构无疑正在塑造一种中间形态，这种中间形态一直都因开放性受到称赞：

“这种层级是结构性的，在Google、Yahoo！和微软等公司的主导下已经和组成网络的超链接相互交织；在网络舆论中被过分代表的白人、高学历和男性专家小群体中它又是社会性的”（Hindman，2009，pp. 18—19）。

Hindman 深刻分析了因特网如何削弱现存的一些政治不平等，但同时又造成了新的不平等。他指出，真正的参与需要市民直接参与和其他市民的讨论。而 ICT 在这一点上做得并不好。他的研究表明，尽管越来越多市民正在通过因特网表达意见，但倘若这些意见未被听取，那它们对增强城市民主的作用微乎其微：

“从大众政治的角度来看，我们在乎的不是谁发表了意见，而是什么意见被听取了——许多正式和非常正式的障碍阻碍了市民意见传递给受众。网络上大部分内容都不会被点击，吸引不了人们的注意，并且很少与政治相关。”（Hindman，2009，p. 18）

第四，很多人对 ICT 带来的好处持怀疑态度，这一点由 Hatzellhoffer et al. 提出（2012，pp. 204—205）。有学者对德国腓特烈港市的智能城市政策进行了研究，提出了 ICT 的六大弊端：（1）导致体育锻炼的减少；（2）面对面的社会文化活动冲突；（3）经常提供错误信息；（4）导致上网成瘾；（5）上网费用和手机使用费用高；（6）广告和垃圾邮件太多。也许其中某些说法理由并不充分，但认为可以马上解决这些弊端的想法是愚蠢的。

第五，对个人隐私的侵犯。有关市民的大规模遥感数据导致了对公民自由的深深忧虑。城市管理大数据时代的到来只会增强这种忧虑。大数据狂热者认为，复杂的数据收集工具能为政府谋求公共利益提供有用信息（Williams，2013）。一些提倡者进一步解释：“大数据将重塑我们生活、工作和思考的方式……我们生活的城市正在发生改变……不久的将来，大数据可以判断出我们是否坠入爱河。”（Mayer-Schonberger and Cukier，2013，pp. 192—194）这些研究者表现出一种惊人的无知，他们没有意识到大数据潜在的弊端。通过大数据可以掌握我们的大量信息，他们被这种可能性冲昏了头脑，没有为引进保护我们的隐私权所需的防御措施提供取证分析。公平来讲，他们仅仅引用了与大数据有关的风险作为参考，且仅仅提到大数据存在着“黑暗的一面”（p. 170），并没有提供任何清晰可行的建议来规避大数据带来的风险。就我们面对的风险而言，提出大数据使用者应该承担责任这种模棱两可的建议只是皮毛。

应该采取什么措施防止政府滥用智能城市信息系统提供的丰富资源呢？Stephen Graham（2010）记录了近年来许多城市使用闭路电视的情况和电子监控增长的情况，他关注公民自由被侵蚀的现象。过去，人们担心美国、英国这样的国家会偷偷建成电子警察国家，这种担忧常常会被视作危言耸听而被驱散。现在这不再是危言耸听了。

NSA（美国国家安全局）前承包商爱德华·斯诺登的例子证明这种担忧是有根据的。2013 年 6 月他向《卫报》和《华盛顿邮报》公开了 NSA 的大规模监察计划，使我们得知棱镜计划的存在。棱镜计划是美国的一个秘密数据收集系统，自 2007 年以来已经收集了美国公民的大量数据。棱镜计划的揭露引起了极大的震动，美国公民大为震惊，美国司法部对此高度重视。2013 年 12 月 16 日，法官 Richard Leon 宣布，这种大规模收集元数据的行为很可能违背了美国宪法第四修正案：禁止无理搜查和扣押。Leon 指出，没有证据表明任何一起恐怖袭击曾被阻止是由于搜索 NSA 数据库快于其他调查方法。

在一次激烈的审判中，Leon 认为 NSA 的数据收集技术几乎可以称为“奥威尔主义”，对原告 Larry Klayman 和 Charles Strange 颁布了一项预先禁令，他认为对宪法的挑战很可能会成功①。要求控制 NSA 进行大规模监视的公众压力不断增加，美国总统奥巴马不得不采取行动。2014 年 1 月 17 日，奥巴马宣布了一项重要改革，但公民自由主义者认为这次声明只是迈出了恢复隐私的第一步。斯诺登泄密事件震惊了美国公民，也震惊了与 NSA 共享信息的其他国家的公民。以 ICT 为驱动的智能城市倡导者面临的关键问题从这场关于隐私问题的讨论中浮现：智能城市狂热者如何保证政府不会滥用他们建立的创新数据系统？

四、超越智能城市

上述讨论并不是想削弱智能城市理论的价值，也不是想阻挠智能城市的建设，而是希望采取更批判的方法来达到这个目的，尤其是激励大家对“谁是获益者”这个问题进行更深入的思考。智能城市政策的分配效应并没有获得它们应得的注意。不幸的是，许多关于智能城市的研究都以案例分析为主，看起来更像是城市市场研究，且大部分研究都属于“看，我们多棒”的类型。

---

① On 27 December 2013 US District Judge William Pauley contradicted Judge Richard Leon and ruled that the NSA's mass surveillance programme was legal. Two different judgements from the district courts can be expected to result in the issue going to an appeal court and eventually the US Supreme Court.

比这更糟糕的是，一些学术研究过度强调技术，而没有调查智能城市政策如何与本市的权力政治相关联。以一项主要由欧盟出资的研究——“未来的智能城市”为例，这个大型国际研究由八位学者组成的国际团队进行，他们提供了下面这个证据不足的观点：

“智能城市就是公平城市……我们相信……智能城市将以基础设施、专家和数据为特征，它们将确保公平的建立更为容易，城市生活质量也将提高。”(Batty et al.，2012，p. 516)

这种观点带来了极大的麻烦。显然，认为智能城市就是公平城市的观点纯属断言，认为在智能城市中建立公平很容易的观点显示其对政治抱有天真的想法。当然，我们可以想象未来ICT将为包容和民主城市的发展做出贡献。但我们必须关注面临的重大挑战，要实现上述目标，我们必须解决一个问题：城市创新中采用以ICT为导向的方法。关于数字城市的研究未能正面处理上述五个问题，这些研究发现的价值是有限的。

论文后面几个部分将进行充分论证，旨在更深入地理解现代城市中公众学习和民主创新的本质。文章将对超越智能城市理论限制的必要性进行论证。ICT的巨大进步，包括社交媒体和众包的革新，并不能拯救我们的城市。重要的是正确的判断，而不是技术的进步。ICT只有在以政治目的进行创新为前提时才有助于增强城市的包容性。

在即将出版的书中，我提到地方领导者是民主城市有效运转的核心，能够促进包容城市的发展(Hambleton，2015)。他们传达公众目标，在以智能城市为目标进行决策时会基于价值做出可取的判断。基于上述论证，我认为提到公民领袖，我们应该聚焦于“智慧”而不是“智能”。说白了就是“智能”不足以应对我们面对的挑战。仅仅是聪明机智、反应灵敏是不够的，这些在更大的大数据取代大数据时也不会发挥作用。如果缺乏判断，那么获取市民与技术互动的大数据也无助于城市生活质量的提高。

领导力远远不只是头脑聪明。我继承了Keohane(2010)的观点，认为领导力意味着拓宽视角，考虑受自己判断影响的其他观点。这意味着建立情感联系——有效的地方领导力取决于智慧。什么是智慧？简单回答就是明智地运用知识。这里的关键词是“明智”。最后起决定作用的不是庞大的知识量，而是运用知识做出判断的能力。Geoffrey Vickers先生是深谙“判断艺术”的最优秀的作家之一，他写了大量有关运用知识做出决策的文章(Vickers，1965)。他对政策过程中价值观的本质提出了深刻见解，并反复强调要回归本质："知道自己想要什么是生命艺术中最根本、最挣扎、最具创造性的部分"（Vickers，1970，p. 76）。

Geoffrey 先生为现代公民领袖揭示了一则重要信息：暂时忘记数据和技术，反思自己究竟想要创建什么样的城市。城市是一种先进的学习系统，这种思想提供了潜在答案。这种城市不仅通过电子监控搜集的数据和电脑显示的数据获得见解，还从各种知识中获得见解。了解人们对城市生活的看法是非常重要的。这种更全面的社会知识存在于人们的头脑中。

区分"显性"知识（有时被称为正式知识、科学知识或者专业知识）和"隐性"知识（是指知识来源于个人经验和社会经验）是有帮助的（McInerney and Day，2007）。隐性知识的价值在公共政策制定中经常会被低估，很明显，这具有误导性。隐性知识体现了人们对喜欢的城市生活的理解，表现出某些情绪——包括对忠诚和公民认同的追崇。成功的公民领袖关心市民的想法。智慧城市的领导者从这两种知识中获得对城市的理解。源于隐性知识的软性证据和源于显性知识的硬性证据已经融合。

五、重新定义学术

作为论文的一部分，我想指出，在很多城市，大学是一种被忽略的资源。它们对矫正智能城市理论中追崇技术性解决方案的思想大有裨益。回顾众多大学的起源会发现，很多优秀的大学都位于城市的中心，仅仅是它们本身的存在就对城市和区域发展以及当地文化有很大的影响（Goddard and Vallance，2013）。

但很多大学并不把自己视为提高城市生活质量的关键角色。例如，欧洲传统的学术观点认为，大学与城市是隔离的。大学被视为与世隔绝的地方，与周边地区是分离的——一个致力于学习、研究和学术，与外界分离的地方。越来越多的大学认识到这种试图切断学术生活与社会的联系的做法不仅会造成与社会关系的紧张，还会丧失学生学习、从事以实践为导向的研究以及理论建设创新的重要机会。把大学视为孤立的观点已经过时了，不符合现代大学扮演的角色。我们的确需要批判性的学者，不参与嘈杂的公共政策制定事务，以新的眼光看待现代城市面临的挑战，致力于推进城市理论的建设；但我们也需要能够与政治世界和实践有效连接的学者，对当地社区行动的可能性充满热情，明白隐性知识和显性知识具有同等价值。

1. 参与式学术（Engaged Scholarship）

这部分将引入“参与式学术”的思想，“参与式学术”一词用来描述学术和公民文化以创造性的方式进行沟通的过程（Boyer，1990）。我把参与式学术定义为学者和实践者在共享发现过程以创建新知识。就本定义而言，实践者是指学者以外的任何人。图 2 展示了实践与学术在参与式学术中是如何融合的。在世界上一些最具创新性的城市中，大学视自身为地方领导力，并在与城市发展相关的知识创造上发挥重要作用（Perry and Wiewel，2005；Wiewel and Perry，2008）。后文将列举两个例子进行论证。首先，对现代世界中学术的本质进行反思是非常有利的。

1862 年，亚伯拉罕·林肯签署了著名的“莫里尔法案”，不仅使得美国的高等教育以惊人的速度扩大，也重构了大学的宗旨。该法案（后来被称为“授地大学法案”）规定联邦政府必须拨给各州土地，用于公共大学和学院的建设。这些利用赠地所得收益建立的“赠地学院”，其宗旨是“提供工业阶层在职业追求中所需的自由教育和实践教育”。这一激动人心的创新使美国各州建立的大学都具有美国特点，这类大学试图把对学术的追求和寻求实际应用相结合。大约 150 年之后，参议员贾斯汀·摩利尔和他同伴的远见仍然对美国大有裨益，他们信奉大学应该作为“参与式大学”，而不是象牙塔。

在 *Scholarship Reconsidered*（1990）这本见解深刻的书中，Ernest Boyer以土地授权传统为基础，对现代学术的本质进行了阐释，比当下许多大学流行的观点更全面。他认为“……到了跳出老掉牙的‘教学还是研究’论战的时候，赋予‘学术’这个人们既熟悉又尊敬的词更加广泛而丰富意义，可以给全方位的学术研究正名”（Boyer，1990，p. 16）。

Boyer 把学术分为四种相互交叉的类型：

● 探究性学术：探究性学术与学术研究的意思最为接近，它不仅有助于丰富人类知识的库存，也有利于大学或学院学术氛围的建立。

● 整合性学术：整合性学术赋予孤立的事实以意义，正确地看待孤立的事实。它把研究发现置于更大的科学背景、社会背景和政治背景之下。整合性学术是非常自律的研究工作，致力于整合、聚集和引进观点，并对原始研究产生影响。

● 应用性研究：应用性研究把知识运用于不断出现的现实难题。Boyer 认为应用性研究不是学术先被“发现”然后被“应用”的单向过程。他强调，新的学术知识能够从每一次学术应用中诞生。

● 教学性学术：教学性学术不仅指在教室和研讨室内与学生共享知识，还指在公共领域内传播学术观点和研究发现，从而使学术得以维持。

Boyer强调，当务之急，我们应该以更加包容的观点理解“作为一个学者意味着什么”：“……意识到知识是通过研究、整合、实践和教学来获得的”（Boyer，1990，p. 24）。图2是Ernest Boyer学术分类的直观展示，从图中可以看出这四种学术类型相互交叉。

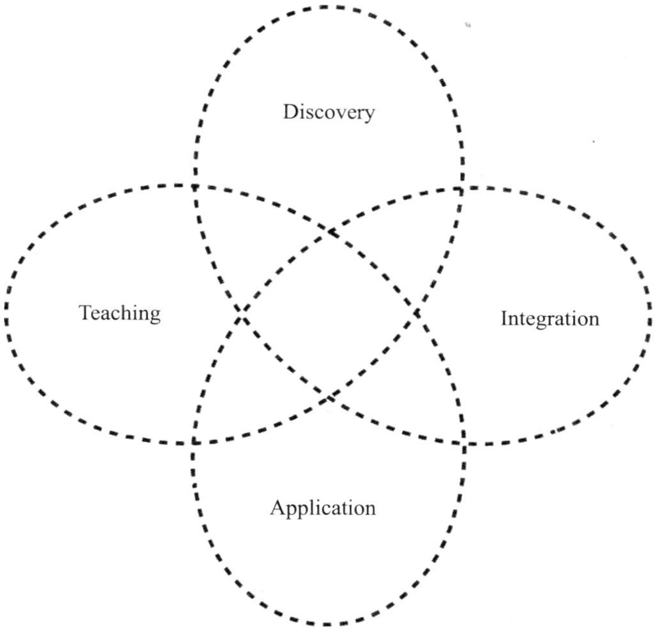

图2 扩充学术的定义（来源：Concepts-Boyer，1990，pp. 15—25；Diagram-Author）

Boyer认为不同学术类型之间的互动增强了整体的作用。实际上Boyer强烈反对非参与式大学。事实上，正如Mathew Flinders（2013，p. 629）所说：“他强烈深刻地批判了学术逐渐脱离公共领域的行为。”Boyer的思想对美国的高等教育产生了巨大影响。很多大学都重视他的分析，在修正自身的职务晋升体制和衡量标准时都充分考虑他关于学术更广泛的定义[①]。

① The traditional university evaluates scholars according to two main criteria: research and teaching. A university committed to the scholarship of engagement adds other criteria designed to assess the societal relevance of academic efforts (Elman and Marx Smock 1985). This aspect of scholarship is often called professional service in US universities but other terms are used - for example, societal impact and/or influence on policy and practice.

2. 参与式学术的三角形模型

以 Boyer 的分析和我在英国、美国的工作经历为基础，我提出了一个“参与式学术三角形模型”（Hambleton，2007）。在这个三角形中，有两边为大家所熟知——“研究”和“教育”，它们在欧洲传统中由来已久，与第三边“政策与实践”相连接。图 3 展示了这一概念。我认为这个三角形的三边极有可能推进学术和实践的发展。该模型显示，大学的学者和资源能以一种创造性的方式与政策和实践相结合，使各方都获益。论文列举的创新案例为三角形左边二者的互动提供了例子。在这个案例中，融合过程就是研究者和实践者共同创造城市创新知识的过程。再来看三角形的右边，管理良好的学生项目有助于城市政策的制定和实施，也有助于增加参与学生的学习经验。这种方法在美国的城市规划项目中已被广泛使用——参阅 Lorlene Hoyt（2013）编著的论文集①。在三角形的底边，学术界把从研究中获得的结论注入教学内容，与学生共同创造新的知识。

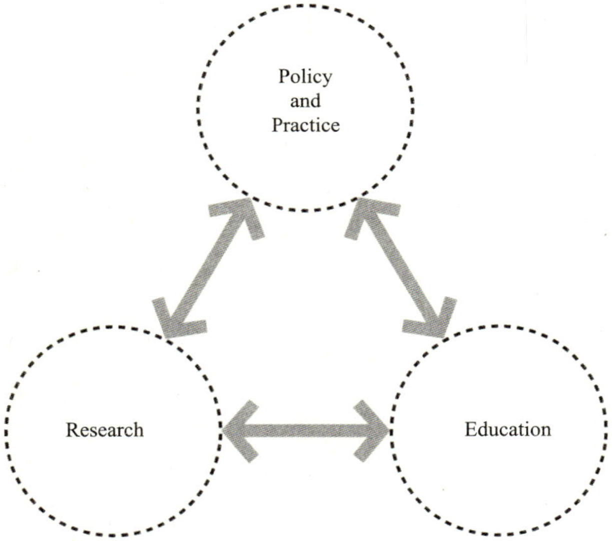

图 3　参与式学术的三角形模型（来源：Hambleton，2007，p. 551）

---

① This approach overlaps with educational practices that are sometimes described as community or service learning. A note of caution is needed. Tanja Winkler (2013), writing from a South African perspective, notes that community-university engagements of this kind may not always deliver sufficient benefits to the communities involved.

Ernest Boyer 是一位富有远见的思想家，追随者越来越多。自然地，近年来“参与式学术”的说法越来越盛行。许多国家提倡“知识交流”、鼓励大学进行“公众参与”，可以看出他们越来越重视加强大学与社会的联系。全球很多学者在改变大学与城市的关系中都有了新的突破。尽管有些学者并未使用“参与式学术”一词，但他们认为高等教育未来所作努力的重要性难以估计。

由于土地授予的传统，公民参与文化在美国许多公共大学有着尤为好的发展[①]。但即使是美国，也还是有很大的提高空间。皮尤研究中心的一项研究显示：

“很多大学和学院都致力于增强公众利益，但很多时候无论是在学术、结构、制度还是行为上他们都没有实现这个目标。”（Pew Partnership，2004，p. 2）

这一说法同样适用于其他国家的大学。皮尤研究中心从美国取证，提供了大学在公民参与中创新的证据，并得出结论：在帮助解决国家和社会难题、引导学生为变成参与式、负责任的公民做好准备的过程中，高等教育扮演着关键性的角色。

近年来学术界对公民参与或公共参与的兴趣与日俱增，这令人鼓舞。例如，英国社会科学院就学术团体如何更加积极地进行知识交流和公共参与提供了建议（Benyon and David，2008）。2008 年公众参与国家协调中心（NCCPE）成立，目的在于鼓励和支持大学进行公民参与[②]。此外，美国塔夫斯大学塔乐礼网络（Talloires Network）正在努力建立一个致力于公共参与和公

---

① There is an extensive literature on US higher education engagement in public policy and practice. Two associations of universities provide valuable online resources. The Coalition of Urban Serving Universities (USU) is a network of more than 40 large, public, urban research universities: www. usucoalition. org The Coalition of Urban and Metropolitan Universities (CUMU) includes a number of smaller urban universities and publishes a quarterly journal-*Metropolitan Universities Journal*. More: www. cumuonline. org A small but influential research and action institute focussing on how to use analysis to advance equity and social justice is PolicyLink: www. policylink. org.

② The National Coordinating Centre for Public Engagement (NCCPE) defines engagement as a two-way process, involving interaction and listening, with the goal of generating mutual benefit. It has an excellent website providing useful resources and links relating to university public engagement: www. publicengagement. ac. uk.

民参与的国际大学网络①。

六、作为地方引导力的大学

在本文中，我认为，公民领袖和他们的顾问可能会发现超越智能城市的概念，并考虑创建智慧城市的方法是积极有益的。我认为在这个过程中大学起着重要作用。“参与式大学”扎根于自身所在的城市，作为地方引导力会对当地做出巨大贡献。参与式大学把时间和资源花费在培养崇尚研究、分析和公共学习的城市文化之上。它支持针对城市进行城市研究，重视社区发展，鼓励学生以行动为导向进行学习。越来越多的城市大学视自身为参与式大学。他们重新思考当代学术的本质，重视诸如 Ernest Boyer 提出的观点（1990），在招募和职位晋升过程中坚定地秉承“参与式大学”的理念。很幸运的是我曾在这种大学——芝加哥伊利诺伊大学工作过一段时间②。整个伊利诺伊大学都坚定不移地致力于“参与式学术”，这一战略通过一项被称为“大城市计划（Great Cities Commitment）”的倡议进一步深化。“大城市计划”由芝加哥伊利诺伊大学在 1993 年颁布，旨在鼓励城市研究，提高芝加哥和世界其他城市的生活质量。

下面将列举两个创新案例来阐释两种完全不同的城市如何运作：位于美国俄勒冈州的波特兰州立大学和位于印度艾哈迈达巴德的 CEPT 大学。我之所以选择这两所大学是因为它们展示了“参与式学术”在两种完全不同的环境下是如何实践的。一个在高度发达的美国运作，另一个则在发展中国家印度做出了重要贡献。

1. 参与式学术：波特兰州立大学

俄勒冈州的波特兰被尊为美国最宜居、最进步的城市之一。在 180 万人

---

① The Talloires Network, created in 2005, is an international association of institutions committed to strengthening the civic roles and social responsibilities of higher education: www. talloiresnetwork. tufts. edu.

② The University of Illinois at Chicago (UIC) is a leading public research university. With over 27,000 students it is the largest university in the Chicago area. I was honoured to serve as Dean of the College of Urban Planning and Public Affairs at UIC from 2002-07, and learned a great deal from students, community partners, faculty and members of UIC administrative staff about the value of engaged scholarship.

口的大城区中，波特兰市拥有 588000 人，长期致力于城市的可持续发展。美国的城市规划学者对该市政策制定和城市管理的质量大为赞赏，不仅仅是因为该市的政治领导力长期保护着一种土地利用和交通规划的综合方法。这使得国家政府、城市政府和当地政府在统一的过程中联合起来。这种连锁关系保证了高瞻远瞩的政策的发展，这些政策在限制城市扩张、促进环境友好型城市的规划、建立公共公园的广泛网络以及其他一些事情上都取得了成功。

2012 年，波特兰市政府颁布了一项城市发展的新规划——波特兰计划。这项计划具有创新性，它把推进社会公平置于战略核心地位。该市计划到 2035 年，通过更加坚定地促进社会公平来确立城市可持续发展的成功方法。在这种先进的城市领导力背景下，波特兰州立大学（PSU）与市政府、其他公共机构、社区团体和私营部门合作，在把波特兰建成一个持续性和包容性更强的城市中发挥了重要作用。

波特兰大学是俄勒冈州最大的城市波特兰市唯一一个综合性公共大学，位于该市的商业中心区，拥有 30000 名学生。波特兰大学致力于解决城市难题、提高波特兰及其他城市市民生活的质量，体现了该校“让知识服务于城市”的校训。波特兰大学关于建立与后一个“参与式创新型学术”保持一致的构想是实现这一目标的关键所在，参与式创新型学术“有利于增强经济活力、促进环境可持续发展、提高本市和其他城市的生活质量”。

通过应用性学术对波特兰大学实现城市可持续发展目标起先锋作用的是他们的校长——Wim Wiewel。以前任校长的方法为基础，Wim Wiewel 坚定地推行参与式大学的理念。他认为波特兰大学应该被视作公共资产，在制定与实施促进城市发展和社会公平的公共政策中发挥关键作用。

二十多年来，波特兰大学的全体教员在城市和区域中扮演着非常重要的公民领袖角色。由于篇幅限制，本文只列举出两个先驱例子来阐释波特兰大学如何积极与政府及当地合作伙伴合作，找到创新方案解决公共政策面临的挑战——一个例子关注环境的可持续发展，另一个例子致力于解决社会公平问题。

2011 年，“电气大道”计划颁布，这是波特兰大学、波特兰市政府、波特兰通用电气和其他合作伙伴共同制定的联合研究与发展计划，目的在于了解电动汽车充电站的性能及司机对充电方式和出行方式的偏好。波特兰大学随即就开始实施这一行动/研究计划，在校园的公用街道上设立了七个电动汽车充电站，并对它们的使用情况进行监控。该研究旨在为电动汽车提供充电服务的实践层面带来新的生机，这很好地与促进该地区的绿色技术创新出口理念相结合。

2009年，波特兰大学以辛辛那提首先提出的理念为基础，提出一种综合方法，保证每个孩子从出生到参加工作这段时间，即从幼儿园到大学期间，都是顺利的。这一计划涉及多方参与者：圆桌会议领导人、市长和市政府、姆尔特诺默县、社会服务提供者、社区组织和其他参与者。该计划是指一组约定俗成的教育指标和社会绩效指标的发展，这些指标涉及一个人是否能顺利上幼儿园、上中学和参加工作。其目的是界定一个孩子在哪些阶段需要支持，并通过共同努力为这些孩子提供支持。

这个计划促使一种新型交叉合作关系的产生，我们称之为“大家共同努力（All Hands Raised）”。这协调了合作的过程、共享了合作带来的进步和早期成果。其基本理念是：社会领导者放弃私人目的，共同努力提高学生成绩，就能产生较大的集体效应。

上述例子显示，通过联合学术界、学生、政治家、商人、社区活动者和市民，波特兰大学在城市、区域和国家的地方引导力中扮演着非常重要的角色。

2. 参与式学术：艾哈迈达巴德CEPT大学

古吉拉特邦最大的城市艾哈迈达巴德是一个有趣的例子，不仅阐释了一个城市迅速扩张时造成的紧张，而且展示了这个新兴的大都市为了变得比其他城市更宜居可能采取的战略。艾哈迈达巴德建立于20世纪初，是扩张的纺织工业之乡，由此获得了“东方曼彻斯特”的昵称。1921年（那年圣雄·甘地搬到艾哈迈达巴德），该地区拥有274000人口，2014年该市人口已经增长到约6300000。据测，2030年这一数字将达到12500000。

Howard Spodek（2011）在详细记载这个城市的历史时将它称为20世纪印度最“惊人”的城市。他指出，这种惊人的能力体现在几个层面。例如，从积极层面看，该市在20世纪80年代纺织工业衰退之后获得了惊人的经济复苏。从消极层面看，2002年艾哈迈达巴德发生了可怕的暴力事件，该市由于印度教和穆斯林之间的公共冲突而在世界上臭名昭著（Spodek，2011，pp. 248—270）。CEPT大学建于1962年，在教育即将在艾哈迈达巴德开启职业生涯的学生方面和帮助城市制定公共政策方面都发挥着积极作用。

CEPT大学有五个学院：建筑学院、规划学院、科技学院、设计学院和管理学院。各学院的教学计划以提高学生的专业技能为重点，教学集中在工作室或实验室。这里的学生都面对着实际问题和挑战。实践性的专业人才有助于课程学习，CEPT大学充当着连接学者和实践者的角色。

为了阐释这种方法，在此我简单论述一下CEPT大学的学者们在为城市的公共交通提出开创性方法时所发挥的作用。CEPT大学的专业人员参与了一期（2006—2007）和二期（2008）快速公交系统（BRT）的详细规划，现在，CEPT大学的卓越城市交通中心（Centre for Excellence in Urban Transport）是艾哈迈达巴德市政（AMC）规划设计快速公交路线和站点的首席顾问。该中心由印度城市发展部（MoUD）和艾哈迈达巴德市政（AMC）提供支持，不断为Janmarg公司（意思是“人民之路”）提供建议，Janmarg公司的成立是为了运营快速公交系统。印度最近一项关于快速公交系统的调查显示，如今艾哈迈达巴德市已经取得了卓越的成绩，拥有45km长的快速公交网络，而其他城市似乎还没有对其最初的“BRT试点走廊”进行扩建。快速公交系统因其创造性的城市交通规划和管理赢得了国内外的赞誉。

对印度快速公交系统的评估调查显示，快速公交系统比地铁交通系统要便宜得多（Mahadevia et al.，2012）。例如，修建新德里地铁线路每公里要花费2950万美元，而每隔一公里建立一个快速公交站点只需花费193万美元。关于艾哈迈达巴德快速公交系统影响的调查显示，事实上，与地铁交通系统相比，快速公交系统更有成本效率。该系统运营的前三个月内，市民可以免费使用，这获得了公众和媒体高水平的积极反馈。BRT站点干净整洁，公交车发车频率稳定，后勤人员随时待命。调查显示，有12%的BRT乘客从选择私家车出行转变为选择BRT出行。

但该项调查还指出目前艾哈迈达巴德的BRT系统存在一些局限性。首先，它没有实现最初精心设计的计划：建立与BRT相连的步行和骑行设施。公交车在中央公交专用道上行驶，没有充分连接城市街区。其次，乘坐BRT的费用对低收入家庭来说太高，导致城市贫民尤其是当中的妇女享受不到期望中的好处。

大学的知识资源和专家有助于城市规划和政策制定。CEPT大学为艾哈迈达巴德市的公共政策制定提供了探究性的、有影响力的帮助。CEPT大学高度重视学术界与实践者的协作。

七、反思与结论

本文认为“智能城市”理念从过去到现在一直都被过分吹嘘。虽然通信技术的进步能够给服务使用者带来好处，但很明显，这种好处比它最初看起来更为肤浅。此外，ICT 的革新显然会扩大市民使用公共服务的范围，提高公职人员对市民要求进行反馈的能力。令人兴奋的是，更加开放的数据和社交媒体的创新也会为企业开发新应用、满足社会需求提供机会。智能城市计划把数字专家和不懂技术的人连接在一起，在未来几年将极大地提高公共服务的响应能力。

本文还指出，谈到努力促进城市民主、提高市民参与时，认为 ICT 能发挥巨大作用的观点是站不住脚的。电子政务的来临并未引起巨大反响，也没有促进公民赋权的有效革新。尽管 ICT 能够向市民传递大量信息，但它在促进民主、包容城市的创建中似乎并未发挥很大作用。

本文概括了智能城市理念中以 ICT 为驱动的方法的五个缺陷。我把它们称之为危险区域，而不是根本缺陷。或许 ICT 专家能与其他人合作找到安全有效地克服这些缺陷的方法。从这一点上来说，必须找到克服这些缺陷的方法。很明显，以技术为驱动管理城市的方法具有局限性。这就是我认为我们需要对现代城市公共学习和民主创新持有更深刻认识的原因。我的中心论点是，应该由准确的判断引导城市决策的制定，而不是技术的进步。从公共政策的角度出发，ICT 的革新不但没有为公共目的服务，反而会造成干扰。因此本文的标题强调未来的城市理念应该关注智慧城市的建立，而不是智能城市。

我们该如何去做？方法有很多，挖掘当地大学的资源便是其中之一。在很多城市，大学就是地方引导力和社会创新中一个沉睡的巨人。如今，这个巨人正在苏醒。全球的高等教育都在经历重大变革，作为重新思考大学在现代社会中扮演何种角色的一部分，我们正在思考学术真正的本质是什么。

本论文认为“参与式学术”的概念有许多值得推崇的地方。文章概括了“参与式学术”的概念，并列举出两个例子，阐述了大学在创建包容城市中如何发挥重要作用。波特兰州立大学在波特兰市和 The wider city region——更广泛的城区管理中扮演着积极的角色。CEPT 大学在艾哈迈达巴德城市区的公共政策制定中也发挥着重要作用。坚持践行“参与式学术”的例子并不只有这两所大学。令人鼓舞的是，越来越多来自不同学科的学者认识到积极参与城市事务是推动认识和理解、建立新理论以及促进公共目标的好方法。大学能够帮助公共政策制定者和公共事务积极参与者加深对现代城市公共学习和根本创新的理解。

参考文献

［1］Batty M.，Axhausen K. W.，Giannotti F.，Pozdnoukhov A.，Bazzani A.，Wachowicz M.，Ouzounis G. and Portugali Y.（2012）"Smart cities of the future"，*The European Physical Journal Special Topics*，214，pp. 481—518.

［2］Benyon J. and David M.（2008）*Developing Dialogue. Learned Societies in the Social Sciences：Developing Knowledge Transfer and Public Engagement*. London：Academy of Social Sciences.

［3］Boyer E. L.（1990）*Scholarship Reconsidered. Priorities of the Professoriate*. New Jersey：The Carnegie Foundation for the Advancement of Teaching.

［4］Campbell T.（2012）*Beyond Smart Cities. How cities network，learn and innovate*. London：Earthscan.

［5］Condon P. M.（2010）*Seven Rules for Sustainable Communities. Design strategies for the post-carbon world*. Washington DC：Island Press.

［6］Deakin M. and Al Waer H.（eds）（2012）*From Intelligent to Smart Cities*. Abingdon：Routledge.

［7］Dittmar H. and Ohland G.（eds）（2004）*The New Transit Town. Best practices in transit-oriented development*. Washington DC：Island Press.

［8］Elman S. E. and Marx Smock S.（1985）*Professional Service and Faculty Rewards. Toward an integrated structure*. Washington DC：National Association of State Universities and Lan-Grant Colleges.

［9］Flinders M.（2013）"The politics of engaged scholarship：impact，relevance and imagination"，*Policy and Politics*，Vol 41，No 4，pp. 621—642.

［10］Goddard J. and Vallance J.（2013）*The University and the*

City. Abingdon: Routledge.

[11] Graham S. (2010) *Cities Under Siege. The new military urbanism*. London: Verso.

[12] Hambleton R. (2007) "The triangle of engaged scholarship" *Planning Theory and Practice*, Vol 8, No 4, pp. 549—553.

[13] Hambleton R. (2015) *Leading the Inclusive City. Place-based innovation for a bounded planet*. Bristol: The Policy Press.

[14] Hambleton R. and Howard J. (2012) *Public Sector Innovation and Local Leadership in the UK and the Netherlands*. York: Joseph Rowntree Foundation.

[15] Hambleton R. and Howard J. (2013) "Place-based leadership and public service innovation", *Local Government Studies*, Vol 39, No 1, pp. 47—70.

[16] Hatzelhoffer L., Humboldt K., Lobeck M. and Wiegandt C. C. (2012) *Smart City in Practice. Converting innovative cities into reality*. Berlin: jovis Verlag GmbH.

[17] Hindman M. (2009) *The Myth of Digital Democracy*. Princeton NJ: Princeton University Press.

[18] Hoyt L. (ed) (2013) *Transforming Cities and Minds through the Scholarship of Engagement. Economy, equity and environment*. Nashville TN: Vanderbilt University Press.

[19] Keohane N. O. (2010) *Thinking about leadership*. Princeton, NJ; Princeton University Press.

[20] Mahadevia D., Joshi R. and Datey A. (2013) Ahmedabad's BRT system. A sustainable urban transport panacea? *Economic and Political Weekly*, Vol XLVIII, No 48, November, pp. 56—60.

[21] Mayer-Schonberger V. and Cukier K. (2013) *Big Data. A revolution that will transform how we live, work and think*. London: John Murray.

[22] McInerney C. R. and Day R. E. (2007) *Rethinking Knowledge Management*. New York: Springer.

[23] Mossberger K., Tolbert C. J. and McNeal R. S. (2008) *Digital*

Citizenship. The internet, society and participation. Cambridge MA: The MIT Press.

[24] Neal Z. (2013) *The Connected City. How networks are shaping the modern metropolis*. Abingdon: Routledge.

[25] Perry D. C. and Wiewel W. (eds) (2005) *The University as Urban Developer: Case studies and analysis*. Armonk: M. E. Sharpe.

[26] Pew Partnership (2004) *New Directions in Civic Engagement: University avenue meets main street*. Charlottesville VA: Pew Partnership for Civic Change.

[27] Shirky C. (2008) *Here comes everybody. How change happens when people come together*. London: Penguin.

[28] Spodek H. (2011) *Ahmedabad. Shock city of 20th Century India*. Bloomington IN: Indiana University Press.

[29] Townsend A. M. (2013) *Smart Cities. Big data, civic hackers and the quest for a new utopia*. New York: W. W. Norton and Co Inc.

[30] Vickers G. (1965) *The Art of Judgement*. New York: Basic Books.

[31] Vickers G. (1970) *Freedom in a Rocking Boat. Changing values in an unstable society*. Harmondsworth: Penguin.

[32] Wiewel W. and Perry D. C. (eds) (2008) *Global Universities and Urban Development: Case studies and analysis*. Armonk: M. E. Sharpe.

[33] Williams M. (2013) *Open Data or Closed Doors? Supporting research in cities*. December. London: Centre for Cities.

[34] Winkler T. (2013) "At the Coalface: Community-University Engagements and Planning Education", *Journal of Planning Education and Research*, Vol 33, No 2, pp. 215—227.

【通讯作者】Robin Hambleton：英国西英格兰（UWE）大学教授。

稿件收录时间：2014 年 6 月。

◆ 媒体融合中的传媒产业

近十年中国传媒经济研究的新发展：2004—2015

吴信训　储靖伦

摘要：近十年来，随着新媒体信息科技发展以及政治经济环境的改变，在一定意义上可以说，我国传媒经济发展进入了变化急速的媒体融合时代。我国学者对传媒经济的研究也有了新的发展。通过对2004—2015年我国学者对传媒经济研究的梳理和分析，可以发现传媒经济研究在以下方面呈现出一些亮点：基础理论日渐深化，学科理论框架初显轮廓；新媒体产业、媒体融合前沿研究蔚为大观；传媒产业体制转型备受关注。

关键词：传媒经济　发展研究　2004—2015

2004年，复旦大学出版社出版了《中国传媒经济研究：1949—2004》一书①，此书开创性地对1949年以来有关传媒经济和经营管理的文献进行了梳理，分析概括了其发展的整体风貌以及阶段性特点。近十年来，随着新媒体信息科技发展以及政治经济环境的改变，在一定意义上可以说，我国传媒经济发展进入了变化急速的媒体融合时代。我国的传媒经济产业发生了很大的变化，同时也产生了很多相关的研究成果。因此，本文在《中国传媒经济研究：1949—2004》一书的基础上，对2004年后出版的传媒经济学专著和发表的期刊论文进行梳理，以呈现近十年来我国传媒经济学研究的新图景。

一、基础理论日渐深化，学科理论框架初显轮廓

2004年以来，传媒经济学领域的专著纷纷涌现，呈现出深化基础理论研

① 吴信训、金冠军主编：《中国传媒经济研究：1949—2004》[M]，上海：复旦大学出版社2004年版。

究，努力建构中国特色传媒经济学理论框架的趋势。

由吴信训、金冠军等著述的《现代传媒经济学》（2004）[①] 在宏观篇系统地阐释了“传媒经济”的定义和内涵；在经济学已有理论体系基础上，实现经济学、传播学等跨学科建构传媒经济学理论体系的原理；现代传媒经济学关注的三大基本问题；传媒经济具有商品经济属性、政治经济属性和公益经济属性等多重属性的特征；提出传媒经济的本质是舆论经济；在微观篇则分别论述了传播媒体的版面（内容）经营、传媒产品的发行营销、传播媒体的广告经营、多种经营与资本经营、人才经营、成本经营、整合营销、传媒产业的集团化经营等。吴克宇的《电视媒介经济学》（2004）从分析电视产品的经济性质出发，系统地研究了生产电视产品的电视媒介的经济性质，电视产品供求特征，电视媒介的集合——电视产业的产业环节、经济特征、市场机构、政府管制以及随着电视技术的发展和加入世贸组织对中国电视产业将产生的影响；黄升民、周艳、马丽婕的《广电媒介产业经营新论》（2005）[②] 从产业经营内涵、产业经营要素、产业经营战略、产业经营展望等四个方面论述了广电媒介产业的经营；喻国明、丁汉青、支庭荣、陈端编著的《传媒经济学教程》（2009）分别论述了传媒经济学的研究视角和研究内容、影响力经济——传媒产业本质的经济学解读、受众——消费者选择、生产与成本、需求与供给、广告、劳动与资本、竞争与垄断、市场失灵与政府规制、信息技术与产业融合、国际贸易与文化保护、传媒投融资等层面问题[③]；卜彦芳的《传媒经济学理论与案例》（2008）[④]，余丽丽、吴飞的《大众传媒经济学：理论与实务》（2008）[⑤]，李松龄的《传媒经济理论研究》（2008）[⑥]，杨海军、王

---

① 吴信训、金冠军、李海林：《现代传媒经济学》[M]，上海：复旦大学出版社 2004 年版。

② 黄升民、周艳、马丽婕：《广电媒介产业经营新论》[M]，上海：复旦大学出版社 2005 年版。

③ 喻国明、丁汉青、支庭荣、陈端：《传媒经济学教程》[M]，北京：中国人民大学出版社 2009 年版。

④ 卜彦芳：《传媒经济学理论与案例》[M]，北京：中国国际广播出版社 2008 年版。

⑤ 余丽丽、吴飞：《大众传媒经济学：理论与实务》[M]，上海：上海交通大学出版社 2008 年版。

⑥ 李松龄：《传媒经济理论研究》[M]，长沙：湖南大学出版社 2008 年版。

成之编著的《传媒经济学》(2008)[①]，邵培仁、陈兵著的《媒介管理学概论》(2010)[②] 等著作也从各有特色的视角表现出对传媒经济学理论框架建构的匠心。谢耘耕的《传媒资本运营》(2006)[③]、曾华国的《媒体的扩张：大众媒体的产业化、集约化和全球化》(2004)[④]，朱春阳的《传媒营销管理：一种影响力经济空间内的操作方式》(2004)[⑤]，李思屈的《数字娱乐产业》(2006)[⑥]，向志强、刘社瑞、吴高福的《媒介产业核心竞争力与媒介人力资源管理》(2007)[⑦]，卫军英的《广告经营与管理》(第二版，2007 年)[⑧]，张辉锋的《传媒经济学：理论、历史与实务》(2012)[⑨]，吴赟的《出版经济学的核心：基于市场机制的出版物价格问题研究》(2014)[⑩]，郭庆光、孟建主编的《媒介经营管理案例库》[⑪] ——包括了《媒介资本市场案例分析》(赵曙光、张志安，2004)[⑫]、《媒介营销案例分析》(张志安、柳剑能，2004)[⑬]、《媒介经济学案例分析》(赵曙光，2004)[⑭] 和《媒介战略管理案例分析》(禹建强，2004)[⑮] 以及邵培仁主编的辑刊《中国传媒报告》(2002 年至今)，崔保国主编的辑刊《传媒蓝皮书：中国传媒产业发展报告》(2004 年至今)[⑯]，吴信训主编的辑刊

① 杨海军、王成之：《传媒经济学》[M]，郑州：河南大学出版社 2008 年版。

② 邵培仁、陈兵：《媒介管理学概论》[M]，北京：高等教育出版社 2010 年版。

③ 谢耘耕：《传媒资本运营》[M]，上海：复旦大学出版社 2006 年版。

④ 曾华国：《媒体的扩张：大众媒体的产业化、集约化和全球化》[M]，广州：南方日报出版社 2004 年版。

⑤ 朱春阳：《传媒营销管理：一种影响力经济空间内的操作方式》[M]，广州：南方日报出版社 2004 年版。

⑥ 李思屈：《数字娱乐产业》[M]，成都：四川大学出版社 2006 年版。

⑦ 向志强、刘社瑞、吴高福：《媒介产业核心竞争力与媒介人力资源管理》[M]，长沙：湖南文艺出版社 2007 年版。

⑧ 卫军英：《广告经营与管理》(第二版)[M]，杭州：浙江大学出版社 2007 年版。

⑨ 张辉锋：《传媒经济学：理论、历史与实务》[M]，北京：人民日报出版社 2012 年版。

⑩ 吴赟：《出版经济学的核心：基于市场机制的出版物价格问题研究》[M]，上海：同济大学出版社 2014 年版。

⑪ 郭庆光、孟建主编：《媒介经营管理案例库》[M]，北京：华夏出版社 2004 年版。

⑫ 赵曙光、张志安：《媒介资本市场案例分析》[M]，北京：华夏出版社 2004 年版。

⑬ 张志安、柳剑能：《媒介营销案例分析》[M]，北京：华夏出版社 2004 年版。

⑭ 赵曙光：《媒介经济学案例分析》[M]，北京：华夏出版社 2004 年版。

⑮ 禹建强：《媒介战略管理案例分析》[M]，北京：华夏出版社 2004 年版。

⑯ 崔保国主编：《传媒蓝皮书：中国传媒产业发展报告》[M]，北京：社会科学文献出版社 2004 年版。

《世界传媒产业评论》（2008年至今）[①]，尹韵公、唐绪军主编的辑刊《新媒体蓝皮书：中国新媒体发展报告》（2010年至今）[②]，又从不同的层面丰富了传媒经济学理论体系的建构。

这些著述中也不乏优秀的外文译本，美国学者菲利普·南波利的《受众经济学：传媒机构与受众市场》（2007）[③]开创性地以“受众经济学”的研究视角，构建了一个系统的理论框架。

除了专著外，根据中国知网的文献，还有一批论文也对传媒经济学理论框架的建构提出了富有独到意义的见解，对一些重要基础理论予以了多维度的探讨。如：王亮《传媒经济研究的理论、方法和问题——对2006年至2011年四家刊物的分析》（2012）[④]；韩运荣《如何建构性发展我国传媒经济理论》[⑤]；李宜篷《传媒经济学研究的对象、方法与进路分析——对中国传媒经济学理论框架的建构研究》（2012）[⑥]；周鸿铎《中国传媒经济理论及其发展》（2007）[⑦]；汤李梁《传媒经济本质的双重内涵——“影响力经济”再反思》（2006）[⑧]；吴信训《传媒经济的核心是内容经济与受众经济——〈受众经济学〉中译本序》[⑨]；孙俨斌《“社会资本”视角对传媒经济研究的三个跨越》[⑩]；

① 吴信训主编：《世界传媒产业评论》[M]，北京：中国国际广播出版社2008年版。

② 尹韵公、唐绪军主编：《新媒体蓝皮书：中国新媒体发展报告》[M]，北京：社会科学文献出版社。

③ [美] 菲利普·南波利著，陈积银译：《受众经济学：传媒机构与受众市场》[M]，北京：清华大学出版社2007年版。

④ 王亮：《传媒经济研究的理论、方法和问题——对2006年至2011年四家刊物的分析》[J]，《编辑之友》2012年09期，第55—58页。

⑤ 韩运荣：《如何建构性发展我国传媒经济理论》[J]，《国际新闻界》2011年06期，第90—103页。

⑥ 李宜篷：《传媒经济学研究的对象、方法与进路分析——对中国传媒经济学理论框架的建构研究》[J]，《现代传播》2012年08期，第102—106页。

⑦ 周鸿铎：《中国传媒经济理论及其发展》[J]，《现代视听》2007年07期，第11—13页。

⑧ 汤李梁：《传媒经济本质的双重内涵——“影响力经济”再反思》[J]，《国际新闻界》2006年10期，第43—46页。

⑨ 吴信训：《传媒经济的核心是内容经济与受众经济——〈受众经济学〉中译本序》[J]，《新闻爱好者》2007年02期，第22页。

⑩ 孙俨斌：《“社会资本”视角对传媒经济研究的三个跨越》[J]，《新闻记者》2014年02期，第75—80页。

谭天《传媒经济的本质是意义经济》(2010)[①]；陈鹏《内容与渠道创新基础上的吸引力经济——传媒经济本质的另一种解读》[②]；孙浩进《国际传媒产业转移趋势与理论构建——基于演化经济学的视角》(2012)[③]；龚彦方《中国传媒产业的市场势力与规模经济——基于 NEIO 范式的实证研究》(2012)[④]，等等。

对一些重要基础理论问题，学者们也更重视密切结合实践展开研讨。如：王飞(2006)论述了交叉促销在媒介经营管理中的重要价值[⑤]；丁和根(2004)强调了传媒管理的创新能促进传媒竞争力的提升[⑥]；喻国明(2009)论述提出创意式的圈子营销更能深刻地影响人们的生活方式，实现比规模化更高的价值[⑦]；朱学东、景延安(2004)认为互联网的兴起，让中国传媒业开始真正认识到资本市场的威力。互联网与海外风险资本结缘以及中国加入 WTO 真正激活了国内媒体与资本市场的心[⑧]；刘年辉指出社会资本对媒体核心竞争力有内在的作用机制[⑨]；朱凯、程心宇(2008)指出中国传媒放松管制与技术进步合力将有力推动文化传媒产业的发展及其“资产证券化”进程[⑩]；陆高峰(2008)提议在路径选择和创新方面可以借鉴国外经验制定特殊的股权政策[⑪]；范以锦、蔡立(2009)提出为了应对境外市场的竞争，我国传媒企

---

① 谭天：《传媒经济的本质是意义经济》[J]，《国际新闻界》2010 年 07 期，第 72—76 页。

② 陈鹏：《内容与渠道创新基础上的吸引力经济——传媒经济本质的另一种解读》[J]，《新闻与传播研究》2014 年 04 期，第 42—52 页。

③ 孙浩进：《国际传媒产业转移趋势与理论构建——基于演化经济学的视角》[J]，《江汉论坛》2012 年 03 期，第 75—78 页。

④ 龚彦方：《中国传媒产业的市场势力与规模经济——基于 NEIO 范式的实证研究》，《产经评论》2012 年 04 期，第 56—65 页。

⑤ 王飞：《传媒交叉促销模式分析》[J]，《当代传播》2006 年 01 期，第 71—72 页。

⑥ 丁和根：《传媒管理创新的内涵与功能》[J]，《新闻大学》2004 年 04 期，第 67—69 页。

⑦ 喻国明：《媒介营销：追求比规模化更高的价值》[J]，《新闻与写作》2009 年 12 期，第 53—54 页。

⑧ 朱学东、景延安：《叩问传媒资本市场》[J]，《传媒》2004 年 09 期，第 8—15 页。

⑨ 刘年辉：《社会资本与媒体产业发展》[J]，《新闻与传播研究》2006 年 02 期，第 50—55 页。

⑩ 朱凯、程心宇：《从“新华传媒”上市看传媒产业证券化》[J]，《东南传播》2008 年 04 期，第 151—152 页。

⑪ 陆高峰：《传媒与资本的“牵手”苦旅》[J]，《青年记者》2008 年 02 期，第 11—12 页。

业必须根据自身的属性和不同媒体的功能，以新的思路创新体制、运营机制，打造有中国特色的传媒资本运营模式①；李晓红、何芳（2011）提出，“全球化背景下，传媒集团和传媒资本不再仅仅局限于国内市场，需要在全球范围内进行经营运作”②；喻国明（2012）建议，由于传媒产业属性特殊，传媒公司在上市前应充分了解有关资本市场的相关规则以及可能存在的影响和风险③，等等。崔保国（2012）则呼吁，由于传媒领域的变化发展太快，传媒经济学的理论体系和研究方法面临新的挑战，该学科在未来必须不断扩展，不断规范，真正成为理论体系完整，研究方法科学的成熟学科④。

二、新媒体产业、媒体融合前沿研究蔚为大观

近十来年，随着互联网数字信息科技的飞速发展，日新月异的新媒体产业、大数据、云计算、媒体融合等成为传媒经济、传媒产业格外亮丽的前沿景观，也自然成为我国传媒经济研究学者的关注焦点，碰撞出缤纷多彩的理论观点创新火花。

1. 传统媒体向新兴媒体的转型发展首先是学者们关注的迫切议题

不少研究成果敏锐揭示互联网环境下的传统媒体面临的严峻挑战：学者认为流媒体时代，电视行业面临着观众和广告市场分流、传播模式由同步到异步的挑战，并提出行业应采取多媒体联动品牌整合营销的对策为电视媒介的生存保驾护航⑤（邵培仁、章东轶，2004）；蔡雯（2005）分析了新闻传播

---

① 范以锦、蔡立：《创新思路——打造有特色的传媒资本运营模式》[J]，《新闻传播》2009年04期，第6—8页。

② 李晓红、何芳：《境外传媒资本运营的方式与启示——以迪士尼集团公司为例》[J]，《新闻爱好者》2011年20期，第148—149页。

③ 喻国明、张苗佳：《传媒上市的利弊谱系——传媒上市的利弊分析与风险评估》[J]，《新闻与写作》2008年07期，第36—38页。

④ 崔保国：《传媒经济学研究的理论范式》[J]，《新闻与传播研究》2012年04期，第85—111页。

⑤ 邵培仁、章东轶：《流媒体时代的挑战与电视生存》[J]，《新闻记者》2004年04期，第17—20页。

的变化融合了什么[①]；在新媒体，尤其是自媒体时代，传统媒体的“把关人”地位受到挑战[②]（胥晓璇，2009）；学者们关注到“三网融合”将带来作为大信息业组成部分的与信息流通、内容产品流通相关的采集、加工、传输、发布等生产格局的变化[③]（陆小华，2010）；2010年1月13日，国务院常务会议研究决策了加快“三网融合”的新政。学者指出，这不仅意味着我国传媒产业格局即将发生相应的重大调整，而且，意味着相关传媒产业的内容生产、服务提供、运营模式、经营理念等，都必将发生相应的重大变化。提出三网之间，有无择优发展，或综合规划，避免重复建设，争取最佳效益的问题，并探讨了传媒产业内容服务创新的前景（吴信训、吴小坤，2011）[④]；匡文波（2010）探讨了3G环境下手机媒体的盈利模式[⑤]；传统媒体已不能完全掌控话语权[⑥]（邹晓东，2013）；就报纸而言，在众多媒体共存、竞争的环境下，受众份额已明显下降[⑦]（太清华、陈刚，2014）；行业类报纸在新媒体的冲击下，处境更加艰难[⑧]（任晓宝、李维龙，2011）；“和新媒体相比，广播电视呈现出单向的传播模式，传播方式单一，信息传播容易流失”[⑨]（杨军，2015）；广播电视等传统媒体面临话语权被削弱、公信力遭质疑的危机和挑战[⑩]（穆菁，2013）。但也有不少学者对传统媒体的发展充满了希望，喻国明（2012）

① 蔡雯：《新闻传播的变化融合了什么——从美国新闻传播的变化谈起》[J]，《新闻记者》2005年10期，第57—59页。

② 胥晓璇：《自媒体对传统媒体的挑战——以播客为例》[J]，《青年记者》2009年15期，第82—83页。

③ 陆小华：《传媒模式的变化与趋势》[J]，《新闻战线》2010年05期，第16—17页。

④ 吴信训、吴小坤：《三网融合大政方针确定后，我国传媒产业的创新发展考量》[J]，《新闻记者》2011年01期，第48—52页。

⑤ 匡文波：《3G环境下手机媒体的盈利模式》[J]，《传媒》2010年02期。

⑥ 邹晓东：《传统媒体在自媒体时代遭遇的挑战与应对之策》[J]，《新闻传播》2013年09期，第137—138页。

⑦ 太清华、陈刚：《多媒体时代报纸业所面临的挑战与机遇》[J]，《新闻研究导刊》2014年14期，第43页。

⑧ 任晓宝、李维龙：《浅谈新媒体冲击下行业类报纸发展之策》[J]，《新闻知识》2011年03期，第8—10页。

⑨ 杨军：《新媒体时代传统广播电视媒体面临的挑战与机遇》[J]，《科技传播》2015年10期，第207—208页。

⑩ 穆菁：《媒介融合态势下广播电视媒体面临的挑战及应对策略》[J]，《中国广播电视学刊》2013年04期，第48—49页。

指出报纸作为一种内容的价值生产方式不会因为其信息承载的“纸基”在市场上的式微而丧失它的地位和意义[①]。有学者认为，尽管面临新媒体的挑战，但在相当长时间内，报纸仍有很大生存空间且大有可为[②]（赵婷、安伟，2012），因此，学者建议要充分挖掘传统媒体的潜质[③]（常中，2013）；才让卓玛（2010）认为媒体责任是传统媒体的主要竞争力，建议传统媒体发挥自身优势[④]；2013年底，国家工业和信息化部正式向国内三大电信运营商——中国移动通信集团公司、中国电信集团公司和中国联合网络通信集团有限公司颁发了“LTE/第四代数字蜂窝移动通信业务（TD-LTE）”经营许可（简称“4G牌照”）后，有学者分析指出，4G的应用，也在更严格的意义上突破了“三网融合”在功能上实现无缝衔接的障碍，将带来一种新的最大可能，即：“孕育革命性产品，并催生相关产业的革命性变化”，开启了一个移动影像新时代。揭示了融合媒体产业全面介入社会生活的可能性（吴信训，2015）[⑤]。

有学者提出“全媒体”的概念，认为“全媒体”是一种业务运作的整体模式与策略，即运用所有媒体手段和平台来构建大的报道体系[⑥]（彭兰，2009）；主张传统媒体向全媒体、融合媒体转型，占领平台，完成全媒体的流程再造和产品再造，实行统一的管理，真正实现向全媒体的战略转型[⑦]（石长顺、柴巧霞，2012）。有学者对数字化环境下电视台可能呈现的传播新模式展开研究，并提出了具体的开发构想[⑧]（吴信训，2008）；自2011年后，“新中介”也成为一个研究热词。研究者认为传统媒体虽然在世界新闻生产中仍然

① 喻国明：《报纸：作为一种内容生产方式的价值思考》[J]，《新闻界》2012年18期，第20—22页。

② 赵婷、安伟：《访美国两大报看报纸消亡说》[J]，《新闻与写作》2012年02期，第42—44页。

③ 常中：《全媒体时代如何实现传统媒体新价值——城市传媒发展战略高峰论坛综述》[J]，《新闻前哨》2013年11期，第10—13页。

④ 才让卓玛：《2009年新媒体与传统媒体发展研究综述》[J]，《现代视听》2010年01期，第12—16页。

⑤ 吴信训：《4G前景下我国媒体融合的新变局与进程展望》[J]，《新闻记者》2015年第9期，第18—22页。

⑥ 彭兰：《媒介融合方向下的四个关键变革》[J]，《青年记者》2009年06期，第22—24页。

⑦ 石长顺、柴巧霞：《中国报业的iPad生存》[J]，《现代传播》2012年05期，第97—101页。

⑧ 吴信训：《“数字电视新闻博览台”传播新模式开发研究》[J]，《新闻记者》2008年03期。人大复印资料《新闻与传播》2008年06期。

占据着大部分的内容生产，但受众正在缓慢而持续地减少，数字化新闻中介正对传统媒体发起挑战①（陈力丹，2012）。每次技术革新之后，都会有新的新闻中介产生，这些中介为新闻内容与受众、广告商建立起更为方便的联系方式。比如不断革新的网络技术创造了LBS（Location Based Service）这种通过移动运营商网络或外部定位方式获取移动终端用户的位置信息，从而为用户提供特定的服务。随着LBS技术的普及，LBS在传媒产业和实践中的应用得到研究者的探讨②（盛夏，2012）。LBS服务不仅提高了地理变量的精准化，而且增强了地理变量的移动性，空间中的不断转化会使人产生需求上的变化，这样一来，个性化信息服务不再是一种简单的分众服务，而是针对在某个特定空间中的人提供那个空间与情境中所需要的信息③（彭兰，2012）；方兴东等（2013）研究分析了微信传播机制与治理问题④。

移动互联网的日益成熟使传播格局升华到更高的境界。学者们揭示，移动化是媒介融合的新战略，并且移动终端也是传媒技术发展的一大趋势⑤（陈昌凤、仇筠茜，2012）；移动传播改变了信息传播与新闻生产，重新定义了新闻生产与消费的时空观⑥（彭兰，2012）；许多技术多需要依托移动终端，其中就有我们所熟知的二维码，其兴起在报业、广告业的运用与未来策略是主要的关注点⑦（贺薇，2012）；有学者认为在品牌设计与传播中，有效使用二维码技术可以将平面内容同影像内容在报纸、杂志、网络、手机新媒体等各种媒体形式交替出现，进而形成360度全方面品牌形象的设计与传播⑧（赵志

① 陈力丹：《数字化新闻中介挑战传统媒体》[J]，《新闻战线》2012年06期，第71—73页。

② 盛夏：《LBS技术在社会化媒体中的应用》[J]，《科学之友》2012年03期，第159—161页。

③ 彭兰：《社会化媒体、移动终端、大数据——影响新闻生产的新技术因素》[J]，《新闻界》2012年16期，第3—8页。

④ 方兴东、石现升、张笑容、张静：《微信传播机制与治理问题研究》[J]，《现代传播》2013年06期，第122—127页。

⑤ 陈昌凤、仇筠茜：《移动化：媒介融合的新战略》[J]，《新闻与写作》2012年03期，第30—33页。

⑥ 彭兰：《社会化媒体、移动终端、大数据——影响新闻生产的新技术因素》[J]，《新闻界》2012年16期，第3—8页。

⑦ 贺薇：《试析媒介融合背景下二维码对广告业的影响》[J]，《东南传播》2012年08期，第143—145页。

⑧ 赵志云：《以二维码为介质的跨媒体品牌营销》[J]，《中国包装》2012年02期，第50—53页。

云，2012）。此外，自谷歌眼镜面世以来，其他可穿戴设备不断涌现，比如智能手表等，可穿戴设备正在打造一个崭新的移动互联时代①（张梦瑶、路宗远，2013）。学者认为，这场革命可能会引发新一轮的出版技术革新，进而引起传媒业的重新洗牌②（张玲，2013）；唐绪军、黄楚新、刘瑞生（2013）则归纳指出，2012年以来，新媒体的创新与融合成为主流③。有学者指出，当下传统纸媒办新媒体普遍难以成功，最大的问题在于缺乏清晰的商业模式和盈利模式④（白晨晖、范以锦，2014）；新媒体环境下，媒体经营要从单一的以广告为主的盈利模式向广告传播、增值服务、产品提供相结合的多元化盈利模式转变⑤（郑勇华，2012）；唐绪军（2012）认为报业转型比较妥当的策略是在继续维持纸质报纸出版的同时，积极跟踪新技术，拥抱新媒体⑥；喻国明和李慧娟（2014）表明，对于转型中的纸媒而言，重在建立连接，以用户为中心重构关系，在此基础上突破原先的资源和市场边界⑦；有学者提出应用互联网思维重构电视业⑧（谢欣，2015）。

《日本新媒体产业》（龙锦，2012）⑨、《印度新媒体产业》（曹月娟，2012）⑩、《美国新媒体产业》（修订版，吴小坤、吴信训，2012）⑪、《发达国

---

① 张梦瑶、路宗远：《“穿戴式”开启移动互联2.0时代》[J]，《青年记者》2013年18期，第25页。

② 张玲：《谷歌眼镜开辟数字出版新模式》[J]，《出版参考》2013年16期，第19—20页。

③ 唐绪军、黄楚新、刘瑞生：《创新与融合成为主流——〈中国新媒体发展报告〉盘点及预测》[J]，《中国报业》2013年11期，第33—35页。

④ 白晨晖、范以锦：《两次转型中的机关报地位探索》[J]，《新闻大学》2014年03期，第1—5页。

⑤ 郑勇华：《新媒体环境下媒介经营管理的转型方向》[J]，《新闻界》2012年06期，第69—72页。

⑥ 唐绪军：《传统报业转型的“实”与“虚”》[J]，《中国报业》2012年17期，第26—27页。

⑦ 喻国明、李慧娟：《从“付费门”到“付费墙2.0”：数字报纸盈利模式的景气度研究》[J]，《当代传播》2014年04期，第11—15页。

⑧ 谢欣：《媒介经营与管理视阈下互联网思维对电视业的重构》[J]，《声屏世界》2015年02期，第61—63页。

⑨ 龙锦：《日本新媒体产业》[M]，北京：中国国际广播出版社2012年版。

⑩ 曹月娟：《印度新媒体产业》[M]，北京：中国国际广播出版社2012年版。

⑪ 吴小坤、吴信训：《美国新媒体产业》（修订版）[M]，北京：中国国际广播出版社2012年版。

家与新兴国家的数字电视产业》（陈积银，2012）[①]，这套《国际新媒体产业瞭望》丛书紧紧把握媒介融合的时代前沿，向读者展示了当今世界各国互联网产业、数字电视产业、数字出版产业、移动新媒体产业、动漫与游戏产业的最新进展状况与产业规模，绘制了一幅全球新媒体产业发展的图谱。《理解新媒介——延伸麦克卢汉》（［加拿大］罗伯特·洛根著，何道宽译）、《新媒介：关键概念》（［英］尼古拉斯·盖恩、戴维·比尔著，刘君、周竞男译）、《新新媒介》（［美］保罗·莱文森著，何道宽译）、《媒介融合：网络传播、大众传播和人际传播的三重维度》（［丹麦］克劳斯·布鲁恩·延森著，刘君译）。这套新媒体译丛[②]也为国内学者研究拓宽视野提供了参考。

2. “大数据”对传媒产业带来的新挑战成为关注的新热点

2012 年伊始，“大数据”“云计算”又掀起新媒体发展的一波新浪潮，成为传媒业界学界关注的新热点。学者们敏锐地认识到：“大数据”必将给传媒产业带来一系列的变革，对新闻生产、媒体从业者、传播方式、数据意识产生重要影响[③]（官建文、刘扬、刘振兴，2013）；“大数据”或将改变传媒产业的分析框架，作为一种资本，也将会对传统媒体与社交媒体生产力发展产生一定影响[④]（孟建、刘一川，2013）；“数据已经成为了新闻核心资源之一”[⑤]（彭兰，2012），“数据权”将成为下一个公民应有且必需的权力[⑥]（李良荣，2013）；传统媒体可以抓住大数据环境下受众对高品质、确定性信息的需求，寻求战略突围[⑦]（张涛甫、项一嵚，2013）；云计算有助于平面媒体实现数字

① 陈积银：《发达国家与新兴国家的数字电视产业》［M］，北京：中国国际广播出版社 2012 年版。

② 吴信训、何道宽主编：《复旦新闻与传播学译库·新媒体系列》［M］，上海：复旦大学出版社 2012 年版。

③ 官建文、刘扬、刘振兴：《大数据时代对于传媒业意味着什么？》［J］，《新闻战线》2013 年 02 期，第 18—22 页。

④ 孟建、刘一川：《大数据时代：关于我国媒介生产变革的研究——基于传媒经济学视角》［J］，《新闻传播》2013 年 07 期，第 7—9 页。

⑤ 彭兰：《社会化媒体、移动终端、大数据——影响新闻生产的新技术因素》［J］，《新闻界》2012 年 16 期，第 3—8 页。

⑥ 李良荣：《世界数据化的广度深度限度》［J］，《人民论坛》2013 年 15 期，第 26—27 页。

⑦ 张涛甫、项一嵚：《大数据时代的传统媒体突围》［J］，《新闻记者》2013 年 06 期，第 32—36 页。

化生存和全媒体转型[①]（王丽娜，2012）；王武斌（2013）分析了大数据浪潮下的传媒业及大数据讨论的若干误区；[②] 崔保国（2013）概括到产业方面的研究主要集中在传媒业危机和压力之下以及大数据挑战和机遇下的战略应对与未来展望[③]等。也有学者针对云技术在技术上和受众使用上存在的某些问题，提出了对“云报纸”热的理性思考[④]（董天策，2012）。

三、传媒产业体制转型备受关注

传媒经济的发展与体制机制具有十分密切的关系。进入媒体融合时代，传媒产业体制转型的探索也日渐进入深水区。邵培仁、陈兵（2004）指出我国报业集团改革面临规模大小抉择、报业集团先做大还是先做强、经营结构是个体理性还是群体理性、结构组织是层峰值还是扁平制、战略取向是全球化还是本土化、发展策略是多元主义还是专业主义等六大困境[⑤]。还提出我国报业集团管理改革中存在十大悖论，即报业产权是公益事业还是文化产业、组建集团是市场行为还是行政意志、本质上是报业集团还是“翻牌公司”等，并结合中国国情和媒介实际，提出了解决的途径和措施[⑥]（2005）；陆小华（2004）指出应基于数字媒体观来变革传媒运行模式[⑦]；周劲（2006）论述了制度环境与传媒治理结构创新的若干问题[⑧]；陈佑荣（2007）分析了媒介产业化是媒介资源配置及生产方式的分工化、集约化、市场化的过程。这一时期

---

① 王丽娜：《云计算助平面媒体向全媒体转型》[J]，《中国报业》2012 年 10 期，第 9—11 页。

② 王武斌：《大数据浪潮下的传媒业——兼谈大数据讨论的若干误区》[J]，《新闻记者》2013 年 06 期。

③ 崔保国：《大部制整合与大传媒时代的到来》[J]，《当代传播》2013 年 02 期，第 1 页。

④ 董天策：《“云报纸”热的理性思考》[J]，《中国报业》2012 年 17 期，第 9—12 页。

⑤ 邵培仁、陈兵：《论中国报业集团改革中的六大困境》[J]，《当代传播》2004 年 05 期，第 8—11 页。

⑥ 邵培仁、陈兵：《论中国报业集团管理改革中的十大悖论》[J]，《江西财经大学学报》2005 年 01 期，第 108—113 页。

⑦ 陆小华：《数字媒体观与传媒运行模式变革》[J]，《电视研究》2004 年 02 期，第 28—30 页。

⑧ 周劲：《制度环境与传媒治理结构创新》[J]，《江西财经大学学报》2006 年 03 期。

学者们关于媒介产业化的研究是沿着媒介为何产业化、如何产业化、产业化路在何方的思路展开的[①]；郑保卫（2008）在论述了30年来我国传媒业改革与发展状况的基础上，探讨了以观念更新为突破口，实行全方位新闻改革的未来发展思路[②]；在高校媒介经营管理的教育问题上，陶建杰、张志安（2007）指出我国的媒介管理课程偏重肤浅单一的理论介绍[③]，张晋升、陈致中（2010）建议在课程设置和课程内容的安排上，要体现知识的整合性和人才的复合性[④]。

2008年后，"三网融合"及其牵动的体制问题成为学者讨论的热点。正如陆小华（2010）所指出，"三网融合"将带来作为大信息业组成部分的与信息流通、内容产品流通相关的采集、加工、传输、发布等生产格局的变化[⑤]。有关研究也持续深入推进。郑强（2009）提出再造流程，实施报业战略转型[⑥]；崔保国、周逵（2010）指出制约"三网融合"的关键问题是体制与部门利益。如主导权的争执、广电市场化改革、部门市场资源垄断等[⑦]；尹明（2010）在分析了中国传媒产业政府规制的弊端基础上，就改革的主要内容进行了探讨[⑧]；还有学者指出，新技术使得传媒的组织管理机构有可能转向虚拟型和网络型组织机构[⑨]（张君浩、兰海燕，2011）；谷虹（2012）认为"三网融合"消融了传媒业、信息技术产业和电子通讯产业的边界，形成一个融合的产业，

---

① 陈佑荣：《我国媒介产业化研究综述》[J]，《当代传播》2007年03期，第87—89页。

② 郑保卫：《论新时期我国传媒业的改革与发展》[J]，《现代传播》2008年06期。

③ 陶建杰、张志安：《高校媒介经营管理教育的现状与对策》[J]，《新闻知识》2007年02期，第63—65页。

④ 张晋升、陈致中：《传媒经营管理人才培养模式探究——以台湾地区传媒经营管理教育为例》[J]，《新闻界》2010年02期，第175—177页。

⑤ 陆小华：《传媒模式的变化与趋势》[J]，《新闻战线》2010年05期，第16—17页。

⑥ 郑强：《再造流程，实施报业战略转型》[J]，《青年记者》2009年06期，第17—19页。

⑦ 崔保国、周逵：《中国传媒业的现状与动向》[J]，《中国报业》2010年04期，第31—39页。

⑧ 尹明：《中国传媒产业政府规制改革研究》[J]，《东北财经大学学报》2010年04期。

⑨ 张君浩、兰海燕：《变革时代中的变革管理——媒介经营管理面临的新挑战》[J]，《前沿》2011年07期，第125—128页。

转变了产业价值和竞争方式[①]；研究者们主要从美国、欧盟及日本等发达国家和地区的融合规制的历史着手，比较或借鉴其成功经验[②]（喻国明、何睿，2013）；也有学者基于国内情况探讨“三网融合”的具体做法，梳理了我国“三网融合”的代表性业务——IPTV的发展历程，认为从国家层面自上而下的促进是关键力量[③]（黄河、王芳菲，2012）；有学者借鉴美国经验，反思我国的“三网融合”，认为我国“三网融合”的进度很大程度上依赖行政力量[④]（陈志强、夏虹，2012）；也有学者持续关注产业化中专业主义与商业主义的制衡问题[⑤]（郭光华、侯迎忠，2009），媒介的政治责任与商业利益追求的博弈[⑥]（赵雅文、邹梦蝶，2015）等角度展开相关体制问题的研究；曹鹏（2010）则结合领会国家新闻出版总署发布的2010年一号文件——《关于进一步推动新闻出版产业发展的指导意见》，阐述了新闻出版业“去特殊化”，将打破过去分工过细、壁垒森严、井水不犯河水的规定，加快企业兼并重组和资源整合，努力打造具有国际竞争力的跨国出版传媒集团等的重要意义[⑦]；黄升民、马涛（2013）指出“媒介事业产业属性与管控松紧并无直接联系，产业化也并不能解决制度问题”[⑧]；张莉（2012）从新制度经济学“成本——收益”的视角切入，认为中国三十多年的传媒体制改革中，一直扮演“搭便车者”角色的广电传媒逃避了对制度创新成本的承担，收获了制度创新的收

① 谷虹：《信息平台：三网融合的产业制高点》[J]，《国际新闻界》2012年03期，第71—76页。

② 喻国明、何睿：《大数据时代传媒经济研究框架及工具的演化——2012年我国传媒经济研究文献综述》[J]，《国际新闻界》2013年01期，第16—27页。

③ 黄河、王芳菲：《论中国大陆三网融合发展的主导力量——结合IPTV的发展历程加以考察》[J]，《国际新闻界》2012年04期，第70—75页。

④ 陈志强、夏虹：《“三网融合”背景下对媒介融合的思考》[J]，《今传媒》2012年03期，第13—15页。

⑤ 郭光华、侯迎忠：《论媒介产业化中专业主义与商业主义的制衡》[J]，《当代传播》2009年02期，第49—51页。

⑥ 赵雅文、邹梦蝶：《媒体政治责任与商业利益追求的博弈——基于媒介经营管理视角的研究》[J]，《新闻战线》2015年23期，第110—112页。

⑦ 曹鹏：《“一号文件”的时代意义和贯彻力度：我看〈关于进一步推动新闻出版产业发展的指导意见〉》[J]，《新闻记者》2010年02期。

⑧ 黄升民、马涛：《“媒介产业化”再思考》[J]，《中国广播》2013年10期，第38—43页。

益，但是长此以往，“搭便车”行为会造成制度创新的不足①；崔保国（2013）提出中国传媒产业发展的现实呼唤一个具有长期战略思维的统一的传媒管理机构实施全面规划，既要考虑传媒的意识形态功能和信息服务功能，又要考虑传媒的产业功能，以此形成政策思路和政策框架②；陈薇、吕尚彬（2014）提出报业组织必须打破传统事业部制和层级式结构，建立现代企业制度下的报业组织结构③；还值得一提的是，唐绪军、于洪奇、卓悦、卓宏勇几位学者从 2005 年起，持续梳理提炼每年中国报业的关键词，如：2005 年“改制”“改版”“整顿”“联盟”“发行审核”“手机报纸”“调整”“规范”“规定”“拐点”十大关键词成为报业讨论的热点④；2010 年，“转企改制”“退出机制”“三跨战略”“国际传播能力建设”“版权保护”“iPad 版”“3D 报纸”“报刊亭”“阅报栏”“广告回暖”成为这一年报业的关键词⑤；2013 年的报业关键词则是“陈永洲”“广告发行双双下降”“上海报业集团”“新闻晚报”“云报纸技术应用平台”“正在消失的报亭”“深圳最美女孩”等⑥。用这种别开生面的方式，带给我们回顾近十年中国传媒经济研究某个领域特点的生动记忆。

理论是实践的折射之光。近十年来，由于新媒体产业、媒体融合日新月异的斑斓实践，凝聚出令人目不暇接的众多成果。本文由于篇幅所限，对传媒经济研究中具有思想贡献成果的摘要梳理，难免挂一漏万，还请学者诸君见谅，并不吝赐教，以备日后修订时吸纳。此外，喻国明、丁汉青主编的《传媒经济学：中国的学科建构》（人民日报出版社，2016 年版）中，对我国传媒经济学的研究成果也用不同的方法做过统计分析介绍，或可互为参照，

---

① 张莉：《“搭便车者”广电传媒体制改革探析——基于制度分析的视角》[J]，《新闻界》2012 年 15 期，第 58—61 页。

② 崔保国：《大传媒时代的“变”与“势”未来几年传媒业发展的困境和机遇》[J]，《新闻与写作》2013 年 08 期，第 20—22 页。

③ 陈薇、吕尚彬：《媒介融合背景下中国报业组织结构的创新路径》[J]，《当代传播》2014 年 04 期，第 59—61 页。

④ 唐绪军、于洪奇：《2005 中国报业之关键词》[J]，《中国报业》2005 年 12 期，第 27—31 页。

⑤ 唐绪军、卓宏勇：《2010 中国报业关键词》[J]，《中国报业》2011 年 01 期，第 25—31 页。

⑥ 唐绪军、卓宏勇：《2013 年中国报业关键词》[J]，《中国报业》2014 年 01 期，第 18—23 页。

可以参阅。

【通讯作者】吴信训：上海大学教授、博导，上海市社会科学创新研究基地主任、首席专家；储靖伦：上海大学新闻传播学硕士研究生。

稿件收录时间：2016年4月。

中国广电媒体融合发展需要完成“四个转变”

吕岩梅

摘要：广电媒体目前正面临着受众、广告、人才和话语权的流失，因此，在广电媒体融合发展的过程中要实现“四个转变”，即节目变产品、渠道变平台、业态变生态和观众变用户。大力实施和推进“广电＋”行动和“宽带广电”战略是广电媒体在未来发展的主要方向。

关键词：广电行业　媒体融合　发展战略

一、广电媒体正在面临“四个流失”

1. 受众流失

电视人口下降。近五年来，观众人均收看时长不断下降，2015 年上半年观众每天收看电视的时长为 156 分钟，即 1 小时 35 分钟，相比 2011 年上半年的 168 分钟，下降了 12 分钟。而同一时间，中国网民的人均周上网时长达 25.6 小时，每天约 3.66 小时，是电视观众每天看电视时间的两倍。

有线电视用户减少。截至 2015 年 6 月 30 日，全国有线电视用户数 2.3 亿户，比 2014 年底减少了 515 万户，降幅 2.2%，首次出现负增长。

2. 广告流失

近几年，我国广播电视广告收入增势明显放缓。2012 年以前，中国广播电视广告增幅多年保持两位数，2010 年达到 20.23%，但 2013 年开始增幅降为一位数。2013 年和 2014 年，我国网络广告市场连续保持了同比 40%以上的增长，2014 年达到 1540 亿元；而同期广播电视广告收入同比分别只有 9.19%和 5.55%的增长。

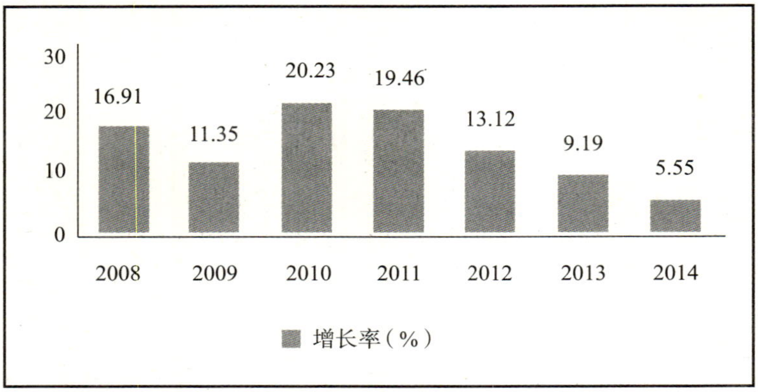

2008—2014 年我国广播电视广告收入增长情况图

3. 人才流失

随着互联网新媒体的快速发展，包括广电在内的传统媒体已经出现几次人才流失潮。2000 年代，少部分广电人才流向几大门户网站；2010 年代，部分广电人才流向视频网站、节目制作机构、广告营销机构等；2014 年以来，出现广电历史上最大的人才出走潮，呈现出全方位、高层级（媒体层级高、职位高）、成规模、创业型、多领域等特点。

4. 话语权流失

以上三个流失的直接结果将是广电媒体作为主流媒体话语权的削弱。

比如，看看谁在服务“低头族”？

随着移动互联网的快速发展，越来越多的人正在成为通过移动端消费视听等信息内容的“低头族”。面对这一现象，我们不得不思考：“低头族”观看的内容，有哪些是由广电媒体或广电机构提供的？或者有的原材料是来自广电机构的，而新兴平台对这些材料进行了精细加工，让内容更加赏心悦目而便捷及时地提供给用户。

在这样的局面下，大力发展新媒体，大力推动广电媒体与新兴媒体融合发展是广电媒体革新图存、实现全面转型升级的必由之路。

二、广电媒体融合发展必须实现四个“转变”

1. 节目变产品，核心是 IP（知识产权）品牌建设与运营

在当前媒体融合向纵深发展的大背景下，原来广播电视内容制、播、传、收“节目式”的管理已经明显限制了内容的创意创新及其产业潜能的开发与释放，“节目”向“产品”转型已经成为市场的必然选择。广播影视机构必须直面这一趋势，主动作为。

一方面，要通过购买、自制、合作等多种途径聚合储存大批优质 IP 原创内容。这些内容可能是情节优美、震撼人心的好故事，也可能是聚集了大量人气的综艺节目，还可能是自带粉丝的网络小说、剧本、游戏、动画等。好的原创内容蕴藏着可以预期的巨大产业延伸、转化潜能，随时可以开发其源源不断的长尾效应，打造出一系列有竞争力的自有内容品牌。这种品牌价值延伸可以是影视故事的系列延续，如美国动画电影《冰河世纪》已形成系列 1—4，电影《速度与激情》已经开发到第 7 部；也可以是内容在不同平台曝光使用的多次增值，如美国电影在不同平台播放的窗口期；也可以是面向不同介质的改编、改造和其他 IP 授权，实现多面开花，如国内综艺《爸爸去哪儿》由现象级综艺节目衍生出同名电影，2014 年春节档上映，票房斩获近 7 亿元，同名手游下载量超过 1.2 亿次，还拓展出同名微信公众号、亲子图书、金鹰卡通节目等，未来还有可能开发主题公园，在玩具、家具、文具等领域进行品牌授权等。美国的影视市场更为成熟，这方面已经形成一定规则秩序，比如，美国电影收入只有三分之一来自票房，其他三分之二都来自 IP 授权衍生产业。

另一方面，就是要对这些原创 IP 内容进行独立的市场化运营。围绕内容产品的产业链开发，设立产品经理、成立运营公司、建立产品线，面向市场，最大化地开发产品的产业转化价值。凤凰新媒体对各类新媒体业务都在进行产品化运营，每个产品都是一个独立的运营主体，如《甲乙丙丁》频道、《凤凰新闻》、《凤凰财经》等客户端都是产品化、项目化运营的。在传统电视台，这些都是节目，在新媒体平台，这些都是“产品”。只有变成“产品”，才能对接市场、对接用户、对接互联网，也才能有生命力。变成“产品”，还能跨区域整合资源、开拓市场，实现优势资源整合。

2. 渠道变平台，核心是找到吸引用户的业务模式

从传播方式上看，传统广播电视通过地面、卫星、有线等“单行线”将节目传递给用户，更偏向于是“渠道”。而新兴媒体则致力于为用户营造一种活动空间，为用户提供“5A”级（Anyone、Anytime、Anywhere、Anyway、Anything）的“在场”服务，更偏向于是“平台”。平台显然在渠道之上（可以兼容渠道）。比如，YouTube、Twitter、Facebook、“BAT”等国内外互联网巨头，还有喜马拉雅FM、考拉FM等国内正在兴起的综合音频平台，都不生产内容，也没有现成的渠道，但是通过平台却可以将原来在各自渠道按部就班传输的各种内容聚合于麾下，吸引大量用户流向平台。而用户在平台的活动行为又产生新的内容和价值。部分广电媒体也开始了搭建平台的尝试，如山东手机电视台APP“山东轻快”总访问量已达3亿，聚合了广播电视、电子政务、电子商务等综合业务，已在全国18个省复制“轻快”手机台70多家，合计访问量4000万，其中机构用户2000多家。苏州广播电视台的APP“无线苏州”聚合了新闻资讯、公共文化信息、市民生活信息、移动电子商务等四大类别20多个功能模块，月均总流量达到45T，相当于在线观看2.3万部蓝光电影。

3. 由业态转变为生态，核心是“家园式”产业圈建设

进行生态式的产业布局已经成为广电媒体和视听新媒体发展的一种现实选择。生态式发展的特点和优势是在特定生态圈中建立各种产业、业态之间的共生关系，所谓“东方不亮西方亮”，寻求一种整体的共赢和向上生长态势。以腾讯为例，至今腾讯视频业务尚未达到赢利点，但是公司却通过视频与新闻信息、社交平台、游戏娱乐等其他业务的联运互动，实现了公司的整体赢利。2014年腾讯总收入789亿元，经营盈利305亿元，增幅高达59%，显示出生态式发展模式的强大生命力。湖南广播电视台、上海广播电视台等一些广电机构已经发挥各自优势着手规划布局生态式发展蓝图，以后也会有越来越多的广电机构跟上来。

4. 观众变用户，核心是生成用户价值

要打通新兴媒体和传统媒体两个用户群，广泛吸引用户、增强平台黏性，不断提升影响力。一个原来的电视观众一旦成为互联网思维下的“用户”，平

台运营者就可以以节目为中心整合用户的生活、商务、娱乐等各类需求，一再提升其用户价值。也就是所谓“广电＋”，广电可以基于互联网，加上电商、加上O2O、加上教育、医疗，加上n。比如一个综艺节目的年轻女粉丝，也可能是某品牌时装或化妆品的忠实用户，也可能专爱吃肯德基这类垃圾快餐，还爱网购某品牌的尿不湿和奶粉。再比如，一档汽车类节目的爱好者可以通过互联网和社交平台组成粉丝圈，这个粉丝圈不仅可以一起讨论节目，还可以开展汽车销售、汽车维修、自驾游等相关活动，自驾游又可拉动相关用品的电子商务。一个纪录片节目爱好者组成的粉丝圈，可能培养出一支专业的纪录片制作团队。广电在把观众变成用户的过程中，一方面要注重加强平台建设，吸引并黏住用户，另一方面要注重挖掘用户价值，展开用户价值关联运营，探索内容与用户的互动效应和长尾效益。湖北广播电视台已经基于电视节目运营拓展出一批“广电＋”产品。如“广电＋农业”。湖北台专门对农服务的“垄上”频道实施“广电＋”，加出了一条涵盖节目、广告、互联网和实业的长长的传媒农业产业链，加出了一个由节目到频道、再到如今多渠道渗透的传媒集团——湖北长江垄上传媒集团。这一模式在“线上”通过内容播出，打造节目品牌链；在“线下”通过农资（农药、化肥、种子）销售、绿色农产品销售、农村信息化服务、农村保险等多项业务，打造“广电＋农业”产业链。该集团即将登陆新三板上市。这个台还推出“广电＋汽车”“广电＋中小企业服务”“广电＋美食”“广电＋婚恋”等一系列具有互联网思维的“广电＋产品”。其中“广电＋汽车”产品，通过交通广播节目的延伸，将汽车线下服务拓展为整车销售、汽车维修、用品销售、培训教育、二手车交易、汽车文化六大板块，并打造了移动APP“路客”，活跃度很高。广西台推出了“广电＋美丽乡村购”和“广电＋美丽乡村游”。这些均是通过节目与市场运营、线上与线下的互动，实现节目关注度与在线平台活跃度以及相关产品的销售额齐头并进，观众与用户成功融通。

三、未来发展战略

1. 大力实施“广电＋”行动

重要性：可以概括未来广电媒体的全面升级。当前最迫切的任务：就是加互联网，拥抱互联网，占领主战场。“广电＋”包括：广播电视台的“广电＋”，也包括广电网络的“广电＋”。

2. 大力推进“宽带广电”战略

广电媒体将积极参与“宽带中国”战略的实施行动，按照“宽带中国”战略的新要求，把广电网络建成兼具宣传文化和综合信息服务特色的新型网络。

【通讯作者】吕岩梅：国家新闻出版广电总局发展研究中心新媒体研究所所长、研究员。

稿件收录时间：2015年10月。

融媒体时代大电视产业的形成动因、竞争格局与发展流向[①]

高红波

摘要：媒介融合时代，电视产业的生态环境正在发生剧变。媒信产业的融合，打破了原有的市场边界。围绕“视频”这个核心，电视机构、电信企业、视频网站和电视机相关设备生产商展开了激烈的市场竞争。一个新的以“视频”为中心的硬件设备生产和视频内容产业，即“大电视产业”，应运而生。本文主要对这一新兴媒介社会现象产生的动因及目前大电视产业竞争格局进行解读，并对其未来的发展趋势加以关注。

关键词：媒介融合　大电视产业　媒信产业

美国专栏作家凯文·曼尼（Kevin Maney）较早意识到电信与传媒产业的融合，在其专著《大媒体潮》中，率先提出了“大媒体”（Mega media）这一概念。凯文·曼尼所指出的“大媒体”，是“一种全新的传播概念和传播方式，向人们提供包括通信、影视、音乐、商业、教育等内容覆盖面极广的全方位资讯和娱乐，包括上述资讯和娱乐生产的全部内容、设备和过程。较过去的媒体而言，它容量大，技术要求高，多采用现今最为先进和尖端的传播技术和手段；投入资金大，跨行业多，当然也以更深、更广的方式介入人们的生活。”[②] 显然，凯文·曼尼认为电信与传媒产业的融合，在内容传播方面必然以媒介信息为归宿，由于没有办法对包罗万象的内容传播确切描述，只好借用“Mega”（意为“百万，大”）这个前缀来修辞中心词“媒体”。

目前，我国电信与传媒产业的融合步伐加快，网络技术、数字技术的应

① 曾发表于：视听［J］，2016（01），pp.17—21。

② ［美］凯文·曼尼．大媒体时代——当今世界媒体新潮．林琳译．新闻大学，1998（秋）．第27页。

用与发展助推着视频内容传播的浪潮，传播内容越来越聚焦于影像，传播符号越来越依赖于视频。IPTV、OTT TV、视频网站、手机电视等成为视听新媒体发展最热的领域。随着带宽的增加，“视频”已经成为媒介融合时代传播内容的重心。受凯文·曼尼“大媒体”概念的启发，笔者聚焦媒介融合中的视频传播，尝试提出“大电视产业”的概念，希望通过“视频化”这一条主线，贯串起互联网与电视产业融合过程中所延伸和形成的新的产业价值链，用以描述和表现数字电视新媒体产业创新与发展的媒介环境变化。

一、“大电视产业”的概念界定及其形成动因

所谓“大电视”（ Mega television）是指：“在信息技术、数字通信技术和互联网技术革命的汹涌浪潮中，传统电视业已经逐渐融合发展为跨越广播电视和信息产业边界的综合性产业，其内涵和外延都发生了颠覆性的变化。”① 在这样一个“媒信产业”理念的基础上，笔者认为，“数字技术、网络融合、云计算等高新科技的发展和应用，为电视产业带来新的机遇和挑战。传统电视媒体分别与固定网络和移动互联网融合，衍生出 IPTV、视频网站和手机电视等视听新媒体形态，电视产业向网络化和数字化方向快速拓展，有效延长电视产业价值链条，包括部分通信服务、数字机顶盒、智能电视机等在内的‘大电视产业’正在浮出水面。”②

那么，究竟什么是“大电视产业”呢？

笔者尝试给出一个这样的界定：

所谓“大电视产业”，指的是在媒介融合背景下形成的以“视频”为中心的硬件设备生产和视频内容产业。在电信与传媒产业融合的过程中，网络电视与数字电视的发展扩展了传统电视产业的范围，其上、下游产业包括机顶盒、智能电视、互联网电视、移动终端等设备生产商、技术运营商、网络运营商和内容集成商等共同建构起新的电视媒体产业价值链。这一被称为“大电视产业”的新型电视媒体产业价值链条，大大拓展了传统电视产业“内容

---

① 吴信训等．互联网与传统媒体融合趋势研究．见：吴信训主编．世界传媒产业评论（第7辑）．北京：中国国际广播出版社，2011．第15页。

② 高红波．2011年中国数字电视产业发展报告．见：吴信训主编．世界传媒产业评论（第9辑）．北京：中国国际广播出版社，2012．第134页。

生产”、“广告销售”与“电视机设备生产”的市场发展空间，为传统电视产业带来诸如“面向多种终端的节目定制和分发”“有线广播电视网络信息服务”“机顶盒（包括数字电视、卫星电视、IPTV 、OTT TV 机顶盒等）设备生产”“智能电视机设备生产”等新的增量空间。

“大电视产业”的形成动因何在？

从技术层面来看，数字融合将音频、视频、图片、文字等不同内容的信息方式和存储格式统一起来，变成了数字化生存的一串串“0”和“1”组成的字符。数字技术的应用普及，促使原本传输声音的电话线与传输电视节目的广播电视网以及传递图片文字音频视频等综合信息的互联网，业务和功能趋向一致。互联网宽带技术和移动互联网技术的发展，助力互联网信息的传播从文字图片为主的时期快速推向视频信息传播为主的移动化、视频化时代。从数字融合到三网融合，传统电视产业、电信产业、信息产业之间原本清晰的界限被打破，多种产业间融合的交集部分越来越显著，科学技术的进步与应用，成为“大电视产业”形成的技术基础。

从经济层面来看，电信产业的传统业务如语音通话、手机短信等，在数字和网络技术快速发展的背景下，逐渐式微，固定电话业务的萎缩和手机短信遇冷的状况，促使电信产业向包括视频在内的多种业务扩张和转向，以此扩大电信网络的范围经济。电视产业同样遇到了经济发展的挑战，原本的内容产业增值空间受“透明天花板”的限制，难以有突破性发展，转而寄托很大期望值的付费电视业务又受到包括用户习惯、电信竞争等多种因素的影响，继而谋划将单向传输节目的广播电视网络改造成“双向互动、互联互通”的广电宽带，在信息传输的市场分一杯羹。信息产业中的互联网企业也在寻找更多的盈利空间，自然不肯放过“视频化时代”的蛋糕，互联网电视等相关硬件设备的生产、网络视频的内容制作与经营也进入了其发展的视野。一场围绕“视频”展开的市场争夺战，不可避免地打响了，并成为“大电视产业”不可或缺的经济驱动力。

从规制层面来看，1996 年美国《电信法》的颁布，为电信产业与传媒产业的融合发展创造了条件，行业壁垒的拆除为“媒信产业”的腾飞助力。2010 年中国国务院常务会议审议通过《推进三网融合总体方案的通知》（国发［2010］5 号文），决定加快推进电信网、广播电视网和互联网三网融合，实现三网互联互通、资源共享，广电和电信双向进入，标志着我国三网融合取得了实质性突破。2014 年 8 月，中共中央第四次“深化改革领导小组”全体会议，将媒体融合提高到国家战略高度，发布《关于推动传统媒体和新兴媒体融合发展的指导意见》，媒体融合正式成为国家战略。2015 年 9 月，国务院办公厅印发《三网融合推广方案》，中国三网融合工作进入了一个新的阶段。“大电视产业”在中国的发展有了坚实的制度性保障。

综上所述，媒介融合（Media Convergence）催生了“大电视产业”。音视频内容的数字融合，消弭了音频、视频、图片、文字承载介质的异构性，“比特流”（Bits）成为数字内容的统一格式，为全媒体传播奠定了基础。技术条件的成熟，产业经济的扩张，法规制度的保障，为“大电视产业”的形成和发展提供了动因。围绕“视频内容”，一种“泛电视化”的竞争在原本分属于不同行业的市场主体间激烈展开。

二、嬗变的视频：大电视产业的竞争格局

媒介融合时代，电视产业的生态环境正在发生剧变。媒信产业的融合，打破了原有的市场边界。围绕“视频”这个核心，电视机构、电信企业、视频网站和电视机相关设备生产商展开了激烈的市场竞争。一个新的以“视频”为中心的硬件设备生产和视频内容产业，即“大电视产业”，应运而生。

究其实质，“大电视产业”是由媒介融合引起的“视频内容传播产业”，其与传统电视产业最大的不同是围绕“视频”为中心的产业链条发生了变化。电视机构、电信企业、设备厂商、视频网站等四类原属不同行业的市场竞争主体，因为“视频内容”发生了产业的融合与交叉。如下图所示：

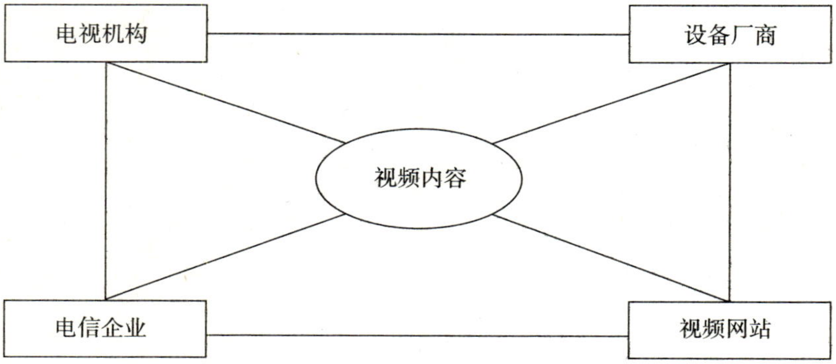

大电视产业相关企业的核心联系示意图

“视频内容”是大电视产业价值链的核心与枢纽，电视机构、电信企业、

设备厂商、视频网站等共同构成大电视产业的“生态圈”。全球化视野下，大电视产业正呈现出“云平台战略”“大数据生产”“全媒体传播”“全业务运营”等发展特征。

1. 电视产业的“三网融合”新空间

借鉴美国的经验，“三网融合”这种破除电信业与电视业壁垒的改革举措，对于有线电视网络信息服务潜力的释放有着巨大的价值。以美国最大的有线电视运营商康卡斯特公司为例：从2009年起，康卡斯特有线电视用户开始流失，截至2014年底已流失300万户。为了应对新媒体冲击，康卡斯特加快有线电视网络的IP化改造以及服务平台的云媒体化改造，大力发展宽带业务，推出跨终端应用的Xfinity系列视频服务，有效阻止了用户流失的趋势。截至2014年底，康卡斯特公司的总用户（包括宽带、视频、电话用户）2703.5万户，综合收入687.75亿美元[①]。其中，康卡斯特公司宽带用户2196.2万户，占用户总数的81%，可见，宽带业务已经成为康卡斯特公司的主要业务。

国内方面，歌华有线、天威视讯、华数传媒等有线电视网络运营商也都在积极探索“三网融合”新业态。比如歌华有线推出“歌华飞视”无线WIFI业务、“物联网”应用、VOIP业务等，努力开拓产业发展的空间。根据相关研究[②]：2010年“三网融合”启动以来，我国有线电视广播电视网络数字化、宽带化、交互化、智能化取得阶段性重大进展，有线网络公司纷纷拓展互联网业务和新业态，23个省市的有线网络获得工信部颁发的互联网相关业务资质，有线网络正逐步从单一的广电网络传输商向综合信息服务商转型。

2014年5月，中国广播电视网络有限公司正式挂牌成立，争做继中国电信、中国移动、中国联通后的“第四运营商”，广电有线网络公司“互联网化”发展趋势日渐明朗。2015年3月，国务院总理李克强在十二届全国人大三次会议的政府工作报告中第一次提出“互联网+”行动计划。“互联网+”这个概念的应用创新或将成为今后一个时期我国数字电视产业发展的重要趋

① 朱新梅、郜亚会．美国视听媒体融合发展案例分析．见：国家新闻出版广电总局发展研究中心，视听新媒体蓝皮书（2015）．北京：社会科学文献出版社，2015．第297—298页。

② 国家新闻出版广电总局发展研究中心．中国广播电影电视发展报告（2015）．北京：社会科学文献出版社，2015．第164页。

势。一方面，网络融合让有线网络有机会改造升级成为真正互联互通、双向传播、可管可控的宽带互联网，保障音视频节目内容传播和互动功能的开发。另一方面，广电宽带可以开启混业经营模式，在“互联网+”的大潮中融入并带动其他行业创新发展，拓展电视产业发展的新空间。

2. 电信产业的“网络电视”新版图

在“三网融合”政策的有力推动下，我国IPTV用户规模发展势头强劲。截至2014年底，我国IPTV用户数量达3363万户，较2012年的2300万户增长了46.22%[①]。目前，“电信提供信息通道，广电提供内容”的IPTV（互联网协议电视）约占到全国电视用户总数（以4亿户计算）的8%，约占到全国有线电视用户数（以2亿户计算）的16%。互联网电视方面，2012年被称为“互联网电视元年”。这一年OTT TV（互联网电视）概念炙手可热，借着“过顶传球”（Over the Top）名义，小米、小红、彩虹等各种互联网电视盒子风起云涌，广电机构、IT企业、网络运营商、电视机厂商纷纷涉足互联网电视业，争相抢占网络电视的新领地。随着OTT TV百万级牌照发放，电信产业以“交互式网络电视”和“互联网电视”为主要组成部分的“网络电视”对中国电视产业结构的深层变革开始施加着越来越重大的影响。

2013年12月，工信部正式向三大运营商发放首批4G牌照，标志着中国正式迈入4G通信时代。截至2014年12月，中国联通、中国电信陆续获得了三批次56个城市4G混合组网资格[②]。移动互联网的快速发展，智能手机等移动终端的普及，也在快速改变着视频传播的生态。据《第36次中国互联网络发展状况统计报告》[③]，截至2015年6月，中国网民规模达6.68亿，中国手机网民规模5.94亿，网民中使用手机上网的比例达88.9%，网民上网设备逐渐向手机端集中，网民通过3G/4G上网的比例为85.7%，在过去的半年里有83.2%的网民通过无线WIFI接入互联网。在视频应用方面，网民对网络视频使用率为69.1%，手机网络视频使用率为59.7%。可见，手机视频用户的市

① 张韬、陈畅民．IPTV发展报告（2014—2015）．见：国家新闻出版广电总局发展研究中心，视听新媒体蓝皮书（2015）．北京：社会科学文献出版社，2015．第74页。

② 董潇潇、张俊霞．视听新媒体传播渠道发展报告（2014—2015）．见：国家新闻出版广电总局发展研究中心，视听新媒体蓝皮书（2015）．北京：社会科学文献出版社，2015．第117页。

③ 中国互联网络信息中心．第36次中国互联网络发展状况统计报告．2015年7月。

场空间也越来越大。

工业和信息化部部长苗圩在《加强信息通信技术应用创新　推动传统媒体和新兴媒体融合发展》一文中，提出“多措并举大力推动传统媒体和新兴媒体融合发展”，指出要“加快推进三网融合”，“IPTV、手机视频等三网融合业务，本身就是传统媒体与电信企业、互联网企业合作开展的新媒体”，要“积极落实党中央、国务院关于三网融合工作的总体部署，加强与新闻出版广电总局协同配合，加快推进广电、电信业务双向进入，促进融合性业务应用快速发展”，“鼓励企业开发互联网电视、多屏互动等新业态，不断壮大视听媒体产业”[①]。可见，在媒体融合成为中国国家战略的新背景下，进军大电视产业已经成为电信业融合性业务发展目标之一。

3. 视频网站的“超级电视”新探索

大电视产业竞争的新格局中，视频网站的力量不可小觑。优酷、土豆、乐视、爱奇艺、搜狐视频、百度视频等受到网民的广泛追捧。我国网络视频行业用户规模庞大，行业环境不断优化，整体发展向好。视频网站的电视化发展及其对受众注意力的争夺，使大电视产业的市场竞争日趋激烈。有的视频网站甚至还向电视机硬件市场进军，尝试对电视产业价值链进行垂直整合。2013 年 5 月，乐视网“超级电视”正式亮相，实现了“软硬件一体化”的电视产业价值链垂直整合，成为全球首家进军电视机市场的互联网公司。此后，百度、雅虎、谷歌等也开始涉足互联网电视机硬件设备市场。

除互联网电视及电视盒子等硬件设备生产外，视频网站的在线视频服务早已与“大屏电视”在视频传播的市场展开正面争夺。2014 年，美国最大的在线视频服务商奈飞（Netflix）公司，全球用户数量为 5739 万户，其中付费用户 5448 万户，年收入 55 亿美元[②]。其主要的竞争手段是加大内容采购与版权合作，斥巨资加大自制内容生产力度等。2013 年，全球“大数据”影视营销著名案例《纸牌屋》，掀起了视频网站自制内容生产的滔天巨浪。当然，视频网站与电视产业争夺观众正面交锋的著名案例还有美国葫芦网（Hulu）提供的“网上优质视频内容服务”。

---

① 苗圩．加强信息通信技术应用创新　推动传统媒体和新兴媒体融合发展．见：人民日报社，融合元年——中国媒体融合发展年度报告（2014）．北京：人民日报出版社，2015．第 79—81 页。

② 朱新梅、部亚会．美国视听媒体融合发展案例分析．见：国家新闻出版广电总局发展研究中心，视听新媒体蓝皮书（2015）．北京：社会科学文献出版社，2015，第 299 页。

再以国内的乐视网（LeTV）为例，据其2015年3月发布的上市公司年报宣称，乐视网2015年各业务领域经营目标如下：（1）进一步加大对云视频平台和电商平台的投入，“力争保持长视频第一的位置”。（2）继续保持国产剧覆盖全行业第一的优势，达到上星电视剧覆盖率80％的目标。（3）通过垂直整合，不断拓展智能终端产品，超级电视的销售量目标将要达到300万—400万台。（4）支持更多开发者围绕大屏进行产品开发，在众多新型技术应用等方面进行有效布局，“实现在大屏核心应用领域的战略卡位”[①]。这一发展目标涵盖了平台建设、内容经营、硬件生产和技术创新等“大电视产业”竞争的多个方面，显示出互联网企业对于视听媒体产业全方位融合的趋向。

4. 设备厂商的“智能电视”新跨越

电视机设备厂商是大电视产业竞争的新格局中另一支重要力量，智能电视机的生产越来越重视内容的集成和存储，设备厂商的角色也在悄然发生着变化。2011年8月，创维、康佳、海尔等电视机生产企业不约而同推出了“云电视”（Cloud TV），实现智能电视机生产的新跨越。2012年9月18日，海信集团公布的全球首个针对智能电视深度开发的全新的操作系统——海安系统。智能电视机逐渐演变成一个可以嵌入内容的展示平台，电视机终将告别简陋的“显示器时代”，变成智能化的视频终端。2013年，国务院办公厅发布的《国务院关于促进信息消费扩大内需的若干意见》，提出要“鼓励智能终端产品创新发展。加快实施智能终端产业化工程，支持研发智能手机、智能电视等终端产品，促进终端与服务一体化发展”[②]。2014年，终端厂商与集成平台合作，推出各种智能电视机或机顶盒。如TCL、海信、创维等分别与中国网络电视台旗下的互联网电视集成平台运营商未来电视、中央人民广播电台旗下的银河互联网电视公司、湖南台旗下的“芒果TV”等合作推出各种互联网电视终端。

面对乐视、小米等互联网企业对于电视机硬件设备的跨界竞争，“互联网化转型”已经成为传统电视机生产厂商积极应对竞争的新常态。即便如此，据海信、长虹、TCL等彩电巨头发布的2014年上半年财报，各家销售业绩并

① 乐视网.2014年上市公司年度报告.2015年3月。

② 朱新梅、韩凌.视听新媒体终端发展报告（2014—2015）.见：国家新闻出版广电总局发展研究中心，视听新媒体蓝皮书（2015）.北京：社会科学文献出版社，2015.第123页。

不理想，利润整体。其中，海信 2014 年中期报告认为，随着国家节能补贴等政策的陆续退出、电视的智能化以及互联网企业进入所带来的影响，使得行业从产品形态到产业生态迎来了新的挑战。TCL 中期报告披露，TCL 多媒体 2014 年上半年营业额 152.03 亿港元，比 2013 年同期下滑 15.9%，净利润 1.69 亿港元，同比下滑 33.5%。TCL 公司称，业绩下滑原因主要是节能家电补贴退出、互联网 IT 企业跨界令竞争更激烈以及传统电视产业变革所致[①]。可见，“大电视产业”的竞争，已经在内容传播和设备生产等方面对传统电视行业产生了不可忽视的影响。

未来“大电视产业”市场空间拓展的关键在于，把电视机构的内容优势和相关企业的技术优势、网络优势等有机结合，通过“联合硬件，嵌入软件”等方式，与产业链条上相关企业互动合作，完成内容与渠道、软件与硬件的深度融合。这种电视内容生产供应商与智能电视机生产商的深度结合，无疑已成为大电视产业融合发展的趋势。

总之，电信产业与媒介产业的融合过程中，中国电信、中国移动、中国联通的手机视频、IPTV 抢滩电视市场，优酷、爱奇艺、PPTV 等视频网站争夺在线网民的注意力，康佳、TCL、海信等家电厂商的“智能电视”和“云电视”越发讲求硬件设备之外的内容集成与供应，电视机构也在加大“全媒体传播”“一云多屏”的新媒体发展道路上锐意改革。这种“跨界”的市场争夺，还反映在乐视网垂直整合电视产业链自主研发生产“超级电视”硬件设备，更反映在全球视频网站对网络原创节目的重视和投入生产等方面。传统电视业的内容生产制作和节目传输，面临着全面的“跨界”竞争。

三、“互联网＋”：大电视产业的发展流向

2015 年 3 月，国务院总理李克强在十二届全国人大三次会议的政府工作报告中第一次提出“互联网＋”行动计划，这一新提法引发各界热议。2015 年 7 月，国务院发布了《关于积极推进“互联网＋”行动的指导意见》（国发〔2015〕40 号）。开宗明义：所谓“互联网＋”指的是

① 万维家电网．集体“陷落”求突破　2014 彩电行业大事件盘点．搜狐数码．2014-12-25. http://digi.it.sohu.com/20141225/n407272609.shtml。

"把互联网的创新成果与经济社会各领域深度融合，推动技术进步、效率提升和组织变革，提升实体经济创新力和生产力，形成更广泛的以互联网为基础设施和创新要素的经济社会发展新形态"。其实，从"大电视产业"概念的界定和形成动因来看，"大电视产业"的形塑过程本身就是传统电视媒体"互联网＋"的鲜活样本。

有研究者分析认为，"互联网＋"时代具有六大特征，即跨界融合、创新驱动、重塑结构、尊重人性、开放生态、连接一切[①]。基于"互联网＋"这种世界潮流和国家战略，我们可以大致勾勒出大电视产业创新发展的基本趋势：一是传统电视产业的"网络融合"空间逐渐增大。全球传统电视传媒机构正在向全媒体转型，有线电视网络公司向全业务方向发展，电视业全终端移动化发展态势也较为明显。二是视频网站的"超级电视"新探索步伐加快。全球视频网站正在从"网络视频超级市场"的自我定位，变得越来越注重"网络原创视频内容生产"，甚至已经开始尝试用"大数据"带来的用户需求指向创新内容生产。

1. 实现大数据时代电视业的云平台转型

数字融合与媒介融合引领电视业进入大数据时代。电视节目内容的数字化和数据化，累积成媒体资产系统，为"一云多屏"的视听新媒体传播创造了条件。同时，我国以"三网融合"为代表的网络融合，实行广电和电信业务的双向进入，有线电视网络在功能上与互联网趋同。网络融合将网络宽带电视或有线电视用户的个人信息和视频消费行为"透明化"，这些消费行为的信息累积形成可供数据挖掘的"大数据"，其中蕴藏的各种相关性，成为未来电视业务发展的指路明灯。

大数据时代对电视内容生产带来了一系列的变革。这种变革首先体现在视频资源重组和再利用方面。其次体现在对于"大数据"深度挖掘和量化分析基础上的内容生产和节目编排。同时，基于互联网技术的"大数据"为电视媒介营销传播带来许多新的理念和方式。其中，最为明显的是"社交电视"产品以及"个性化定制""智能化推荐"服务等。大数据时代的电视媒介营销正在向"社交营销""精准营销"方向快速发展。在这样的发展趋势下，电视

---

① 马化腾等．互联网＋：国家战略行动路线图．北京：中信出版集团，2015．第46—62页。

业必须实现“平台转型”，由单一的“电视节目内容生产、制作和传输的平台”向复合的“云媒体平台”的转型。

值得注意的是，在媒介融合过程中，通信企业与IT企业的视频媒体化带给传统电视产业很大的压力。在新的媒介竞争环境中，由于竞争优势原因，电视传媒经济的重心正在从“注意力经济”和“影响力经济”正逐步向“内容经济”和“版权经济”的方向转移。与通信企业和IT企业相比，广播电视机构在内容生产和节目监管等方面，优势较为明显，内容的“壁垒”更加凸显出传统广电的相对优势。2013年3月，国务院“大部制”改革方案出台，原国家广播电影电视总局、原国家新闻出版总署合并成立“国家新闻出版广播电影电视总局”“国家新闻出版广播电影电视总局”加挂国家版权局牌子，广播电视产业加强“版权经济”价值开发的趋势初现端倪。“一云多屏”时代，版权视频节目的立体化销售，更加凸显出内容资源的产业价值。媒体资产平台，将汇集广播电视机构丰富的版权节目资源，形成数字化、可共享、易管控的云媒资系统平台，是广电机构在未来大电视产业中安身立命的根本。

2. 加强大电视产业链的资源整合力度

当前，全球“大电视产业”的创新发展，呈现出电视产业链垂直整合，社会资源水平合作的现实映像，美国康卡斯特公司的“混业经营”和著名视频网站奈飞的“大数据生产”都表现出这种大电视产业链资源整合的发展趋势。在我国，无论是乐视网推出“超级电视”硬件设备，还是海信、海尔等推出“云电视”“云家庭”的内容与服务的智能化集成，其实质也都是对电视产业价值链的垂直整合。内容生产方面，无论是“制播分离”“版权合作”等电视内容生产领域的革新，还是“超级女声”“中国好声音”等电视活动产品的设计与价值开发，其实质都是对社会资源的水平合作。中外案例表明，资源整合的成败，将会成为未来全球“大电视产业”发展的晴雨表。换言之，大电视产业的本质是对资源的“二次整合”。唐·舒尔茨（Don E. Schultz）等人当初提出“整合营销传播”（Integrated Marketing Communications）理论时，也许并没有意识到“大电视产业”将会出现，但却对“大电视产业”的发展指明了方向。

基于我国大电视产业价值链企业齐备的优势，笔者提出“云媒体终端定制”的设想，建议借鉴移动运营商和手机制造商的成功经验，内嵌广电特色视听节目应用软件客户端，针对区域市场，实现“数字电视一体机”“互联网电视一体机”“公交移动数字电视”“标清数字机顶盒”“高清数字机顶盒”“手机视频终端”等硬件设备的大规模定制。

基于我国优厚的传统文化资源优势，笔者提出在大电视产业内容生产方面，应结合国外流行节目模式及样态，通过社会资源的整合与广泛合作，运用活动营销手段重点打造具有国际影响力的“国学风”集群化电视活动产品，采用项目制生产管理，以季播形式编排，在具体操作层面上，所有项目产品协同进行，突出启动、发展、高潮、结尾的仪式感，运用社会化合作手段，发挥新媒体营销和全媒体传播策略，形成视听娱乐的规模效应。

3. 大力发展移动化视听服务

2013年8月份，国务院先后印发《“宽带中国”战略及实施方案》《国务院关于促进信息消费扩大内需的若干意见》两份文件，促进我国互联网发展。宽带产业成为我国促进产业结构调整、加强传统产业科技提升、拓展文化信息消费渠道的新热点。在文化产业领域内，发展数字出版、互动新媒体、移动多媒体等新兴文化业态，提升文化产业多媒体、多终端制作传播能力也成为加快文化产业发展的新方向。随着4G的推广，宽带中国战略的实施，下一代广播电视网的建设，智慧城市和无联网的发展，大电视产业的移动化发展方向日趋明朗，智能化、个性化、软件化、移动化将成为大电视产业发展的大趋势。

可以预见的是，随着4G移动互联网技术在我国的商用，考虑到无线城市和智慧城市的建设等因素，移动多媒体这种文化产业的新兴业态将会大行其道，这或将成为大电视产业发展的一个新的机遇。2014年4月23日，《人民日报》刊载中共中央宣传部部长刘奇葆的文章《加快推动传统媒体和新兴媒体融合发展》，其中特别提到，要“瞄准和利用最新技术推动融合发展”“利用4G技术发展网络音视频”“要面向4G建设手机电视集成播控平台，与移动运营商平台对接，整合各方面广播电视资源、视频数字内容，把移动视频聚合起来”。

需要指出的是，上述这些策略的实现需要政府部门在文化产业发展的整体框架下予以政策扶持，鼓励大电视产业相关企业间的协作创新，扶持广电视听新媒体的发展，对大电视产业领域内的新科技、新业态、新成果予以政策扶持和资金项目资助方面的倾斜，培育大电视产业成为我国文化产业发展的新亮点。（本文为2015年度河南省社科规划项目“电视媒体融合发展创新研究”【项目编号：2015BXW009】阶段性成果）

【通讯作者】高红波：河南大学广播电视研究所副所长、副教授、博士后。

稿件收录时间：2015年10月。

传统媒体向新型媒体公司转型中的内容运营战略研究

——以今日头条为例

陈积银

摘要：此文分析了新兴传媒公司今日头条内容运营的战略，比较了传统媒体与新兴媒体在创作主体、内容决策、内容来源、传播方式、核心技术、销售模式和激励机制等方面的异同。本文认为，传统媒体与新兴媒体在内容运营方面战略有很大不同。面对传统媒体不断流失的市场份额、僵化的管理体制、新媒体的竞争，传统媒体要成功转型，就得尊重互联网时代的信息传播特点，学会、实践并超越在新兴媒体行业中运用的战略，否则死路一条。在此过程中，全球化的时空思维观、基于互联网技术的全民生产与消费机制、大数据云计算所带来的智能定位技术、生产消费一体化的移动社交自我表达机制、碎片化的媒介消费观、市场化的生产和消费者利益最大化诉求以及共享机制是特别应予以关注的内容。

关键词：媒介融合　传统媒体　新兴媒体　今日头条

一、引言

国家通过出台《关于推动传统媒体和新兴媒体融合发展的指导意见》（中办发〔2014〕48号）、《国务院关于积极推进“互联网＋”行动的指导意见》（国发〔2015〕40号）、《关于促进大数据发展的行动纲要》（国发〔2015〕50号）等文件来推动传统媒体向新兴媒体转型。在此过程中，许多传统媒体跃跃欲试，但是当前除个别传统媒体还在表现出一些希望外，大多数传统媒体都收效甚微。2014年，南方报系离职人员达202人；2015年，央视高职人员离职也成常态；2014年，杂志广告整体收入下降10.2%，报纸广告整体收入下降18.3%，电视广告下降0.5%①。

与此同时，2012年开始创业的今日头条的运营效率和效益却非常成功。从创业初的20余人到现在的600余人团队，其2014年市值超过5亿；其头条号上的创作者超过35000人，每天创作出3.2万篇文章，而这3.2万篇的文章占据今日头条的整个阅读量的73%。其自媒体账号已达到26000个。其日均点击量接近5亿（视频超过1亿），用户平均使用时长为47分钟。鉴于其优秀业绩，有必要对其内容运营战略做一研究。

二、今日头条的内容运营机制

今日头条喜欢利用高薪去聘请精英人才。它“基本不招年薪20W以下的工程师”，近期在用10万至100万美金招顶级机器学习人才。其人才队伍中工程师的比例占到了一半以上。据其CEO张一鸣公开介绍，所有的核心团队的人员都是他自己亲自了解、招聘的，而他一半的时间也花在了招聘上。

1. 借船出海，利益均沾

与传媒机构、企业、政府合作签约，低价获取别人的知识产权，然后共同经营平台，分配广告利润。今日头条当前和9000多家机构签约，解决了其知识产权纠纷的问题。通过与传统媒体合作，购买版权，提供受众分析数据、共建广告平台，共同打造电商服务，今日头条获得了巨大的产品、市场数据。

2. “画饼充饥”，“捆绑”潜力股

今日头条推出“新媒体孵化器计划”项目，让潜在的社会精英团队加盟。它以提供孵化服务的孵化器名义把许多有意公司化、商业化的自媒体中小团队收编。在此过程中，“诱饵”便是今日头条可以引入各类国际知名风投、降低创业者在发展早期的额外成本、帮团队提供法律、财务和版权保护等资源支持，提供低价高质的办公场所。这样，许许多多的有发展潜力的中小企业便被“捆绑”在今日头条周围。

---

① 中广协报刊分会《中国报纸广告市场2014年度报告》，资料来源：http://news.cnad.com/html/Article/2015/0206/20150206093339477.shtml。

3. 釜底抽薪，全民皆兵

今日头条当前实施的“千人万元、百群万元”计划，即一年内重点扶持至少1000个头条号创作者，单月至少获1万元的保底收入；一年内重点扶持至少100个“群媒体”，单月将至少获得2万元的保底收入。这种以打破时空界限、充分竞争、高薪挖墙脚的方式，使全社会的精英迅速凝聚到今日头条；这对于写作者来说应是一件好事，但是对其他传媒机构来说完全是釜底抽薪。“作者关注的才是头条”这种口号以及利润捆绑机制让头条号上的作者玩命地推送其内容到自己的朋友圈。想想看，如果这些业余作者都在琢磨为今日头条写作和推送的时候，谁还有心思去重视自己所在公司的发展？

4. 以人为本，推荐制胜

今日头条虽然是一个APP，但本质上是一个个性化的信息推荐引擎。其聚合内容生产者（商）＋系统计算分类＋兴趣定制＋搜索＋分发＋推荐的内容生产模式已经相当成熟。其口号为“个性化推荐、千人千面；你关注的才是头条”已经深入公司和用户的心灵。与此同时，今日头条还在持续投入大量人力、物力研发——如何让程序更加精确、更加了解用户需求、更加快捷地向有需求的用户推送他们想要的信息。其目标为强迫读者接受自己喜欢的东西，做到今日头条比读者更懂读者。

5. 技术为先，平台制胜

今日头条的CEO张一鸣是技术男出身，其招聘的一半以上的员工都是技术出身。利用这些技术员工追踪国际前沿算法、技术，分析现有技术弊端，改良现有算法、技术，然后变机器为员工，打造一个巨型的用户和作品大数据信息收集、标签、推送云平台。有了此平台，就等于掌握和制订了市场游戏规则。然后，今日头条采用的便是使用利益捆绑机制把所有的社会相关人士聚焦在此平台上，让他们变成其内容提供商，甚至内容消费者。

6. 国际眼光，国际格局

今日头条从国际先进企业亚马逊模式学习搜索引擎技术，运作模式，然后对之改造升华、在一个新的弱势领域发展壮大。羽翼丰满后，然后携带大部队再回到原来行业领域在中国版图竞争，这便是今日头条的又一战略。当前，今日头条已经在做头条特卖，目前已经与天猫、京东、唯品会、1号店等电商平台等企业合作，从事跨领域运营。今日头条2015年的月广告收入就已经过千万，其广告信息直接可以并入到电商购物页面。

7. 明修栈道，暗度陈仓

今日头条以一个应用APP技术公司姿态而不是传媒公司的面目出现在众人面前，没有引起太多关注。并且，其一直声称不做内容，只做平台。其之前的口号是“与其造船出海，不如借船出海”，想想看，现在哪一个与今日头条合作的企业做到“借船出海”了？倒是在此过程中，今日头条本身借船快要出海了。其登陆美国的战略已经制定。与此同时，今日头条，待成长壮大以后，又制订了内容生产集成商战略，推出了原创内容生产运营模式——“千人万元、百群万元”计划。很明显，这其实是一种避开竞争锋芒，利用新技术迂回进入传媒产业的运作模式。

三、以今日头条为代表的新兴媒体与传统媒体内容运营战略的异同

由于传统媒体在内容运营方面的论述较多，本文不再赘述。但是，通过对今日头条的分析，可以看出，今日头条这类新兴媒体与传统媒体在内容运营方面存在很大不同。

1. 创作主体

传统媒体靠招聘优秀员工，然后由这些员工自己去做优秀产品来吸引人。新兴媒体靠做平台凝聚创作主体，然后由这些聚集的创作主体再去做内容。这其中最重要的一点是，聚集的这些创作主体数量不计其数和界限无边无际，不用固定时间、固定地点去今日头条上班。这种“草根皆兵”的人才战略，充分利用移动互联网的精神，把自媒体的概念用到极致，让读者、传播者、生产者一体化，所有的作者都有可能成为其内容创作主体，其中也包含许多本身就是传统媒体的精英。

2. 内容决策

传统媒体有编前会、有头脑风暴小组、有领导审批，然后再去生产；传

统媒体的内容信息反馈机制也会对其内容决策有影响。这些内容反馈机制包括读者来信、来电、来电子邮件或通过微信、微博留言、听众接待室、机构自身的各种调研数据等。新兴媒体的内容决策是基于用户行为的。其内容生产事前没人管理，采用事后审查机制，以防止非法内容传播。其采用全民大生产的方式，先把内容集成其平台上。然后，用计算机程序语言对之进行标签、分类、排序，机器再根据其用户的信息消费行为有针对性地向用户推送。当然，在此过程中，新兴媒体也会设置栏目，精确海选出优秀的作者、群体，由其来决定生产各种各样的内容。

3. 内容来源

传统媒体在关注各频道、各栏目自身的信息范围；新兴媒体的内容原创来自于全国乃至全世界，因为其创作主体就是全国乃至全世界的精英。内容创作环境方面，传统媒体正在花巨资修建机房、场房、办公室、做“中央厨房”，而且许多还在向“中央厨房”迈进，以便用“中央厨房”模式去做新闻大餐呈现给客户；新兴媒体则认为任何地方、任何空间的信息都是“厨房”中可以加工的美味。个体工作的地方根据自己的情况来实现，不用去公司坐班，在家、在路上、在咖啡馆，甚至在厕所也可以完成工作。时空界限对于新兴媒体来说根本不是问题，许多创作者从来没有去过公司，但照样是该公司的优秀员工，照样可以领工资。相应的内容来源也是更加多样化与丰富化。当然，其为了保证更丰富的内容，新兴媒体公司也积极和传统媒体合作，寻找内容来源。

4. 传播方式

传统媒体主要依靠自己的播出平台（原来平台＋两微一端）来传送内容，但是“僵尸”两微一端居多。新兴媒体主要依靠自己的平台来推送信息，但是，这种平台采用机器数据挖掘用户兴趣，然后可精确向用户推送信息；另外，新兴媒体通过竞争机制、量化考核以及利益捆绑机制，倒逼作者主动向圈子分享，这样可以产生病毒式传播反应。所以，传统媒体是其本身员工在传播，新兴媒体是采用机器的主动精确推送和“草根皆兵”的“麻雀战”。

5. 核心技术

传统媒体采用原有的采、写、编、评技术居多。较少传统媒体也采用了大数据挖掘与处理技术，但是由于集团内部门之间条块分割、利益分配机制不完善、此方面人才稀少等原因，这些技术只有较少的部门在使用，或者间歇性地出来表现一下，不能做到让所有部门随时、随地享用这些新技术；新兴媒体完全采用大数据挖掘与信息处理技术，而且在此方面投入巨大，不断升级，并且把这种投入产生的成果让整个集团的各个子环节都可以共用。因为一开始，它就是一个整体在发展，而且各部门之间与核心技术部门的利益分配机制明确，可量化且利益捆绑。

6. 销售模式

传统媒体采用“免费内容＋广告”，或“部分内容收费＋广告”（受众经常不能精确定位）；当然，也有一些传统媒体已经开始向电商转型，其广告收入占整个集团的收入较小份额。但是大多此类转型的电商还是把传统的开店模式搬到了网上，是一种被动式的销售模式；另外，其目前主要的业务范围还是局限于某省或某个地区的“最后一公里”市场。新兴媒体提供“巨量免费内容＋广告（精确定位）＋电商（精确定位）”一条龙服务。新兴媒体的电商模式优势在于其核心技术推荐信息引擎以及这个平台上凝聚的海量作者和消费者，其精确的信息分发模式对于广告主和电商来说，都有着很大的吸引力，它是一种主动营销售卖的模式。而且，其经营覆盖的范围已经面向全国甚至在向全球扩张。当前全国乃至全球性的中国传统媒体向电商转型的机构还没有面世。

7. 激励机制

较多传统媒体采用大锅饭方式，行政级别明显，编内人员与编外人员收入差别较大，也有部分机构采用了绩效考核方式，但股份制改革还未开始（一年前，澎湃新闻本来计划要实行股份制，但最后计划夭折），薪水较低，许多机构对做得好的员工发各种奖状，用感情留人、事业留人、待遇留人，但是对于一些精英人员的需求与上升空间传统的传媒机构依然无法使之满足。新兴媒体完全采用市场化的运作机制、扁平化的管理层级、人性化的激励机制。个体的工作业绩完全由机器量化考核，多劳多得，少劳少得。高薪、股份、绩效考核一切可以使用的激励机制都在使用，其激励机制让传统媒体的优秀人才源源不断地流入。

四、结语

综上所述，传统媒体与新兴媒体在内容运营方面的思路与战略有很大不同。面对传统媒体不断流失的市场份额、僵化的管理体制、新媒体的竞争，传统媒体要成功转型，就得尊重互联网时代的信息传播特点，学会、实践并超越在新兴媒体行业中运用的战略，否则死路一条。在此过程中，全球化的时空思维观、基于互联网技术的全民生产与消费机制、大数据云计算所带来的智能定位技术、生产消费一体化的移动社交自我表达机制、碎片化的媒介消费观、市场化的生产和消费者利益最大化诉求以及共享机制是特别应予以关注的内容。

【通讯作者】陈积银：甘肃省融合媒体研训基地（省级平台）主任，西北师范大学副教授、广播电视系主任。

稿件收录时间：2015年10月。

传统财经媒体融合战略的实施与控制

——以第一财经为例

易旭明　倪　琳

摘要：第一财经融合战略管理历程是我国传统媒体融合发展的一个典型案例，它有明确的专业财经、融合发展战略定位，品牌建设获得初步成功，但是战略实施却一度受挫。2015 年第一财经的金融信息终端产品创新、企业组织机构变革，似乎正是它深化战略环境与内部条件认知、优化企业组织管理的新突破。

关键词：融合媒体　战略管理　大数据新闻　组织变革

传统媒体与新媒体融合发展已成为各界共识，传统媒体不同程度上早就涉足了新媒体领域，有些机构甚至制定了较为系统的融合发展战略。但是，在缺乏行政壁垒保护的新媒体领域，传统媒体机构生产的新媒体产品鲜有能够赢得市场竞争、获得较大市场份额者，许多传统媒体制定的融合发展战略实施效果往往也难以如愿。对于长期在特定地域、特定行业内经营的国有传统媒体而言，如何进行有效的战略管理——战略定位、战略规划、战略实施、战略控制，尚是一个新课题。

财经媒体市场内容专业化程度高、财经信息和服务需求差异化显著、市场波动较大，而且财经新媒体市场已经有许多非国有财经媒体占据了市场先机，所以传统财经媒体尤其需要在融合发展的数字时代，准确进行发展战略定位、合理利用资源来实施战略、控制市场风险，但这往往又需要打破常规，建立相应的组织机构、企业文化。

上海第一财经传媒有限公司是我国最有影响的财经媒体之一，其传媒产品涉及广播、电视、报纸以及网站、移动终端等各个领域，但很长时间内其主要收入源还是电视广告，2013 年还出现亏损，其战略规划实现也因此放缓。2015 年 6 月，第一财经与阿里巴巴宣布合作，这可以看作其融合发展战略重新启动。基于第一财经融合战略的案例，本文试图探讨传统财经媒体融合发展战略管理中定位规划、有效实施和控制应变的问题。

一、战略定位与规划：专业财经、全媒体融合

战略管理一般是指企业根据外部环境和内部条件，确定自身的生存基础和发展目标，总体谋划实现目标的途径和手段，并在战略实施过程中动态控制管理。企业战略具有稳定性和指导性，同时也有一定动态性和应变性。战略管理的主要过程，首先是要分析环境、明确定位、制定战略规划，然后是组织实施战略，并在市场变局中适当应对、控制风险。

第一财经有着明确的财经专业信息定位、全媒体战略规划。2003年7月，第一财经由原上海电视台财经频道和原上海东方电台财经频率整合而成，并获得国家广电总局支持，特批了超地域概念的品牌呼号“第一财经”。其外部环境是我国经济快速发展并且在加入WTO以后呈现出融入世界经济体系、持续稳定发展的趋势，上海更是定位于我国的经济中心、金融中心、航运中心。第一财经战略愿景是：致力于为中国广大投资者和全球华人经济圈提供实时的、严谨的、高质的财经新闻和深度评析，目标是成为中国最大最强的专业财经资讯供应商。第一财经的战略规划中，传统媒体群包括广播、电视、报纸、出版、通讯社；数字媒体包括网站、IPTV、手机电视、短信等无线增值服务①。2004年8月，“道琼斯第一财经中国600指数”推出，2004年11月《第一财经日报》创刊，之后各种系列传媒产品陆续诞生，其中包括在金融数据分析的基础上推出的金融资讯终端。第一财经的战略规划已经体现了从传统财经媒体向融合财经媒体全面转型的思路，它参照国际标准，着力于内容生产和衍生产品（财经资讯产品与财经公关产品），试图尽快实现盈利模式从广告为盈利支撑到广告、资讯和服务并重转型。

社会各界对第一财经全媒体发展战略、产业链及其品牌建设给予了高度评价，2007年国家广电总结发布的《第一财经产业价值链研究报告 》评估其品牌的商业价值超过168亿元，早期第一财经的战略实施、品牌打造颇为顺利。2009年SMG制播分离改革后主打的五大板块中仍包括第一财经，在经过几年的稳定发展后，实施了“全媒体”融合发展战略：传统电视方面，

---

① 高韵斐.《第一财经跨媒体品牌战略运作》,《中国广播电视学刊》2006（5）。

2010年2月第一财经节目借壳宁夏卫视上星，2010年11月正式成立第一财经新闻社；新媒体方面于2010年11月推出了理财手机移动终端。第一财经管理高层认为，经济结构的调整往往可能是企业逆势而上、进而摘取行业领袖地位的最佳时机；第一财经必须全面发力，在创新业态和商业模式上有所突破，以更加积极的姿态投入文化体制改革，三年内通过财经通讯社的建设和电视业务上星等手段，使第一财经的媒体业务全面超越竞争对手，成为中国最具影响力和权威性的财经新闻服务机构；基于新媒体技术的金融信息服务形成自身特色并在市场上占有一席之地，五年内建成中国乃至全球第一的华语商业与金融资讯服务集团[①]。

二、战略实施："新"、"旧"市场均受挫

然而，第一财经融合战略的实施在传统电视市场、新兴数字终端市场都遇到重大挫折。

电视很长时间都是中国影响最大的媒体，尽管第一财经提出了融合发展的战略，但是其收入支柱至今仍是电视广告，然而恰恰是电视收入却在股市低迷、电视市场整体走低的背景下增长乏力，与此同时因为宁夏卫视、通讯社等内容生产、渠道拓展投入巨大。巨额的前期投入尚未到产出期，在高层领导行政干预下，第一财经借壳宁夏卫视全国覆盖的合同尚未到期就被迫终止，最终导致2013年罕见的亏损。

在财经网站、金融资讯终端等数字财经新媒体市场，第一财经的战略规划也未能有效实施。尽管第一财经拥有地处上海这一得天独厚的区位优势，作为国有媒体拥有丰富的采访资源和较高的权威性，但是在财经网站中，"一财网"的覆盖排名始终在30名开外。第一财经理财手机于2010年11月"悄然"进入理财终端市场[②]，但上市后业绩并不理想。其实在战略层面上，第一财经内部对这个金融资讯终端是做成巨无霸综合移动终端还是各子媒体自分别开发终端尚存在争议。其管理层撰文认为，第一财经移动客户端要形成良

① 高韵斐．《后危机时代与第一财经的战略转型》[C]．2009第七届亚洲传媒论坛·第二届亚洲城市论坛论文集，2009：139—150。

② 曹虹．第一财经推定制手机悄然切入理财终端市场．《东方早报》2010年11月22日，http：//money.163.com/10/1119/09/6LRGFL7800253B0H.html。

好的经营模式并担纲主力，还需要持续的技术开发投入，以提高用户体验和下载量与点击量[①]。

三、战略控制：战略延续、组织变革

第一财经从2010年在传统媒体、新媒体战略扩张以来的具体财务指标外界不可得知，但2013年与宁夏卫视终止合作、第一财经整体亏损的重大现实，迫使第一财经2014年采取了变更管理层、大裁员、子媒体协同业务流程变革等重大应对措施，并在稳定第一财经地面电视生产、经营的基础上，于2015年再度启动重量级金融资讯终端产品。总体而言，第一财经的融合发展战略还是在持续，这也是财经媒体发展的必然趋势。不过，这次第一财经的金融资讯终端在产品推出的同时，还配合有变革性质的重大组织创新、产品理念创新。

1. 推出产品终端："蚂蚁聚宝"APP

2015年8月18日，第一财经和阿里巴巴在宣布合作两个多月后即正式推出金融移动终端——"蚂蚁聚宝"APP。蚂蚁金融服务旗下业务包括支付宝、余额宝、招财宝、蚂蚁小贷和网商银行等。其中支付宝钱包的活跃用户超过3亿。因此，"蚂蚁聚宝"APP是一个聚合了余额宝、招财宝、基金和股票的一站式移动理财平台，分别对应活期、定期、基金、股票等不同层次的理财产品与需求。其中的股市精选资讯由第一财经提供，以满足用户在投资决策过程的刚需。SMG官网评价，阿里巴巴和SMG携手之后，双方没有陷入重复建设新媒体渠道的"烧钱游戏"，而是发挥双方各自资源所长，跨界打通了互联网业界和传媒业界的资源隔阂，优势互补，新旧融合，快速实现了第一财经专业资讯到亿级用户规模的通路，从而化解了困扰国内媒体融合转型过程中最大难题[②]。

"蚂蚁聚宝"移动终端与其他产品在形态、功能上有不少新的特征。与国内的万得、大智慧等金融终端产品相比，"蚂蚁聚宝"终端实现了余额宝账户

---

① 杨宇东、江南．第一财经新媒体移动终端的实践与思考．http：//news.xinhuanet.com/zgjx/2012-06/08/c_131639707.html。

② 资料来源：SMG官网：http：//www.smg.cn/review/201508/0164041.shtml。

内的钱直接通联，买招财宝无需预约等延伸金融服务。

2. 创新信息内容：大数据新闻，个性化推送

“蚂蚁聚宝”APP 的信息内容也有重大创新。它为用户提供包括 A 股、港股、美股在内的精选资讯，同时还将根据用户阅读信息习惯推送精准的定制化内容，实现财经资讯的个性化、产品化转型。第一财经战略业务对象包括机构投资者、个人投资者以及消费财经信息的一般大众。其中面向机构投资者的业务将会很精细，既有免费发布的宏观商业报告，也有收费服务的细分行业的商业报告、分析咨询。借此契机，第一财经还联合其他财经媒体建立起版权合作联盟。

由此看来，第一财经的战略目标不仅是借助阿里巴巴平台推出金融资讯 APP 终端，各界认为其产业目标是要在大数据业务上有所突破，从而服务于 SMG 整体向互联网媒体转型的总体战略。事实上，SMG 的其他媒体也已经和阿里巴巴展开了合作。当然，阿里巴巴拥有海量交易数据、支付数据、物流数据，第一财经可以借“蚂蚁聚宝”APP 发布财经资讯，但还不能这样就实现了财经媒体完全意义上的转型，而介入财经数据深度挖掘、创造数据背后的商业价值，才真正是一次财经融媒体全新形态的探索。

“蚂蚁聚宝”APP 基于阿里巴巴强大的大数据技术分析用户阅读资讯习惯，发现受众关注的上市公司，针对性地进行信息采访、加工、资料搜集、推送，从而完成对主流财经媒体资讯的编辑、整理、标签和输出，并通过订制化生产资讯极大增强客户黏性。这与以往财经新闻有着根本的不同。这种用户阅读数据接入财经内容生产过程、推送分发的链条搭建成功，对传统财经媒体的融合转型显然具有划时代的意义。

3. 变革组织机构：“体制内外”重组整合

新的财经资讯终端及其内容采集生产、深度加工需要一个高效的组织机构来完成，第一财经为此进行了复杂的资本运作、股权重组，在传媒组织构架、高层管理人员配置上做出了重大调整。

由于我国新闻媒体准入规制，阿里巴巴不能直接持股第一财经，但是作为一种变通，阿里巴巴与 SMG 成立一家控股公司，间接持有第一财经的股权。在控股公司中，SMG 与阿里巴巴将分别持有约六成和四成的股权。其中，SMG 以其持有的第一财经 93.29%的股权作为对该控股公司的出资；阿

里则以现金认缴控股公司12亿元的注册资本。控股公司成立后，将以上述阿里巴巴出资的12亿元作为对第一财经的增资；增资完成后，控股公司将持有第一财经95.76%的股权，相当于阿里巴巴集团间接持有36.74%[①]。

内容生产机构方面，媒体报道第一财经将整合旗下日报、通讯社、研究院等渠道的内容成立内容中心，内容中心由现任副总编辑杨宇东负责。另外，第一财经日报原总编辑秦朔离任，而原第一财经日报创刊时的编委，后加入福布斯的中文版总编辑周健工回归第一财经继续主管第一财经日报的内容生产。新的数据服务运营主体方面，由重组新成立的第一财经传媒公司下设全资子公司——第一财经新媒体科技有限公司承担，主要定位于投研资讯产品体系建设、财经数据移动终端研发、互联网金融智库组建等业务。据媒体报道，这家新媒体科技公司的总经理为阿里巴巴集团新媒体总监黄磊，重组后的第一财经董事长仍由SMG领导层担任，但是阿里巴巴会派人担任副董事长。

为了配合金融产品深度开发，2015年6月6日第一财经和蚂蚁金服还联合发起了互联网金融新型智库平台——英凡研究院，它由中国人民银行金融研究所、北京市金融局、上海市金融办提供联合战略支持，从事互联网金融研究。第一财经官网披露，英凡研究院是一个保持独立运作，服务于互联网金融行业的独立智库平台。这种独立性体现在两方面：一是研究的独立性，也就是英凡所有的研究不代表任何一方机构，而是站在行业发展的角度；二是管理的独立性，英凡的最高管理机构为学术委员会，成员将由金融行业的高端、权威、资深人士组成，英凡的所有学术工作服从学术委员会的领导指挥[②]。

另外，2014年11月恒生电子、第一财经、蚂蚁金服、云汉投资也签署了《合作意向书》，在数据业务领域寻求资本及业务层面的合作机会。恒生电子控股子公司上海恒生聚源数据服务有限公司正是一家数据服务公司。这也说明第一财经一直在推进财经媒体融合重组战略。

---

① 王晓庆．《阿里巴巴投资第一财经12亿元》［EB/OL］．财新网：http：//finance.caixin.com/2015-06-04/100816264.html。

② 顾蓓蓓．《蚂蚁金服联手第一财经　英凡研究院低调成立》［EB/OL］．一财网：http：//www.yicai.com/news/2015/06/4629547.html。

四、反思战略管理：深层困境与变革突破

在实际经营中，战略是一个整合的概念，它是企业要不断应对市场竞争、捕捉机遇、规避风险，将长期生存作为自己的目标[①]。财经媒体准入空间相对新闻类媒体更宽松，尤其是在财经新媒体领域，各类产权性质的媒体市场竞争非常激烈。第一财经的发展战略历来得到各界的好评，甚至被看作我国传统媒体跨地域、跨行业融合发展的经典案例。它的确充分运用了上海的财经市场战略资源、国家的支持政策，一定程度上满足了国内外对我国财经资讯的强烈需求。但是第一财经新媒体始终没有形成强大的市场竞争力，最终在传统电视方面因与宁夏卫视合作挫折而整体跌入企业发展低谷。第一财经战略实施方面的挫折，也值得我们对传统媒体融合战略管理进行更深层的思考。

1. 理性判断外部战略环境

传媒战略规划，首先要理性判断外部战略环境，对第一财经来说，外部环境主要包括传媒政策趋势、市场容量变局、传媒技术趋势、竞争对手格局。

我国的传媒政策方面，电视媒体按行政区域准入规制极其严格，报纸准入规制相对电视宽松，互联网媒体准入规制非常宽松。这对第一财经的战略管理、竞争格局产生了什么影响呢？影响是致命的！第一财经地面电视尽管在上海及长三角地区收视率较高，但始终很难突破增长天花板。经过多年的反复谈判、公关，国家广电总局特批了第一财经借壳宁夏卫视跨地域经营，但在国家层面、地区层面的各种行政力量干预下，合作未进入收益期就戛然而止。报纸准入比电视准入相对宽松，第一财经旗下的《第一财经日报》《第一财经周刊》《好运 MONEY》陆续上市，并且都取得了非常不错的市场业绩，但是纸媒近年来受新媒体冲击市场容量急剧萎缩的趋势却无法改变，纸媒很难支撑其第一财经宏大战略规划。财经新媒体准入宽松，而且东方财富网、财经网、金融界网、和讯网等专业金融网站以及万得、同花顺、大智慧等金融资讯终端早已占据了较高的市场份额，并且这些媒体都是非国有媒体，企业投资决策机制、激励约束机制非常灵活，第一财经作为国有企业且尚带

① ［美］菲利普科特勒等．《战略管理精要：企业生存之道》［M］．格致出版社、上海人民出版社，2015：8。

有国有事业单位的管理特征，在竞争激烈的财经新媒体市场上明显不具备竞争优势。为什么第一财经在传统媒体领域尚能获得一定竞争优势呢？其实，在传统电视上，第一财经地面电视根本没有竞争对手，它就是行政垄断格局下上海财经电视市场的唯一供应商；在纸媒市场，第一财经系列报纸、杂志的竞争对手多为国有企业（如各种证券报纸等），这种竞争格局和新媒体竞争格局完全不同。

从市场容量和传媒技术上，近年来金融市场涨跌波动频繁，这直接影响到财经资讯的市场需求和财经媒体广告需求，事实上这也是第一财经“现金牛”产品——电视广告——出现资金流困难的直接原因之一；传媒技术上，传统媒体日渐式微、新媒体方兴未艾增长迅猛，对信息、服务需求差异化、纵深化的财经媒体市场尤其如此，第一财经尽管早已制定了融合发展的战略，但现实却是对传统媒体依赖过重，对新媒体产品开发、市场营销、用户服务大大滞后。

2. 明确内部竞争优势与劣势

战略规划是基于外部环境、内部环境寻找自身竞争优势与产品定位的过程，长期缺乏充分市场竞争、尤其是缺乏与民营媒体“白刃化”竞争的传统媒体，很难对自身内部的竞争优势和竞争劣势有充分的认知。

国有传统媒体最大的优势其实只是资源优势。这种资源优势，首先体现为国有垄断的采访权资源以及国有媒体较高的权威性，市场化的财经新媒体不具备这项资源；其次，第一财经作为上海唯一的广播、电视财经媒体，与其他地区的财经媒体相比，还有财经信息生产的区位优势；再次，第一财经拥有广播、电视、报纸、杂志、网站、数字终端、研究院等完整的财经媒体产业链。“三千宠爱在一身”的资源优势，使第一财经在与不同产权性质、不同区域、不同技术的财经媒体竞争时，分别都存在某一方面的竞争优势。

传统财经媒体的竞争劣势是什么？是传统盈利模式、传统产权性质以及与之相应的企业文化。

传统媒体融合发展的困难最直观的表现，就是对传统收入模式——广告的过分依赖。尽管SMG整体收入源较广，尽管第一财经的内容影响逐年提升，但是长期以来第一财经的收入模式主要还是依赖于广告，尤其是电视广告。第一财经作为地面频道广告收入达到3亿后似乎遇到了透明天花板，2010年重组宁夏卫视后广告收入达到4.2亿元、2011年突破6亿元，但是上星、落地、采制成本投入却增长更快[1]，整体盈利能力一直很难达到公司上市所需指标。《第一财经日报》《第一财经周刊》和同类媒体相比有较强的竞争力和盈利能力，但是传统纸媒市场整体下滑的趋势无法逆转，广告增长空间显然不大。2010 年推出第一财经手机虽然也能做出一些好的报道，但其内部人士认为第一财经新媒体移动客户端当时也只扮演着为《第一财经日报》、电视、广播等传统媒体服务的角色，还未能大规模产生独立的广告收入——它还是着眼于广告盈利模式。

传统媒体尤其是电视，绝大多数是国有产权、国营单位，其相应的管理模式、企业文化，一方面保证了政治舆论导向正确，另一方面也经常导致经营决策、组织机构、激励约束效率低下。具体来说，传统国有媒体的经营决策往往目标多元、决策过程需要层层审批，由此带来较低的决策效率，使媒体在面临市场机遇、市场危机时，生产、营销应变较为缓慢，容易错失良机。另外，长期作为新闻机构、宣传部门的传统媒体，在市场竞争中产品意识、服务意识、盈利意识往往比不上非国有媒体、新媒体。传统媒体在本行政区域内以往基本没有太多的竞争，尤其是电视作为曾经的第一媒体、质优广告资源，经常处于卖方市场，其财经新闻、财经信息的时效性、新颖性、针对性，往往因缺乏充分竞争而未充分提升。

战略实施往往伴随着组织机构和组织文化变革，“经验表明，所有的组织都会在某种程度上收到组织惰性的影响——他们尝试着保持现状，并且抗拒变革。成功的战略实施，需要克服这套组织免疫系统的抵抗”[2]。第一财经虽然形式上建立了现代企业制度，但其内部经济激励机制上往往又受财务政策限制不够充分，约束机制上则往往对除了政治错误之外的各种失误缺乏有力约束，销售上不像民营媒体那么灵活、有效，服务上往往垄断意识较强、对受众和信息消费者的服务意识比较弱。无论是传统媒体宁夏卫视，还是新媒体理财手机，第一财经营销意识淡薄、效率低下的缺点都非常显著，中国有宣传事业单位的体制特征、组织文化短期内难以改变。第一财经新媒体在与众多非国有财经新媒体竞争中，提高传媒产品的精准实用性、强化传媒服务性、提高产品销售有效性等方面，完全不存在竞争优势。2015 年第一财经与

① 单文婷．《第一财经频道的“第一梦想”——访第一财经频道总监谢力》[J]．《视听界》2011（4）．

② [美] 亚历克斯米勒．《战略管理》[M]．经济管理出版社，2011：280。

阿里巴巴对第一财经的股权结构、高管配置，进行了重大变革，正是为了克服传统国有媒体组织结构的弊端。这种组织变革策略SMG在东方希杰电视购物公司中也曾采用并且取得良好绩效。

3. 稳定产品定位、提高协同效率

从第一财经发展的历史教训来看，稳定产品定位是一个关键问题。在中短期业绩压力、各种市场机遇诱惑、新产品层出不穷的市场背景下尤其如此。在稳定基本定位的基础上拓展的产业链之间，也需要优化业务流程、提高协同效率，才能真正实现融合发展战略。

一般来说，财经传媒产品定位大致可分为三类：面向一般大众的财经信息、经济报道；面向投资者的专业财经信息；面向专业投资者的深度财经信息和金融服务。例如，CCTV-2、《经济观察报》就是大众财经媒体的典型；第一财经电视、《中国证券报》及国外的CNBC是第二类专业财经信息的典型，东方财富网、大智慧可谓第三类财经媒体的典型。当然，无论从受众还是从媒体来看，三者固然有一定交集，但是财经媒体的战略规划却必须有轻重缓急，一般来说财经媒体必须首先稳定自己的基本定位，在此基础上将产业链适当横向、纵向延伸。比如，国内的东方财富就是在专业财经信息网站稳定后，首先向基金交易服务延伸，上市以后经济势力更为雄厚，然后又进一步收购证券交易业务；国外的彭博新闻社是在其财经终端获得了巨大的成功以后，再逐步向财经电视、财经杂志等领域拓展，但其金融终端为主的定位并未改变，延伸业务更多是为主业定位服务。

第一财经2010年10月改版宁夏卫视、做大众财经电视得不偿失的历史经验似乎很能够说明，一贯以专业财经信息定位见长的第一财经首先还是应该做精、做强专业财经信息的采集、加工、整合、发布，机会合适时可通过适当的方式向金融服务或大众财经方向延伸，与此同时还应该在提高各个子媒体产品质量、用户体验同时，提高各个子媒体之间的协同效应，这样才能最大限度地降低成本、提高效率。2014年第一财经对网站、报纸等媒体的生产流程进行了重大调整，这正是为了提高协同效应。当然，提高第一财经整体协同效应还是一项长远艰巨的管理任务，在2015年进行了系列重大组织创新后尤其如此。

五、小结

第一财经融合战略管理的经验为我国传统媒体融合发展提供了一个典型的案例。它有明确的专业财经信息定位和融合媒体发展战略，品牌建设也获得了初步成功，但是第一财经融合战略实施却因种种原因而受挫，最终又抓住市场机遇推出了新的产品、重启了融合战略。这个案例，为其他正在着手“融合发展”的传统媒体，合理战略定位、全面分析战略环境、有效实施战略规划、及时控制战略风险提供了有益启示。2015 年第一财经的金融信息终端产品创新、企业组织机构变革，似乎正是它深化战略环境与内部条件认知、优化企业管理的突破口。当然，企业组织效率、协同效率、企业文化优化显然不能一蹴而就，战略管理效果需要时间和实践的检验，各种市场风险、管理风险仍然需要有效控制应对。

【通讯作者】易旭明：上海师范大学副教授、博士；倪琳：上海商学院副教授、博士。

稿件收录时间：2015 年 10 月。

◆ 媒体融合管理

三网融合中版权法律制度的不适应及完善[①]

朱鸿军

摘要：2015 年 9 月 5 日国务院办公厅《三网融合推广方案》的印发，标志三网融合正式开始推广，同时预示着当前我国版权法律制度所存在不适应亦进入亟待完善阶段。应对三网融合环境，我国版权法律制度至少存在广播权、信息网络传播权界定不清，避风港原则有被滥用可能，合理使用原则部分不适用，法定许可中的支付报酬兑现难，侵权合并起诉得不到支持等五大不适应处。对应建议为六方面：将广播权和信息网络传播权适时合并，“缩小避风港的口”，借鉴美国合理使用的评判标准，增加默示许可制度，适度增加版权补偿金制度，支持侵权合并诉讼。当下我国著作权法第三次修改草案正处在公开征求意见阶段，完善三网融合环境中的现有版权法律制度，关涉到此环境中海量作品版权能否得以很好保护和高效利用，关涉到我国三网融合能否健康有序发展，希望这次意见征求能对此多多加以考虑。

关键词：三网融合　版权法律制度

2015 年 9 月 5 日国务院办公厅印发了《三网融合推广方案》，这标志着试点了五年的三网融合正式进入推广阶段。所谓三网融合简单来说是指计算机网络、广播电视网、电信网合而为一。从媒介的基本构成要素来看，三网融合说到底是指三大网络的载体融合和内容融合。在内容融合层面，如何实现三网各自的内容在不同网络之间顺畅合法地传播，海量作品的版权保护和合

① 本文初次发表于《新闻记者》[J]，2015（12），pp. 80—85. 本文系国家社会科学基金项目“我国社交媒体著作权保护”的阶段性成果，项目编号：14BXW017，同时也是中国社科院青年学者资助项目“三网融合趋势下的版权管理体系研究”的阶段性成果。

法利用是一大拦路虎。从当前来看牵引这只拦路虎出现的一大原因在于，我国现有三网融合中的版权法律制度存在着诸多亟待完善之处。

一、三网融合中版权法律制度的不适应

1. 广播权、信息网络传播权两大核心权利的界定不清楚

将作品版权的权利一一界定清楚，这是展开版权保护、版权价值评估、版权交易等所有版权事务的基础。我国版权作品所拥有的4种精神权和13种财产权，最难界定也是最关涉权利人财产利益的权利是后者。三网融合给这13种财产权影响最大的是广播权、信息网络传播权，它使得两者边界界定越来越困难。

依照我国《著作权法》第10条规定，广播权是以无线方式公开广播或者传播作品，以有线传播或者转播的方式向公众传播广播作品以及通过扩音器或者其他传送符号、声音、图像的类似工具向公众传播广播的作品的权利。信息网络传播权，即以有线或者无线方式向公众提供作品，使公众可以在其个人选定的时间和地点获得作品的权利。

三网独立时，两权利的边界清楚。广播权被理解为利用电台、电视台等媒介进行广播，本意指向的是媒介主动传播作品，受众（听众、观众）必须按媒介安排时间或地点被动地接受作品的权利。信息网络传播权被理解为利用互联网等媒介传播信息，本意指向的是媒介提供了作品，受众（听众、观众）可以自行选定时间和地点，通过媒介主动地接受和欣赏作品的权利①。

三网融合后，作品的传播通道既可以说是在互联网上，也可以说是在广播电视网上。受众在手机、电视、电脑三个平台上既可以自行选择时间和地点主动接收作品，如用手机在公交车上看节目，在家用电视回放、点播作品；

---

① 孙骁：《论“三网融合”与著作权法律制度的完善》，中国政法大学2010年硕士毕业论文，第21页。

受众有时也会按媒介安排时间或地点被动获取作品，如想第一时间观看最新电视连续剧，就时常必须在电视台规定的时间收看。由此，原来法律所形容的评判广播权、信息网络传播权的那些显而易见的传播行为特征，到了三网融合环境下，则变得越来越模糊，随之，将这两权清晰加以区分的难度也就愈加大了。

2. “避风港原则”有被滥用的可能

所谓避风港原则是指网络服务商（ISP）如果链接、存储的相关内容涉嫌侵权，若能证明并无恶意，并且及时删除侵权链接或者内容的情形下，可以不承担赔偿责任。在我国，“避风港原则”主要体现在《信息网络传播权保护条例》的第14和23条款中。根据这两条条款来看，判断网络服务提供者的作品使用行为是否适用于该原则主要看其是否“明知或应知”。然而在三网融合环境中，高新技术运用较多且翻新很快，在对其掌握了解程度方面，网络服务提供者与权利人包括审判执法者之间往往处于严重不对称状态，前者很容易借助掌控一线信息的优势为自己侵权行为的不“明知”或不“应知”寻找借口。

此外，“避风港”原则还附加网络服务商另一项责任，即“通知删除”责任。我国的《信息网络传播权保护条例》第14条规定“当权利人认为其服务所涉及的作品、表演、录音录像制品，侵犯自己的信息网络传播权或者被删除、改变了自己的权利管理电子信息的，可以向该网络服务提供者提交书面通知，要求网络服务提供者删除该作品、表演、录音录像制品，或者断开与该作品、表演、录音录像制品的链接”。此条似乎为版权人实现权利救济提供了一条通道，但在实践中，很多时候，此道很难走。当版权人提交书面通知后，除非是重大涉嫌侵权行为，或是已造成较大社会影响，如形成了新闻事件，不然在一般常态下，网络服务商时常可以通过或电话占线，或邮寄地址不详，或拖延不答复等种种手段来搪塞敷衍。网络服务商的这种不作为，法律上讲，版权人可以对其进行诉讼。但网络服务商的强势、诉讼成本的过高和获胜收益的过低等诸多因素常使得这种诉讼权利时常被权利人所放弃。而在三网融合环境下，网络服务商的数量大大增加且身份也越来越多元，既有传统互联网网络服务商，也有广播电视网络服务商和电信服务商，甚至还有电视机生产厂商介入。新增的网络服务商一方面会对旧有的游戏规则不熟悉而不设专门的受理“通知删除”业务的部门，另一方面对于受害权利人来说很容易因不同身份网络服务商之间业务的交叉重叠而难以找到具体的责任人，进而无法发出“通知删除”的书面请求。此种情形下，所谓要求网络服务商履行“通知删除”责任的规定就会形同虚设。

3. “合理使用原则”的部分不适用

我国《著作权法》第22条称“为个人学习、研究或者欣赏，使用他人已经发表的作品”时，使用者“可以不经著作权人许可，不向其支付报酬，但应当指明作者姓名、作品名称，并且不得侵犯著作权人依照本法享有的其他权利”。我国著作权法所列出的合理使用情况，虽然在传统环境中具有较强的可操作性，但在三网融合环境中，由于没有穷尽所有的限制，对于一些新出现的作品使用方式是否适用无法做出回答。如微信朋友圈内上传视频节目是否符合合理使用？若符合，则由于微信其实是一种一传十、十传百具有裂变传播效应的媒介，一些高质量的视频被上传，很容易被广为传播，若不加以限制无疑会给权利人带来较大的经济损失。若不符合，上传者会提出自己是“学习、研究或欣赏”的目的在朋友圈内交流的抗辩理由。

此外，由于三网融合中，各网系统的渠道或内容生产商皆在投入大量研发经费，开发数字保护技术，如TCL已与华纳等众多国内外影视公司商讨版权技术保护措施，开发内容数字版权加密和保护技术；互联网环境中许多内容商为防止侵权也在大量采用技术措施。这种普通公众很难破解的版权技术保护措施片面地保护了版权人的利益，却严重损害了公众本应享有的由“合理使用”制度而带来的公共利益。

4. 法定许可制度支付报酬兑现问题

所谓法定许可制度，简单来说，在特定情况下版权作品可以不经权利人授权也可使用，但需要向权利人支付报酬。我国规定了六种情况下适用于法定许可制度[①]。法定许可制度设计的初衷是简化授权手续、促进版权作品的传播和版权事业的健康发展。三网融合环境中该制度的优势明显体现，即在很大程度上缓解了该环境中海量版权的授权难题，海量的使用者不用大费周折先找到权利人，得到授权后再行使用。但同时该制度推行时另一不容忽视的问题也摆到了前台，即如何将权利人应得的支付报酬给予兑现。当下来看，完成这样的兑现至少有三大障碍：第一，使用者如何高效低成本找到权利人。海量的使用者时常面对的也是海量的权利人，在国民版权登记习惯尚未养成、著作权集体管理组织等中介组织依然不发达的状况下，使用者时常很难高效低成本地找到权利人；第二，支付报酬数额如何确定。对一些碎片化的版权作品如一段对白、一段视频、一段音乐等的使用，国家或行业没有出台相应

① 我国著作权法规定的适用于法定许可制度的六种情况：(1) 著作权法第 33 条第二款：作品刊登后，除著作权人声明不得转载、摘编的外，其他报刊可以转载或者作为文摘、资料刊登，但应当按照规定向著作权人支付报酬。(2) 著作权法第 40 条第三款：录音制作者使用他人已经合法录制为录音制品的音乐作品制作录音制品，可以不经著作权人许可，但应当按照规定支付报酬；著作权人声明不许使用的不得使用。(3) 著作权法第 43 条第二款：广播电台、电视台播放他人已发表的作品，可以不经著作权人许可，但应当支付报酬。第 44 条：广播电台、电视台播放已经出版的录音制品，可以不经著作权人许可，但应当支付报酬。当事人另有约定的除外。(4) 编写出版教科书的法定许可、著作权法第 23 条第一款：为实施九年制义务教育和国家教育规划而编写出版教科书，除作者事先声明不许使用的外，可以不经著作权人许可，在教科书中汇编已经发表的作品片段或者短小的文字作品、音乐作品或者单幅的美术作品、摄影作品，但应当按照规定支付报酬，指明作者姓名、作品名称，并且不得侵犯著作权人依照本法享有的其他权利。(5)《信息网络传播权保护条例》第 8 条：为通过信息网络实施九年制义务教育或者国家教育规划，可以不经著作权人许可，使用其已经发表作品的片断或者短小的文字作品、音乐作品或者单幅的美术作品、摄影作品制作课件，由制作课件或者依法取得课件的远程教育机构通过信息网络向注册学生提供，但应当向著作权人支付报酬。(6)《信息网络传播权保护条例》第 9 条：为扶助贫困，通过信息网络向农村地区的公众免费提供中国公民、法人或者其他组织已经发表的种植养殖、防病治病、防灾减灾等与扶助贫困有关的作品和适应基本文化需求的作品，网络服务提供者应当在提供前公告拟提供的作品及其作者、拟支付报酬的标准。自公告之日起 30 日内，著作权人不同意提供的，网络服务提供者不得提供其作品；自公告之日起满 30 日，著作权人没有异议的，网络服务提供者可以提供其作品，并按照公告的标准向著作权人支付报酬。网络服务提供者提供著作权人的作品后，著作权人不同意提供的，网络服务提供者应当立即删除著作权人的作品，并按照公告的标准向著作权人支付提供作品期间的报酬。

法定或公认的付酬标准。第三，权利人如何反制使用者不及时如实支付报酬。一方面对于版权作品的使用信息，是否被使用，如何被使用，使用的收益如何等的了解方面，与使用者相比，权利人完全处于劣势地位，在这些关键信息不掌握的前提下，权利人很难了解报酬的真实性，另一方面以当前实际状况来看，使用者即使不及时如实或根本不支付报酬，权利人通常情况下只能是无奈面对。

5. 版权碎片化带来的散小侵权诉讼问题

三网融合之后，信息传播渠道陡然扩容了很多，与之伴生版权作品的需求量激增，版权作品成了稀缺资源，为将版权作品价值最大化，权利人一方面不断随行就市、抬高版权价格，另一方面越来越重视版权衍生品的开发，如一部电视剧的制片人，将电视剧的插曲、字母、对白、拍摄花絮甚至剧情模式都将其单独著作权化，然后将他们独自或打包出售给手机运营商，后者将其制作成为如手机闹铃、背景图片、视频短剧或游戏元素等。与此同时，三网融合空间里，各类不同的网络运营商因本行业的市场需要对版权作品的需求也在趋于片段化，一淘宝店老板可能只需要电视剧里的某个片段作为自己的宣传视频。两项因素都在促使三网融合环境中，版权作品的使用趋于碎片化。这种碎片化给权利人带来的一大难题是，当出现侵权时，面对大量散小的侵权行为很难对其进行集合诉讼，因为这不符合我国民事诉讼法有关合并审理案件规定的三种情形①。如此一来，这将大大打击权利人诉讼的积极性，因为这些散小侵权行为的单个诉讼标的额低、程序繁复，会耗费诉讼人大量的时间和精力。经典案例为“新京报诉‘浙江在线’案”，面对要求将

① 这三种情形分别是：1.《中华人民共和国民事诉讼法》第五十三条规定：“当事人一方或者双方为二人以上，其诉讼标的是共同的，或者诉讼标的是同一种类，人民法院认为可以合并审理并经当事人同意的，为共同诉讼。”2. 第五十六条规定：“对当事人双方的诉讼标的，第三人认为有独立请求权的，有权提起诉讼。对当事人双方的诉讼标的，第三人虽然没有独立请求权，但案件处理结果同他有法律上的利害关系，可以申请参加诉讼，或者由人民法院通知他参加诉讼。人民法院判决承担民事责任的第三人，有当事人的诉讼权利义务。”3. 第一百二十六条规定：“原告增加诉讼请求，被告提出反诉，第三人提出与本案有关的诉讼请求，可以合并审理。”

7706个案件逐一起诉的裁决，前后花了20个月进行诉讼的早已筋疲力尽的原告新京报不得不主动要求撤诉。

二、三网融合中版权法律制度完善建议

1. 广播权和信息网络传播权适时合并

目前我国的三网融合还仅仅处在初级阶段，三网还未真正实现合并为一网，广播电视、互联网、电信网作为独立的信息传播通道依然客观普遍存在，因此，现有的广播权和信息网络传播权的法律界定，基本能解释清三网独立下作品的广播权和信息网络传播权的权利界线。但当三网真正融合时，建议将广播权和信息网络传播权合二为一作为一种权利。

面对三网融合这一新的技术发展趋势，为解决广播权和信息网络传播权的交叉问题，澳大利亚的做法是两者暂时不合，强调通过设立“在线提供权”用于控制“非交互式”传播，设立“电子传播权”用于控制“非交互式”传播①。但从世界范围来看，世界知识产权组织《WCT和WPPT的条款适用调查》统计，2003年39个WCT成员国中有19个国家将广播权和信息网络传播权合二为一，称之为“向公众传播权”。《法国知识产权法典》第L122-1条规定，公开表演权中的“表演”是指：以任何方式向公众传播作品，包括公开朗诵、音乐演奏……及在公共场所转播远程传送的作品。其中的“远程传送”是指通过所有电信传播方式，当然包括“广播”和“信息网络传播”。对此，世界知识产权组织前助理总干事米哈依·菲彻尔也认为，法国的公开表演权不仅涵盖《伯尔尼公约》所规定的公开表演作品的行为，而且也包括在《伯尔尼公约》中作为单独权利类型出现的广播权和向公众表演权。此外，哥伦比亚《版权法》第12条（c）款以及第76条（d）款规定的“向公众传播权”包括了公开表演权、广播权和向公众传播权的内容。西班牙《著作权法》第20条第1款也规定了“公众传播权”，其第2款将“公开传播”解释为包括放映、无线广播、有线广播、网络传播等各种传播行为。意大利《著作权法》在规定“向公众传播权”时也将“向公众传播”定义为“使用任何远程

① 张照龙：《论三网融合环境对广播权和信息网络传播权立法重构方案的选择》，《传播与版权》2014年第12期。

手段进行的传播”①。

当然，也有学者对这种将广播权和信息网络传播权合二为一的立法模式提出了不同的意见，认为，“三网融合”并不会使得广播、电视、互联网及手机媒体在传播形态上相互消融，而是依旧保持其固有特性，版权的设置应保持其独立灵活性，如果让一种权利涵盖多种作品传播形式，就会使权利变得僵硬、刻板乃至失掉价值②。对此观点，笔者不能苟同。三网真正融合后，电视、广播、手机、PC 机实际上已是通过同一性质的技术网络在传播和接收信息作品，赋予这些信息作品两种权利，一是实践中很难将两者区分，二是有版权权利过于扩张的嫌疑，如果以传播形态固有性为成立此观点的理由，那么是不是 PC 机、手机、iPad、Apple Watch 等不同接收终端接收传播的作品也应该有不同的版权权利？因为他们各自的传播形态相对而言既存在差异性也存在固有特性。

2. 加大网络服务商自查责任，“缩小避风港的口”

借鉴部分法院的做法，“以‘影视作品的制作需要花费大量的人力、物力、财力，通常情况下影视作品的相关权利人一般不会将作品在互联网上免费发布供公众无偿下载或播放’为由，认定网络服务提供商应当尽到审查义务，属于‘明知或应知’侵权的情形，并判定网络服务提供商承担侵权责任”③。如在微信或微博圈内若出现影视作品，网络服务商便有责任进行审核，同样大部分情况几乎很少有版权方愿意将精心制作的作品免费上传至网上。

3. 借鉴美国合理使用的评判标准

美国评判合理使用有四大标准：（1）这种使用是否具有商业目的或是为了非营利的教育目的；（2）受版权保护的作品的性质；（3）同整个有版权作品相比所使用的部分的数量和内容的实质性；（4）这种使用对有版权作品的潜在市场或价值所产生的影响。增列适用于三网融合环境的新的合理使用状

① 焦和平：《三网融合下广播权与信息网络传播权的重构——兼析〈著作权法（修改草案）〉前两稿》，《法律科学》2013 年第 1 期。

② Poll Roswitha，Boekhorst Peterte. Measuring Quality：Performance Measurement in Libraries. 2nd. Munchen：K. G. Saur，2007：121.

③ 朱立新：《影视作品的著作权相关问题》，北京市汉卓律师事务所，http：//www.110.com/ziliao/article-292011.html，2012 年 5 月 9 日。

况时，若要求普通用户为非商业使用行为外，还得增加这样的附加条件，若严重影响到了版权作品的市场份额和收益，应将其排除在合理使用之外，不管是否以学习、研究为目的。当然，对因符合合理使用而采取的反技术保护措施依然提供例外条例。

4. 增加默示许可制度

所谓默示许可，也可称推定许可，是指即便版权人没有明说许可某人使用其作品，但是从版权人的行为以推定版权人对某人使用其作品不会表示反对。在我国，该制度并没有获得正式的法律地位。但网络空间中，诸多版权人的行为应该是默示版权作品可以免费转载传播，如个人在微博、微信中发的作品，而且这种行为在越来越追求知识分享的网络空间中越来越普遍，对于这种行为应该给予引入对其有针对性的制度，即默示许可制度。

5. 适度增加版权补偿金制度

该制度首见于1965年的德国著作权法，其初衷是通过极可能被用以侵害复制权的录音、录像设备或空白录音、录像带上，收取一定的金额，以解决私人复制对影视著作权人的不合理侵害[①]。三网融合环境中，各种媒体技术的发展，已经越来越趋于便于侵权行为的发生而且有泛化的趋势，为此，通过版权补偿金制度可以部分解决现有版权法律制度如法定许可制度无法使支付报酬兑现的难题，进而减少版权人的损失，缓解广大使用者和版权人之间的紧张关系。

6. 支持侵权行为合并诉讼

“支持起诉”是民事诉讼法的基本原则之一，像上述提及的浙江高院裁决新京报将7706件作品单独诉讼的做法，明显有违这一原则，并且包括三网融合空间的网络中诸如零散作品被侵权使用的行为处于巨量状态，若都不支持合并受理，那事实上是变相让广大权利人放弃了诉讼维权的手段，变相助长侵权人的非法行为。对于浙江高院的这种判决，最高人民法院知识产权庭原庭长蒋志培也认为：“分案审理显然违背民事诉讼法的精神，本来原告是一个，被告是一个，侵权方式也是一样。司法机关不该犯这样的常识性错误。”

① 颜欣：《论我国版权补偿金制度的构建》，《魅力中国》2011年3月。

对此，方法之一是对民事诉讼法的三种合并受理情形做出相应调整，事实上我国这些规定的弊端在其他行业的诉讼中也已越来越凸显出来；此外，权宜之计是最高院对此类诉讼专门做出“支持合成诉讼”的司法解释。

三、结语

自 1709 年人类第一部版权法《安娜法令》颁布以来，随着信息传播技术的不断变革，版权法律制度也在随之调整。进入互联网时代以来，以计算机技术、数字技术、通信技术为代表的日新月异的现代信息传播技术更是使现代的版权法律制度以前所未有的频率在进行调适。三网融合时代的来临，原有作者、邻接权人和使用者之间的利益趋于严重失衡，为使版权法所追求的“既保护创新又鼓励传播”的核心精神得以实现，就需要适时对现有的版权法律制度进行修订完善。当下我国著作权法第三次修改草案正处在公开征求意见阶段，借此契机，不揣浅陋，针对三网融合这一新传播环境所出现的版权法律问题进行分析并提出建议。希望能抛砖引玉，引来更多讨论，并期望此次意见征求能对领域问题多多加以考虑。

【通讯作者】朱鸿军：中国社会科学院新闻与传播研究所副研究员、硕士生导师。

稿件收录时间：2015 年 10 月。

移动性：上海传媒的媒体融合实践发展的新增长点

张咏华

摘要： 当下，伴随着互联网（包括移动互联网）为核心的数字化信息传播高新技术应用的发展，社会传播生态格局变化显著。原本由传统大众传媒独占主体地位的面向社会公众的媒体传播，现在呈现出大众传播与“大众自传播”（借用一个卡斯特尔用过的术语）并存的局面，作为职业传播者的媒体机构及其从业人员与自主进行公开传播者并存于面向公众公开传播的主体行列，这可说已经成为社会传播领域的新的常态。在这种现实背景下，传统传媒业不约而同地采取了拥抱数字化信息传播新技术，采纳与数字化新媒体融合发展的战略，不断推进这方面的实践。本文试图梳理和分析上海传媒的融合发展过程。文章首先对这一过程进行梳理，认为上海传媒在这方面的实践已从最初推出或借助其他网站推出部分内容，到发展自己建立的网站和持续拓展其网站业务和内容，再到在社交媒体以及移动互联网迅猛发展的背景下加盟社交媒体提供博客业务，设立官方微博、微信公众号，推出 APP 等，可说已经历了三个发展阶段。在讨论这一发展过程的基础上，本文进而探讨上海传统媒体当下在实施媒体融中，高度重视采纳移动终端上的平台这一新动态，并分析移动互联网平台的吸引力所在。文章提出：移动互联网平台的使用在上海传媒的媒体融合实践中之走红，与其移动性分不开。而移动性/流动性对人类社会的吸引力，尽管古已有之，但到了现代社会，移动性/流动性流更是成为现代性的特征之一。而伴随着流动性赖以形成、发展的物质文明基础的发展，在数字化科技革命奠定的新的物质文明基础上，符号世界中的瞬时、持续连接和共享在当代社会移动性中的比重已明显加大。

关键词： 媒体融合　移动性　现代性　符号世界

20 世纪 90 年代以来，横空出世的互联网在世界范围迅速普及且功能不断拓展，移动终端上网现象异军突起，种种数字化传播新形式在电脑互联网平台和移动互联网平台上不断涌现。从传播的角度来说，社会正在进入"互联网星系"时代（借用《信息时代三部曲》的作者卡斯特尔的语汇）。面对互联网（包括移动互联网）平台上各种网络新媒体形式进入社会信息传播市场咄咄逼人的挑战，传媒业界可说是"春江水暖鸭先知"：传统传媒业，尤其是报业，进入20世纪90年代后很快就意识到公众的媒体消费习惯伴随着网络传播的崛起在改变，因此自身必须进行调适，否则将陷入生存危机。现实使传统传媒业意识到自身必须学会与新兴的网络传播体系并肩同存共发展。于是乎，传统传媒业不约而同地采取了拥抱数字化传播新技术，采纳与数字化新媒体融合发展的战略，走向数字化转型。

一、上海传媒的媒体融合实践的发展

在上海，这些年来传媒上网、媒体融合的实践正在如火如荼地展开。根据笔者通过在世纪之交以及去年两度展开的传媒人士访谈、网站和移动互联网上浏览观察及相关文献研究所得的数据资料，上海传媒展开媒体融合的实践，可说已经历了三个发展阶段。20世纪90年代中后期见证了上海媒体融合实践的第一个阶段或者说初期阶段。这一阶段的传媒融合实践主要体现在技术层面上对数字化传播新技术——电脑技术和电脑联网技术的使用以及开始上网发布内容。1996年，上海《解放日报》、《新民晚报》和Shanghai Star的文摘开始通过（"上海因特奈信息有限公司"建立的）《上海之窗》网站推上网①。1998年是上海传媒像中国其他地方一样掀起"上网热"之年。笔者在世纪之交展开的传媒人士访谈中访问的五家上海的传媒机构上海人民广播电台、上海电视台、上海东方电视台、《文汇报》和《新民晚报》均于这一年正式迈开上网的步伐②。《文汇报》于1998年1月26日开始推出网络版。《文汇报》科技版还另有单独的网点，由《文汇报》科技部和Shanghai InfoService Tower Net联合建立。《新民晚报》于1998年12月正式推出其网络版。上海东方电视台1998年迈出上网的步伐后，初时曾先通过《上海之窗》将其"东

① 参见禹刚：《"上海之窗"和施聪的故事》，载《互联网周刊》2004年4月24日，第33页。

② 根据笔者对这几家传媒机构的有关人士的访谈。

视经济新闻”搬上网，数月后又建立了自己的网站。上海电视台也于1998年建立自己的网站，当时即计划不仅将其节目内容的文本形式搬上网，而且要做到部分内容有图像、声音；尤其力求节目预告上网集文字、图像、声音于一体。上海人民广播电台于1998年春节期间首次进行上网尝试，与《上海之窗》网站合作，将其新春贺岁特别节目通过《上海之窗》推上网。此举被称为“创造了中国广播史上的第一次网络广播直播”①。

2000年起的几个年头见证了上海传媒网站改版、扩版，上海多家传媒合作建立大型新闻门户网站以及持续采纳新崛起的数字化新技术、持续拓展其网站业务和网站派生业务的做法，传媒网站越来越重视网上新闻原创。这可以说是上海传媒融合的第二阶段。2000年，上海多家主流媒体合建的大型新闻门户网站东方网正式上海。东方网建立后，不仅提供合作组建该网站的主流传媒机构的内容，还提供网上的新型服务类栏目，如“东方社区”“东方视点”“东方商城”“数字生活”公共服务等。东方网股份有限公司还于2001年创建了连锁网吧“东方网点”，成为其新的派生业务。《解放日报》《文汇报》《新民晚报》等上网后也一再进行改版和拓展。《新民晚报》于2006年正式成立“新民网”；《文汇报》在2006年推出“多媒体文汇报”。其重点已由这两家报纸初上网时在网上推出内容的网络版，到注重原创内容的生产、多媒体特征的发挥等。而随着移动通讯技术的发展，上海的报业和广电业都在21世纪最初10年的中期开始涉足在手机上提供内容。例如，解放日报报业集团2006年启动了具有独立品牌和Logo、团队的i-news手机项目。又如2004年，在中国移动通信集团公司（China Mobile）与上海文广新闻传媒集团（SMG）达成战略合作的基础上，上海东方龙移动信息有限公司宣告成立。当年12月，东方龙公司与上海移动正式宣布在上海地区推出“手机电视”的试播活动。翌年，手机电视在上海正式推出。以电信宽带网络为传输通道的交互式网络电视（IPTV），在上海也在那段时间出现。2005年，SMG获得了国家广电总局颁发的国内第一张IPTV集成运营牌照，从而开启了上海电视媒体展开媒体融合实践的又一新方式。

近年来，我国传媒开始在社交媒体以及移动互联网迅猛发展的背景下加盟社交媒体，提供博客等业务，设立官方微博、推出APP，设官方微信等。

---

① 禹刚：《“上海之窗”和施聪的故事》，载《互联网周刊》2004年4月24日，第33页。

这可被视为我国传媒融合的第三阶段。上海作为中国大陆的大型城市，其传媒融合的发展当然也较为领先。在上海报业领域，上海报业集团旗下目前不仅有30多种报刊，还拥有两家出版社，并且还有一系列具有新闻登载资质的网站，近20个APP应用及超过50个微信公众账号，大量涉入新媒体业务。其“战略发展方向被概括为‘三新一高’——新技术的运用、新媒体的发展、新领域的拓展、高水平服务保障”①。2014年7月22日，该集团旗下《东方早报》团队打造的“澎湃新闻”客户端正式上线。据有关文章介绍，这一客户端迅速因锐利的观点、深入的调查、有分量的文章而走红②。此外，上海报业集团所属的其他各传媒机构也正纷纷着力推进媒体融合发展。例如，上海的《第一财经日报》近年来通过网站改版，开发客户端（APP），推出官方微博和一系列微信公共账号，加大了数字化转型的力度，并计划通过组织结构和绩效考核上的措施，“改变原来晚上做版、第二天见报的流程和架构”，形成“适合全天候网上呈现既鲜活又有深度的文章的支撑”③。再如，上海的《外滩画报》近年来着力于官方一级平台产品、垂直内容细分产品这两大类的数字化媒体融合，在官方一级平台产品层面，除了早已建立自身的网站外，还建设有外滩Daily客户端（APP）、外滩画报微信、外滩画报微博。在垂直内容细化产品层面，已主要以微信公共账号的形式，建立外滩时尚、外滩教育、美丽天使、设计酒店。该刊还计划开发移动端时尚文艺生活入口（官方一级），并进一步开发更多的垂直内容细化类产品④。目前，根据《外滩画报》的“全媒体”报告，《外滩画报》除了拥有微信号为“the-Bund”的主微信外，还拥有外滩时尚、外滩教育、大城小店、靠谱、设计酒店、凹凸帮、美丽天使等垂直分类微信，它们也均在各自领域获得了忠实粉丝的认可。据悉，《外滩画报》微信公众号的订阅数截至2013年底为11000左右，截至2014年底订阅数上升至130000左右，到2015年6月，这一数据进一步攀升至273500左右。

在上海广电业，媒体融合的近期发展也很显著。新文广集团—上海文化广播影视集团有限公司（SMG）（有原先的“大文广”“小文广”整合、改制

①②邱曙东：《“澎湃新闻”正式上线　上海报业集团借新媒体谋裂变》，《中国新闻出版报》2014年7月31日。

③　根据2014年7月底对《第一财经日报》陈姗姗女士的电邮访谈。

④　根据2014年7月20日对《外滩画报》主编田建东先生的电邮访谈。

建立）于2014年3月31日正式挂牌后，2014年4月，该集团下属的、经重组整合的新的东方卫视中心成立，并于2014年6月10日与阿里巴巴数字娱乐事业群正式宣布签署战略合作协议，根据协议，“双方将在内容合作、天猫东方卫视旗舰店、技术及硬件开发、游戏开发、娱乐宝等五大领域展开全面合作。”[①]而该集团下属的东方广播中心不仅已建立了各频率/频道的网站群，并且推出了官方微博和官方微信，适应移动互联网的发展和移动终端的使用，还开发上线使用的数个客服端，其中包括“上海新闻广播”“浦江之声”“直通990”“第一财经广播CBN RADIO”“动感101频率APP”等[②]。据东方广播中心官网（网址：www.eastradio.com）上的介绍，目前，东方广播中心已启动其“广播全媒体制作中心”项目，将搭建全媒体采集与分发技术系统，实现广播节目“多信源采集、多媒体编辑、多平台分发”；通过生产流程再造，提升上海广播的新闻策划能力、资源整合能力、信息处理能力、数据分析能力及多平台分发能力。在2014笔者向上海文广集团东方广播中心副主任路军先生进行访谈时，广播中心的各频率已推出了6个APP。

上海传媒机构的媒体融合发展的这一新阶段即第三阶段，不仅体现出高度重视使用移动互联网平台的特点，而且具有高度重视新媒体团队建设的特征。如果说在上海传媒初涉媒体融合的第一阶段，传媒基本上是运用原有的组织架构开展上网实践将内容推上网、或者通过与某网络公司合作将内容推上网的话，那么在当前的第三阶段，传媒机构显然已把新媒体团队建设作为发展其新媒体业务的重要保障。以《外滩画报》为例来说，该刊按事业部形式，独立设立新媒体团队，“比如维护官方平台的新媒体编辑部、时尚事业部（杂志、新媒体打通）、外滩教育事业部（只做外滩教育）”等[③]。2010年，该刊创立新媒体部，同年推出同名移动客户端，更新频率与杂志同步。2013年，新版移动客户端“外滩Daily”诞生，更新频率升级为每日，从而开启了该刊在媒体融合发展中由新媒体编辑部开始正式生产有别于纸质版杂志的全新内容。此后，《外滩画报》继续在发展新媒体业务方面发力，继续充实新媒体部门的力量，该部门的员工数从2013年的不到10人增至2014年的20余人[④]。

---

① 信息获自新文广集团的官网，URL网址：http://www.smg.cn/review/201406/0163865.shtml。

② 根据2014年7月18日对上海文广集团广播中心副主任路军先生的面访。

③ 根据2014年7月20日对《外滩画报》主编田建东先生的电邮访谈。

④ 参照《外滩画报》的新媒体报告。

又如，上海文广集团东方广播中心启动了广播全媒体制作中心建设。“该中心利用广播现有内容优势，有效区分各频率定位，并为新媒体团队提供了专门的制作空间。这一被称为‘广播全媒体梦工厂’的制作中心将为上海广播进军新媒体领域提供坚实的基础。”①

二、移动互联网平台对于传媒推进媒体融合发展的吸引力

如前所述，近年来，上海传统媒体在对数字化传播新技术的采纳、在实施媒体融合战略中，已进入到了一个新的发展阶段。在这一阶段，上海传媒高度重视采纳移动终端上的平台，以推出客户端（APP），设立公共微信账号等方式，进入移动终端市场。不仅如此，上海传媒机构比以往更加注重通过组织结构上的改革推进融合化发展。我们认为，这与移动互联网兼具连接性和移动性特点分不开。尽管对于从20世纪90年代中后期起已经历了长期的媒体融合实践的上海传媒来说，接入互联网、与互联网体系融合发展，早已不是新的事情，但移动互联网是兼具连接性和移动性特点的，它的崛起使网络连接可以无时、无处不在，持续不断。因而，传媒业对移动终端的使用可以使得传媒内容的传播随人移动。移动互联网的吸引力，无疑同其移动性分不开。而移动性/流动性对人类社会的吸引力，并非始于当下数字化时代。可以说，人类对移动、流动的需求和愿望，古已有之。即使是在古代，人类就曾出于生存、发展和交往的需要，利用步行或马匹、骆驼等牲口代步而实现从一地向另一地的出行、移动/流动。到了现代社会，移动性/流动性更是成为现代性的特征之一。而流动性赖以形成、发展的技术层面的物质文明基础则在现代社会的不同阶段有所不同。在现代社会史上，第一次工业革命带来了蒸汽机车、汽船等交通运输工具的发明，推动了现代交通运输基础设施建设，使长途运输更加快捷，从而推进了地区间的联系。可以说那个阶段，现代交通运输基础设施和交运工具技术，是移动性/流动性的技术层面的物质文明基础。第二次工业革命中电力的广泛应用，加速了现代交通运输基础设施建设和交运工具进一步创新，飞机等新的交通工具的发明以及电讯手段的发明，更新了移动性/流动性的技术层面的物质文明基础，可说使移动性对于人

---

① 信息获自新文广集团的官网，URL网址：http：//www.smg.sh.cn/review/201406/0163863.shtml。

类社会而言不仅意味着现实世界的物理上的出行加速，而且意味着符号世界的连接、共享意义上的迅速移动/流动及这种移动的重要性的持续增加。

而今，数字化科技革命为人类社会的移动性/流动性奠定了新的物质文明基础，加大了符号世界的连接、共享意义上的迅速移动/流动在当代社会的移动性中的比重。人们只要移动终端在手，可以随时随地在移动网络的流动空间翱翔，不必进行物理上的出行即可实现与远方的瞬时交往、互动。在这个意义上来说，移动互联网在实现人类对移动、流动的需求和愿望中的优势是不言而喻的。传统媒体积极采纳移动互联网技术，正是迈出了使自己的传播内容搭载滚滚向前的移动互联网列车，随时随地到达用户的重要一步。

三、传媒融合的复杂性

从上海传媒业近年来的种种传媒融合/“全媒体”新举措，上海传媒业处于转型、处于媒体融合的持续发展过程的进行时显然已成事实。传统传媒将数字化信息新技术收为己用的传媒转型实践，媒体融合的实践，是传统媒体面对数字化新媒体在媒体世界立足渐稳已成大势所趋的局面，奋起探索在新的传媒生态下的生存发展新途径的行动。这一行动是一个不断调适、追求最佳路径的过程。但是应当看到，媒体转型、传媒融合的过程是复杂的，并非采纳了数字化信息高新技术就可万事大吉。传媒转型背后交织着多种因素复杂组合的影响。从表象上来说，吸引传统媒体持续采纳数字化传播高新科技的直接触发因素是后者蕴含的拓展人类交流/传播实践的各种可能性。但透过这一表象，从宏观层面来说，背后显然有政治（政策）、经济、文化因素交织而成的社会大背景的影响。从中观层面上来说，在基于数字化技术的种种传播新平台的“舞台”上“登台献艺”者，来自各行各业而并非仅有新闻传媒机构。施行传媒融合战略的实践主体是媒体机构，它们推出传媒融合战略，是有意图的行动，旨在追求在新的传媒格局下找到新增长点，新的发展途径，这也是传媒融合过程中的一项重要动力因素。但其传媒融合战略能否如愿以偿，牵涉到社会公众对其种种新媒体业务的欢迎程度，并且与在数字化平台上推出信息服务的其他社会力量（如社交媒体，推出类似服务的商业化门户网站等）的行动及其成功程度相关联，因为后者如今构成分流媒体消费者市场和广告市场的竞争者。应当看到，在以数字化新传媒技术为基础的开放的新平台上参与媒体市场竞争的，不仅仅有传统媒体，而且还有信息行业的其他运作者如小米、优酷、车语传媒公司、上海麦克风文化传媒公司之类的民营公司。尽管我国传统媒体有着国家所赋予的特殊地位的优势，然而民营的新媒体运作者则有其在市场上开放度和灵活性方面的优势。对于前者而言，来自国家赋予的优势也带来了在资金运作等方面的管理严格性和极强的责任性；而后者则因资金自筹而在对风投资金的运用和允许试错方面具有决策自主性。这些均会对媒介融合过程产生影响。从微观上来说，传媒人士的工作流程、工作习惯和公众成员个人的心理因素等，均对这一过程产生影响。

传媒领域的新近现实，说明传媒融合的复杂性，它并非简单化的新技术采纳就能如媒介机构所愿奏效的。以头号传媒强国美国为例，根据其皮尤研究中心（Pew Research Center）一项关于新闻业的新近综合调研，在美国，“在许多方面，2013年和2014年早期给新闻行业带来了长期未见的活力程度。尽管过去数年的挑战仍在继续而且新的挑战正出现，但这一年度（该行业）的活动带来了一种对于新闻业未来的新的乐观感或者说希望”[①]。但是，值得引起传统传媒机构警醒的是，“大举进入新闻舞台的数字化玩家已激增，带来了技术，也带来了新的钱源并吸引走了新闻领域的顶尖人才”[②]。该报告举出的新闻传媒顶尖人才被吸走的实例包括：普利策奖得主（2000年，国际新闻）Mark Schoofs，现已成为BuzzFeed（一家2006年建立于纽约的网络新闻媒体公司）的新闻部成员之一（主管其调查性报道部），《纽约时报》原助理主编Jim Roberts被Mashable（2005年创立的数字化媒体网站）吸引过去成为后者的内容主管，《华盛顿邮报》的解释性新闻得力干将Ezra Clein离开该报加盟Vox媒体（美国的一家数字化媒体公司，其前身是建立于2003年的SportsBlogs）。根据这一调研报告，在这一年度中，更多的证据表明提供新闻是社交媒体与移动上网大规模发展的组成部分。“脸谱网”用户的半数均从该网站获取新闻，“尽管他们上该网站并非为了寻找新闻”。调研报告还显示，在从“脸谱网”获得新闻信息的人中，大多数是在其社交网站的朋友中分享新闻报道，仅有约1/3的人跟踪新闻机构或新闻工作者个人对之的报道；皮尤中心有关排名最前的新闻网站流量调查发现，很少有“脸谱网”的访问者最后直接访问一家新闻网站[③]。不难看出，探索如何实现数字化技术提供的拓展人类传播实践的各种可能性的，不仅是传统传媒机构，而且还有这些年来

①②③ Pew Research Center, “State of the News Media 2014: Overview”, March 2014.

新涌现出的数字化内容供应商。从某种意义上来说，数字化内容供应商的探索甚至可能更加大胆、更加超前。因此，传统媒体开展媒介融合实践，是一种探索性的实践。它是否能使转型中的传统媒体如愿以偿有效应对数字化新媒体的挑战并找到新的增长点？能否成功避免陷入失去自身的优势特色而技术上有难以企及网络媒体公司的困境？近年来坊间流传的“不融合是等死，融合是找死”之说虽然有戏谑的色彩，但也道出了传媒融合的复杂性带给传统媒体的纠结。

四、结语

综上所述，上海传媒自20世纪90年代中后期以来，正不断推进传媒融合发展。在当前，重视对移动互联网终端的运用构成这种发展过程新阶段的一个主要特点，也可以说移动终端的移动性为上海传媒的媒体融合实践发展带来了新的增长点。但是，数字化时代传统新闻媒体的展开传媒融合的过程，是非常复杂的。不论是从吸引公众的角度还是从建立独立生存发展的收入基础方面来说，还是从留住自身的人才的角度来说，传媒机构都需要高度重视传媒融合的复杂性，才能找到数字化时代自身的最佳发展路径。

【通讯作者】张咏华：上海大学新闻传播系教授，国际传播研究中心主任。

稿件收录时间：2015年10月。

附录 英文摘要

The Logics of the Media and the Mediatization of Social Interaction

Stig Hjarvard

[**Abstract**] This article suggests how media influence social institutions and alter the conditions for communication and interaction. There is a need to distinguish between "mediatization" and "mediation", while continuing to acknowledge the mutual interdependency of these processes. Media are governed by various forms of technological, aesthetic and institutional logics and the logics of network media differ from the logics of mass media. The interaction between media logics and other institutional logics help reshape social interaction within a particular domain, resulting in the emergence of new conditions and dynamics of social interaction.

Plea for an Un-natural History of Digital Culture

Gabriele Balbi, Peppino Ortoleva

[**Abstract**] This paper discusses the history of digital culture with a historical perspective and it will be only a preliminary contribution that appeal to an un-natural history of digital culture. The cultural history can help to better understand digital culture, its past, its present, even its next developments.

A Comparative Study of China's Media and Critical Analysis in Historical Evolution

—A comment on the development of domestic comparative journalism and communication under the media convergence

Keguang Yu, Weiwen Yu

[**Abstract**] With the development of media and the evolution of external relationship, the comparative study on domestic media after a zigzag process of germination, stagnation, recovery and development has became more active with the increasingly closer international media interacting in the new century. The construction of its discipline also pass through three phases, confirming the concept of "comparative journalism", emerging the concept of "comparative Journalism and Communication", and raising the concept of "comparative Mass Communication" . The discipline presents a development tendency to the comparison of media and communication under media convergence background. Our pertinent researches besides the discussion on the core issues, other aspects including machanism innovation, understanding of relevant disciplines and construction of theoretical system also fall behind the U. S. and European peers. To some extent, it restricts the breakthrough of national media theory and relevant academic significance and influence in the world.

What Does "Internet + Media" Mean

—The traditional media's road toward e-business

Chuxin Huang

[**Abstract**] The development of Internet and E-commerce has become part of the top-level design. The government policies point out the way for Internet and e-commerce. For traditional media, to develop e-commerce is an extensive practice of "Internet +" under such circumstances.

"Internet +" combines the traditional industry with Internet. The e-commerce road for traditional media is a combination of Internet, mobile Internet and traditional media industry. At the same time, the plan of "Internet +" centers in the updating of industry while the essence of e-commerce road for traditional media is to update its business model. Discussion about the e-commerce road for traditional media is actually a debate on how to utilize the media's audience resources, channel resources, brand influence and credibility to gain benefits.

The media's e-commerce road relies much on the advantages of media itself. The traditional media has great advantages in audience resources, communication ability, influence coverage and comparatively completed circulation channels. Through practices, traditional media conducts it exploration on e-commerce. Traditional media needs to make use of its advantages in its e-commerce practice. By systematic design and overall arrangement, traditional media can achieve its profits on the platform.

Based on the attributes of Internet and mobile Internet, the traditional media has to be aware of the consumers' requirements and provide the tailored consumption experiences. For an e-commerce platform, it is important to satisfy the consumers' demands concerning amplification of productions, safety of electronic payment, convenience of logistics and guarantee of its after-sale service. The platform must try its best to provide the satisfying consumption experiences for consumers. Considering the adhesiveness of users, traditional media can imitate the business model and set up the membership system. It is required to use member points; member cards and member discount to implement the membership system. The media can also take advantage of its experience in organizing activities to organize special offers for the members in order to cultivate the consumers' loyalty.

"Hot" Live "Cold" Thinking

——To explore sustainable development of the Internet live video platform

Yuanyuan Wu

[**Abstract**] The development of Internet technology breakthrough the limitation of network bandwidth, making it possible to live video anytime and anywhere on the technology, live online as one kind of emerging Internet new forms, the rapid rise inject a dose of fresh blood to Internet economy, along with blowout network broadcast platform, however, worse mess phenomena caused by live is worth thinking. Live platform based on the Internet as the main focus, and analyze the present situation of the rise of network broadcast platform and study on the business model behind the operation, and put forward thought from how to correctly guide the webcast sustainable and positive development.

From Mobile Phone Photography to UAV Aerial Photography: The Impact of Technology on News Photography

Yong Li

[**Abstract**] Mobile Phone photography and UAV aerial not only release the potential of photojournalism and broaden the perspective of news photograph, but also play an important role in morphology and integrity of the whole picture in press events. This article written from Mobile Phone photography and UAV aerial, and analyzed the changes in photojournalism, which got conclusion that photographic science and technology develop from technology laminated and spatial extend, impact on the function and value of photojournalism.

Media Convergence Strategy: The Industry's Needs and Curriculum Innovation of Missouri School of Journalism

Yuyan Zhang

[**Abstract**] In the context of media convergence, Missouri School of Journalism formally started in 2005 to cultivate the talents who, familiar with multimedia's characteristics, are skillful with multimedia reporting techniques, in order to suit audiences' needs for the news and information that is disseminated in multimedia forms instantly and at any time. In addition, targeting the popularity of big data in the near future, MSJ started to cultivate

emerging media specialists, web designers, multimedia sales manager, multimedia producers, interactive graphic and infographic designers, programmers, digital marketing managers, multimedia news coordinators, and coordinators for content management system.

Media Convergence: Reconstructing of Competition and Cooperation in Media Ecology

Weimin Ji, Shuang Nie

[**Abstract**] With the extensive application of communication technology development and innovation, new media break the time and space limitation of traditional media in communication, and increasingly become an important channel for public to understand society, get information and interact. Traditional media are forced to accelerate convergence of new media forms, so that "media convergence" has been an realistic choice for traditional media innovation and development, transformation and upgrading. How to understand the current media ecology and promote media convergence in a deep way has become an worthy study. Combining with the concepts and practical background of media convergence and media ecology, this paper will analysis the relevant problems of media ecology convergence which is dominated by communication technique and internet technique and put forward an idea that new media, which based on modern communication technology, not only brings the information revolution, but also outline a new picture of media communication ecology. Only when traditional media achieve media convergence through initiative transforming and acclimate to competition and cooperation in media ecology under the domination of internet and information technique, will they find direction and way out of constructing a new media ecology to boom media convergence.

From the Smart City to the Wise City: The Role of Universities in Place-based Leadership

Robin Hambleton

[**Abstract**] For a variety of reasons the notion of the smart city has grown in popularity and some even claim that all cities now have to be "smart" . For example, some digital enthusiasts argue that advances in Information and Communication Technologies (ICT) are ushering in a new era in which pervasive electronic connections will inevitably lead to significant changes that make cities more livable and more democratic. This paper will cast a critical eye over these claims. It will unpack the smart city rhetoric and show that, in fact, three competing perspectives are struggling for ascendancy within the smart cities discourse: (1) The digital city (emphasizing a strong commitment to the use of ICT in governance), (2) The green city (reflecting the growing use of the US phrase smart growth, which is concerned to apply sound urban planning principles), and (3) The learning city (emphasizing the way in which cities learn, network and innovate) . Five digital danger zones will be identified and discussed. This analysis will suggest that scholars and policy makers who wish to improve the quality of life in cities should focus their attention on wisdom, not smartness. Civic leaders need to exercise judgment based on values if they are to create inclusive, sustainable cities. It is not enough to be clever, quick, ingenious, nor will it help if Big Data is superseded by Even Bigger Data. Universities can play a much more active role in place-based leadership in the cities where they are located. To do this effectively they need to reconsider the nature of modern scholarship. The paper will show how a growing number of universities are doing precisely this. Two respected examples will be presented to show how urban universities, if they are committed to engaged scholarship, can make a significant contribution to the creation of the wise city.

The New Development of Chinese Media Economics Research over the Past Ten Years: 2004—2015

Xinxun Wu, Jinglun Chu

[**Abstract**] During the last decade, Chinese media economics' development, to some degrees, has run into a rapidly changed media convergence era, which was accompanied by the development of new media information & technology and the change of political and economic environment. Domestic media economics research has also appeared a new look. We found out some highlights throughcarding and analysis of the domestic media economics research from 2004 to 2015: Basic theories were gradually sophisticated, and the theoretical framework started to reveal itself; New media industries and leading edge studies of media convergence will have a bright prospect; The transformation of media industries system has received much concern.

The "Four Convergence Transformations" for Chinese Audio-Visual Industry

Yanmei Lv

[**Abstract**] For radio and television media, a convergence of traditional media and new media is the urgent requirement of themselves. Because radio and television media are currently facing "Four Lost", including the loss of audience, advertising, brain drain and the loss of the right to speak. Therefore, during the convergence process, they should achieve "Four Changes", which involve making programs into products, making channels into platforms, making formats into ecology, making audience into users. In the future, radio and television media should promote the "SVA +" strategy and the "broadband broadcasting" strategy.

A Study on Mega Television Industry in the Era of Media Convergence

Hongbo Gao

[**Abstract**] Media convergence era, the ecological environment of the television industry is undergoing dramatic changes. Convergence of telecommunications and media industry, breaking the existing market boundaries. Broadcasters, telecommunications companies, video websites and TV related equipment manufacturer engaged in a fierce competition in the video-core market. A new video-core industry including hardware devices and video content production, namely the "Mega TV Industry", came into being. This paper focus on this new field.

The Mainstream Media Content Operating Models and Its Possible Future in China

—A case study of Toutiao

Jiyin Chen

[**Abstract**] This study selects 38 major media organizations as the research object and use media content value chain as clues to analyze the its convergence works by comparing of the similarities and differences among national media and provincial media, print media and broadcasting media in content production decisions, content production source, content production processes, forms, related technology, play channels, sales models, the role of the audience, and other aspects of quality assessment. At the same time, this paper is going to compare the similarities and differences in strategies between mainstream media and the top internet companies, such as "Today's headlines" and Incentive, in this field, so as to offer some possible content operating models to the mainstream media organizations in China.

Implementing and Controlling the Convergence Strategies of Traditional Financial Media

—A case study of the First Financial

Xuming Yi , Lin Ni

[**Abstract**] The history of CBN's strategic management is a typical case on traditional media's convergence strategy. CBN has a clear strategy that position on professional finance and economics, and develop convergence media.

CBN has succeeded on brand, but has frustrated on implementing its strategy. In 2015, CBN innovated new product and new organizational construction. Its seem to be its breakthrough on perceiving strategic environment and optimizing organization.

Perfect the Copyright Law System to be Applicable to Network Convergence

Hongjun Zhu

[**Abstract**] The State Council launched the "The Program of Network Convergence" in September5, 2015. That means network convergence formally began to popularize. Meanwhile it also indicated that the current copyright law system can not meet the need and needs improvement.

These five aspects are not comfortable to the current situation. Including broadcast and network ill-defined problems, principles of safe harbors may be abused, doctrine of fair use are not very useful, payment on legal license means nothing and infringement merger prosecution is unsupported.

The corresponding recommendations are the following six areas: Timely merge broadcasting rights and network rights, make the safe harbor small, reference the USA standers for fair use, amend the copyright compensation system and support infringement joinder. Hope this paper is a valuable discussion.

Mobility: A New Growth Point in the Development of Shanghai Media Convergence Practice

Yonghua Zhang

[**Abstract**] At present, along with the advancement of social application of digital technologies, especially the Internet (including mobile Internet) technologies, marked changes have taken place in the communication landscape of the society. In the past, the traditional/legacy media organizations (with their employees) solely occupied the position of communicators in media communication. But nowadays, the field of media communication is characterized by juxtaposition of mass communication and "mass self-communication" (to borrow a term from concepts used by M. Castells). Professional communicators (i. e., the traditional/legacy media organizations with their employees) and other people who choose to become open-access communicators of their own free will constitute two different types of communicators in public communication. This has become a new normalcy in media communication. In the context of this reality, traditional media have adopted the strategy of embracing the new, digital technologies and developing side by side with the digital media through media convergence; and they have constantly pushed forward practices in line with this strategy. This article attempts to study and analyze the process of media convergence development in Shanghai. It begins with a discussion of the process, holding that Shanghai media organizations' practice in media convergence has undergone three phases—from putting part of their contents online via websites run by others such as a web company affiliated to China Telecom, to establishing their own websites and constantly extend its businesses and contents, and to one step further, i. e., to employing social media to involve in blogging, setting up their official, public micro-blog (weibo) accounts and WeChat (weixin) accounts, launching App's and so on. On the basis of discussing this process, this article goes on to explore the new trend of Shanghai traditional media paying great attention to using the mobile Internet platform, and to analyze the attraction of this platform. It argues that recent popularity of using the Internet platform in media convergence practice in Shanghai is closely related to mobility. And although the attraction of mobility for the human society goes back to ancient times, mobility has become one of the important traits of modernity in modern society. Along with the development of material civilization based upon which mobility has evolved, as digital technology revolution has contributed to a new foundation of material civilization, instant and continuous connectivity and sharing in the symbolic world has assumed a much more prominent place in mobility in the present society.

图书在版编目（CIP）数据

世界传媒产业评论．第12辑 / 吴信训主编．—北京：中国国际广播出版社，2017.1
ISBN 978-7-5078-3907-4

Ⅰ.①世…　Ⅱ.①吴…　Ⅲ.①传播媒介—产业经济学—世界—文集
Ⅳ.①G219.1-53

中国版本图书馆CIP数据核字（2016）第263710号

世界传媒产业评论（第12辑）

主　　编	吴信训
责任编辑	何宗思
版式设计	国广设计室
责任校对	徐秀英
出版发行	中国国际广播出版社［010-83139469　010-83139489（传真）］
社　　址	北京市西城区天宁寺前街2号北院A座一层 邮编：100055
网　　址	www.chirp.com.cn
经　　销	新华书店
印　　刷	环球东方（北京）印务有限公司
开　　本	710×1000　1/16
字　　数	250千字
印　　张	15
版　　次	2017年1月　北京第一版
印　　次	2017年1月　第一次印刷
定　　价	42.00元

CRI 中国国际广播出版社　欢迎关注本社新浪官方微博　官方网站 www.chirp.cn